大逆事件と知識人

——無罪の構図

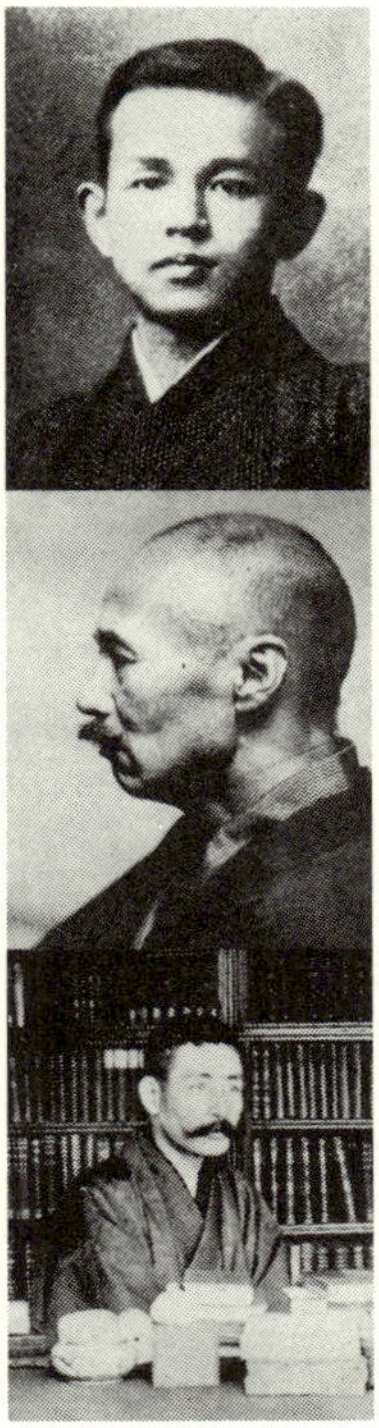

中村文雄

論創社

プロローグ

幸徳事件（大逆事件）の古典的な研究書に、編者塩田庄兵衛（一九二一―）・渡辺順三（一八九四―一九七二）の『秘録・大逆事件』（上下、春秋社、一九五九年九月）がある。編者は一九二一（大正一〇）年、一八九四（明治二七）年生まれ、敗戦前の天皇制下に思春期、青年期、壮年期を生き、天皇制下の貴重な体験をもたれている。五十年前の『秘録・大逆事件』の、大逆事件の内容説明を一言でいえば、として次のように記されている。

社会主義運動を弾圧するために、天皇制政府＝時の桂軍閥内閣が仕組んだでっちあげ事件であった。しかし事件の内容をすべて事実無根のでっちあげであると言い、二十六名の被告がすべて無実の罪で謀殺されようとした不運な被害者であるというならば、それは言いすぎである。

この事件の核心には、天皇制打倒の革命的闘争のこころみがあった。少なくとも、幸徳秋水・森近運平・内山愚童・宮下太吉・管野スガ・新村忠雄・古河力作らの言動には、天皇制にたいする意識的な批判がうかがわれる（前掲『秘録・大逆事件』上）。

天皇制についての説明は以下のようである（「　」、（　）は筆者の補足）。

「天皇制」――それは「太平洋戦争」の敗北ののち、現行の「新憲法」（「日本国憲法」）が

「主権在民」をうたって以後は、日本の政治のうえで「第一義的な意味」をもつものではなくなり、戦後世代の主要関心事ではなくなったが、「戦前」には、日本人の「政治生活」と「精神生活」のうえで、「決定的な重さ」をもった問題であった。

それは「支配階級」である「ブルジョアジー」と「地主」との利害をあわせて代表し、強大な「軍隊」と「警察」をもって「武装」し、厖大な「官僚機構」をもって人民を統御する、きわめて「野蛮」で「侵略的」な性質をもった「専制的政治制度」であった。

そしてその「中心」には「現人神《あらひとがみ》」すなわち、人間の姿をもってはいるが「超人間的」な神性をもっていると「神秘的」に説明された「天皇」が位置していた。「天皇制」は、「軍国主義」、「封建主義」、「資本の圧制」等々、「戦前」の日本のすべての「否定的側面」の「根源」であった。

したがって「天皇制」は、日本人民の目ざめた分子にとっては、「憎悪」と「恐怖」の「シンボル」であった。

この「天皇制」は、明治維新によって、徳川封建制を打倒して成立した。明治十年代の「自由民権運動」は、この「天皇制」を打倒あるいは改革して、封建制を一掃し、「民主主義」の「政治制度」を確立しようとする「人民」のたたかいであった。

（政府は自由民権運動に情け容赦もなく、軍隊まで動員して弾圧し、ドイツ系の君主制憲法を参考として起草した「大日本帝国憲法」をつくったのも、「天皇制」を成立させるためだった）。

しかし「天皇制」は、この生死をかけたたたかいに「人民」を打ちまかすことによって確立した。その表現が、一八八九（明治二二）年に発布され、敗戦まで維持された「明治憲法」（「大日本帝国憲法」）であった。以後「日清・日露」の両戦争をはじめ、「満州事変」・「日中戦争」・「太平洋戦争」と、ついに「アジア全域」にひろがったやむ間のない「侵略戦争」は、すべて「天皇」の名によって、「天皇」の「軍隊」によって遂行された。

したがって、日本で民主主義の実現をはかり、「侵略戦争」に反対するひとびとは、つねに「天皇制」との対決を回避することのできない「課題」としてもった。戦前（敗戦前）の日本の歴史は、「天皇制」にたいする批判の発展と、それにたいする残虐をきわめた弾圧とにつらぬかれているのである。

「大逆事件」は、「日本人民」の「天皇制」に対する公然たる革命的闘争の最初のものであった。しかし当時の「社会主義者」、「無政府主義者」は、「天皇制」を「政治制度」として科学的に把握するには至っていなかったので、これにたいする闘争を「大衆的・組織的」に展開する方針をもつことはまだできなかった。（それでも、その天皇制について）（それでも、その天皇制について——引用者）革命的情熱にあふれる少数の尖鋭分子が、「天皇個人」にたいするテロリズムによって、「天皇神聖観」に打撃を与えようと試み、権力者の側はこれをパン種に利用して「大陰謀事件」にでっちあげ、「社会主義運動」の一掃をはかったのが、「大逆事件」の「真相」であった。

その意味で、このたたかいはみじめな敗北に終ったとはいえ、「天皇制批判」が公然たる行動に移されようとした点で（それが法律を正確に適用したばあい、大逆罪とされるほどの具体性をもっていたかどうかはきわめて疑わしいが）、画期的なできごとであった。

この事件が支配階級と人民の双方の側に与えたショックはきわめて大きかった。それは日本近代史の一つの転換点であったとさえ言える。絞首台上に送られた一二名の犠牲者は、単にでっちあげの犠牲者として「天皇制」の残虐の「証人」になったというばかりでなく、「革命家」として、その生命をもって、すべての日本人に巨大な問題を投げかけたのであった。

（その後――引用者）「大逆事件」の「大弾圧」によって、わが国の「社会主義運動」はいわゆる「冬の時代」に入った。それは必ずしもあらゆる人民の「民主主義的運動」の死滅を意味するものではなく、「片山潜」（一八五九―一九三三）はやや度の過ぎた原則上の妥協をおかしながらも、ねばり強く労働者の組織運動をつづけ、そして一九一一（明治四四）年の年末から新年にかけては、東京市電六千人の労働者のストライキが勝利したというような、かがやかしいたたかいもあった（以下略、前掲『秘録・大逆事件』上、四一～四四頁）。

『秘録・大逆事件』の裁判資料は、事件の弁護士平出修宅に秘蔵されていたもので、主に「予審調書」、被告たちの獄中からの「書簡」、幸徳の「陳弁書」、予審判事の「意見書」、予審終結の「決定書」、それに「判決書」などであり、これらの出現によって、大逆事件の研究は画期的に促進された。

*

大原慧著『片山潜の思想と大逆事件』(論創社、一九九五年一一月)の第一部「日本の社会主義――片山潜の思想形成」の「六」、「大逆事件と片山潜」の項で、著者大原慧氏は次のように記している。

一九一〇年五月、いわゆる「大逆事件」の発覚にはじまる社会主義者・無政府主義者にたいする未曽有の弾圧の強化は、すべての解放運動を一時停止させた。

「大逆事件」の発生は、その後の片山の思想と活動にきわめて大きな影響をあたえた。かれは、天皇制権力によるかかる理不尽な弾圧にたいして憤懣やるかたない怒りをいだいていたが、「その権力の本質を正しく理解するまでにはいたらなかった」という。

そしてかれは、労働者階級に全面的な期待と信頼をよせていた。当時のかれは、なお、絶対の主義的な天皇制のもとで、労働者階級を合法的に組織することは可能だ、と考えていたようである。

ちなみに、小山弘健の「片山潜」から片山の横顔をみると、

労働運動指導者。革命家。岡山県弓削村の農家に生まれる。上京して活版工となり、渡米して苦学しつつジョンズ・ホプキンス大学その他に学ぶ。一八九六(明治二九)年帰国、翌年東京神田にキングスレー館を開き、労働組合期成会、鉄工組合などの結成に尽力、「労働

世界」を発刊し、草創期労働組合運動の中心人物として活動した。

一九〇〇（明治三三）年以後は社会主義協会によって活動、一九〇一年には安部磯雄、幸徳秋水らと社会民主党を結成して即日禁止された。一九〇四年第二インターナショナルのアムステルダム大会に出席、ロシア代表プレハーノフ（G. V. Plekhanov）と反戦の交歓を行った。帰国後は幸徳らの直接行動派と対立、労働者の日常的要求と初歩的組織の重視を主張した。

一九一四（大正三）年、日本での生活に窮し渡米、ロシア革命後共産主義へ転換し、アメリカ、メキシコなどの左翼運動を指導、在米日本人社会主義者団を組織した。一九二一（大正一〇）年ソビエトに入国、以後コミンテルン常任執行委員。国際反帝同盟、国際赤色救援会の指導者として活躍し、モスクワで死去。クレムリンの赤い壁に葬られた。（『日本近現代史辞典』、東洋経済新報社、一九七八年四月）

片山潜は以上のように、知名な社会運動家、国際共産主義運動指導者、無論、日露戦争に反対、ロシア革命ではボルシェヴィキを支持、シベリア出兵反対、そんな経歴をもつ片山潜が、「天皇制の本質を正しく理解するまでにはいたっていなかった」のだろうか。しかも片山潜はアメリカに亡命して、『日本における労働運動』を出版して、大逆事件が暗黒裁判であったこと、判決の不当を述べている。

片山潜らの運動の焦点はどうなっていたのだろうか。「天皇制」のカモフラージュを片山は見破れなかったのだろうか、透視できなかったのだろうか。それだけ「天皇制権力」とは鵺的存在なのか、魔物なのか。森羅万象、一木一草も「天皇制」に帰納しているともいわれるが、しかし別の意味で、片山のように、「天皇制」に洗脳まではされず、マインドコントロールされなかったとすれば、称賛すべきことかも知れない。

＊

一九一〇年十二月十八日、東京監獄より三人の弁護人（磯部四郎、花井卓蔵、今村力三郎）に宛てた幸徳秋水の「陳弁書」によれば、幸徳は次のように答えている。「無政府主義者の革命成るの時、皇室をドウするかとの問題が、先日も出ましたが」、

夫れも我々が指揮命令すべきことでありません、皇室自ら決すべき問題です、前にも申す如く無政府主義者は武力権力に強制されない万人自由の社会の実現を望むのです、其社会成るの時、何人が皇室をドウするといふ権力を持ち命令を下し得る者がありましやう、他人の自由を害せざる限り、皇室は自由に勝手に其尊栄幸福を保つの途に出で得るので、何等の束縛を受くべき筈はありません。（今村力三郎『訴訟記録第三〇巻』大逆事件（一）、専修大学出版局、二〇〇一年三月）

幸徳は「無政府主義者の革命成るの時」、という条件での想定であるが、①指揮命令すべき立場にない。②無政府主義の本質（革命の性質）③万人自由な社会の実現に比し、天皇、皇室をどうこうするということは些細なこと、と強調し、そつ無く答えている。

＊

一九一〇年六月三日、管野須賀子は検事小原直の「聴取書」の中で、次のように具体的に天皇観を述べている。

答　実ハ　睦仁ト云フ一個人ニ封シテハ歴代ノ天子ノ内テモ最モ人望カアリ且良ヒ人ノ様ニ思ヒマスカラ甚ダ気ノ毒テハアリマスケレトモ併シ兎ニ角　天子ナルモノハ現在ニ於テ経済上ニハ掠奪者ノ張本人政治上ニハ罪悪ノ根源　思想上ニハ迷信ノ根本ニナッテ居リマスカラ此位置ニ在ル人其モノヲ斃ス必要カアルト考ヘテ居タノテアリマス（清水卯之助編『管野須賀子全集』3「大逆事件訴訟記録」弘隆社、一九八四年一二月）

同日同判事の質問、「被告ハ刑法ヲ調べタカ」、答「イエ少シモ法律ハ知リマセヌ　只新聞紙法ト官吏抗拒、事丈ハ聞キマシタ」、問「国家ノ元首ニ危害ヲ加ヘレハ何ウ云フ法条ニ触レルトノコトハ知ラナカッタカ」、答「少シモ知リマセヌ　併シ一番重イ刑罰死刑デアリマセウ（以下略）」とあるところをみると、管野須賀子は早くから重刑を覚悟していたと思われる。

＊

大逆事件を案じ憂い、寿命を縮めながら、弾圧されたときの家族を思い、病床に呻吟していた石川啄木は、最晩年、思想的には無政府主義に到達しており（池田功『石川啄木――その散文と思想』世界思想社、二〇〇八年三月）、天皇・皇室観を問われても、無視するか、危険を感じて黙秘したと思われる。

明治末年当時、すでに天皇はカリスマ化されていたし、天皇崇拝信仰、忠君愛国思想は滲透していた。殆どの日本人は、明治憲法や教育勅語や教育によって、臣民として天皇、皇室、または天皇制にマインド・コントロールされていた。司法官僚らには「天皇の裁判」という言葉があったように、個人保身のためにも、天皇尊崇観念がつよく意識されていた。

＊

大逆事件の判決の「事前漏洩」には、次のような証拠があがっている。

一　一九一〇年十二月三十日、宮相渡辺千秋が元老の山県有朋に送った手紙

二　一九一一年一月六日、宮相渡辺千秋が、小田原の山県に送った手紙

三　平沼騏一郎の「祖国への遺言」の中での手柄話

四　同年一月十三日、駐仏大使栗野慎一郎が、小村寿太郎外相あてに送ってきた手紙

五　同年一月十五日、判決に先立って政府が新聞社に発表した「特別裁判被告事件に関する手続説明書」

六　同年一月十五日午後一時三十分、外相小村寿太郎が、在米内田大使、在仏栗野大使に打電した「秘密暗号電文」

七　同年一月十六日午前二時、小村外相が、内田・栗野両大使にひきつづき打電した「別電」

八　同年一月十七日、宮内相次官河村金五郎から小田原の山県にあてた判決前夜の手紙

九　帝国外務省さへ既に判決以前に於て、彼等の有罪を予断したる言辞を含む裁判手続説明

書を、在外外交家及び国内外字新聞社に配布していたこと（拙著『大逆事件の全体像』三一書房、一九九七年六月）

以上のことから、明治大逆事件その黒幕の最高指揮官は、やはり元老山県有朋であることが判明する。

管野須賀子は調書の中で山県を批判している。一九一〇年六月三日、判事原田鉱である。

問　被告ガ左様ナ過激急進ヲ思ヒ立ッタノハ何時カラノ事カ

答　赤旗事件デ入監シタ時デス　其時甚ダ詰ラヌ事ナノニ只社会主義タト云フ廉デ非常ナ迫害ヲ受ケ堺枯川抔ハ只同主義者ダト云フ丈ナノニ弐年ト云フ重イ刑ニ処セラレマシタガ是等ハ最モ吾々ノ憤慨シタ事デ到底普通ノ手段デハ可カラヌト云フ事ヲ其時考ヘタノデアリマス（中略）

答　箇人トシテ最モ憎イト思フハ山県デス　此人ハ機会ガアッタラ是非爆弾ヲ投ケテ遣リタイト思フテ居マス

問　夫レハ何ウ云フ訳カ

答　山県ハ元老中最モ旧思想デ吾々ノ平民主義ニ最モ遠サカッテ常ニ迫害ヲ加ヘルカラデス

（清水卯之助編『管野須賀子全集』３「管野須賀子大逆事件訴訟記録」弘隆社、一九八四年一二月）

大逆事件は山県有朋（一八三八―一九二二）に深刻な衝撃を与えた。彼はこの事件の公判に際して、「天地をくつがえさんとはかる人　世にいづるまで我ながらへぬ」の一首を読んで、痛嘆の思いを託している。権力をこよなく愛した山県、山県にとっても、天皇は象徴であったし、天皇を神とも考えていたようである。

元老山県有朋が社会主義者にたいする取締の手ぬるいことを理由として、西園寺内閣を非難し（『原敬日記』）、そればかりか、赤旗事件の裁判に圧力をかけ、口実として西園寺内閣を退陣させ（一九〇八年七月）、山県の子分のような桂太郎（一八四七—一九一三）に政権を横取りさせたといわれた。山県の眷顧を最もうけた代表的な人物が桂太郎であった。

例えば、第一次桂内閣組閣（一九〇一年六月）に際しては、山県は閣僚の詮衡について、助言と援助とを惜しみ無く与えた。そのため内閣の閣員は、薩摩出身の海相山本権兵衛を除いては、その殆ど全員山県系または山県閥の人びとであった。

西園寺が内閣を投げ出したのは、赤旗事件が起きたからである。一九〇八年七月、桂は第二次内閣を組織した。この内閣も、海相斉藤実を除けば、山県系またはこれに近い人びとで固められていた。この内閣は労働運動に対する強圧政策をすすめ、赤旗事件の大弾圧（一九〇八年六月）、韓国併合（一〇年三月）、幸徳ら一二名の死刑執行（一一年一月）、しかも内閣は社会主義運動を圧迫することを左のような政綱のなかにはっきりうたっている。

彼ノ社会主義ノ如キ、今日尚ホ繊々タル一縷ノ煙ニ過ギズト雖モ、若シ捨テテ顧ミズ、他日燎原ノ勢ヲ為スニ至テハ、臍ヲ噬ムモ復タ将ニ及バザラントス。故ニ教育ニ因リ、国民ノ道義ヲ養フハ言ヲ俟タズ。其ノ産業ヲ助ケ恒心ヲ維新シテ、予メ禍言ヲ防グト同時ニ、社会主義ニ係ル出版集会ヲ抑制シテ、其ノ蔓延ヲ禦グベキナリ。（前掲『秘録・大逆事件』上）

＊

森長英三郎『禄亭大石誠之助』（岩波書店、一九七七年一〇月）によれば、左のことがはっきりする。

◎大石誠之助は一九〇八年十一月の上京で、大逆事件のフレーム・アップに巻きこまれたのである。

◎「十一月謀議」の調書は嘘（でっちあげ）である。

◎武富済検事が恫喝して、成石平四郎、崎久保誓一、高木顕明、峯尾節堂、成石勘三郎の紀州グループ五人を、苛酷に取り調べ、大逆事件に陥れたのである。

◎拷問の実態は、峯尾節堂の「我懺悔の一節」が事実を物語っている。

◎成石平四郎は、小林検事正、武富、高野兵太郎、細見検事らが集団で連日連夜、ウツツ責めをはじめ恫喝、詐術により、事実でない聴取書をつくられた。

◎いわゆる「十一月謀議」は、なんら具体性をもたない。

◎「十一月謀議」は「明科事件」との法律的関連はなにもない。

◎当時、検事、予審判事、裁判官の間には、狂気がみなぎっていたのである。

◎「十一月謀議」は幸徳秋水の憤慨談であり、他の者がみると、幸徳の夢物語であり、空想談であり、笑い話にすぎない。

＊

平沼騏一郎の『回顧録』が発刊されたのは、一九五五（昭和三〇）年八月、平沼の死は三年前の一九五二年八月であった。彼は敗戦時の十二月、A級戦犯に指名され、逮捕令発令されたが、七十八歳という老齢のため家居を許された。翌年四月、巣鴨プリズンに入所起訴され翌々年、一九四八年極東裁判判決があり終身禁固に処せられる。一九五二年六月、病気静養のため慶応大学病院へ入院、二か月後死去、享年八十六。

彼の『回顧録』は、「機外会館談話録」（機外とは平沼の雅号、一九四二年二月一〇日より四三年七月六日に至る二四回の談話集）と「巣鴨獄中談話録」（一九五二年四月二四日より同年七月二八日に至る一八回の談話録）。余録「日独伊三国同盟論」、「建国精神と国本社の使命」、「昭和維新の意義」など。

「極東裁判・平沼個人最終弁論」も収録され、それは冒頭陳述、国本社関係、枢密院関係、総理大臣関係、国務大臣関係、重臣関係、結論から成り、『回顧録』は大部なもの（B4判、約三五〇頁）であり、平沼騏一郎（一八六七—一九五二）の生きた時代（まさに明治・大正・昭和）の帝国主義日本の証人になっている。

「機外会館談話録第七回」（一九四二年四月二一日）の演題は「幸徳秋水の大逆事件」であり、三十年前を回顧して次のように語っている。

あの事件で私が深く注意したことは後にみつともない証拠を残したくないと考へたことである。彼等は天皇陛下と云ふ敬語を一切使はない。そこで敬語を使ふ迄説得せよ、敬語を使はぬ聴書は取るなと注意した。

初めはなか〳〵強情であつたが、後には敬語を用ゐ出した。終には、陛下の御聖徳はよく知つてゐる、我々の主義は通つても陛下は無事である、然し政治上の権利は用ゐられないやうにと言つた。

「機外会館談話」は総じて雑駁である。聴き手は彼の功成り名遂げた彼のファン（彼個人というより重臣の地位にあった）が多かったと思われる。聴衆の殆どは、大逆事件については教科書にさえ抹殺されていて掲載なく、この日の談話は独断にみちたもので、感動も反省も後悔も同情も、勿論、真相も感じられない。ただ倨傲さを感じるのは、平沼のキャラクターからくるもののようだ。唯我独尊的な手柄話を誇張的に自慢話を繰返しているようである。

例えば秋水は「逃げる計画」とか、「一番首領、首魁」とか、「予審を始めてから終結まで八ケ月」、「今なら十年位」とか、「私は彼等の信念が動機であると論じ」、弁護士花井（卓蔵）は「官憲が圧迫するのが原因」と論じたとか、「私は日本臣民としての心得違ひ、悪い教育の結果、陛下の赤子でかくなつたのは憐むべき事」とか、「幸徳は罪を遁がれたがった」とか、「然し陛下の命でするのであるから」、「私なども この時は多くの賞与を貰った」などの片言隻語もある。

平沼の『回顧録』から、彼自身が語っている天皇崇拝に関する直接のものをあげると、「私は皇室神聖を説いた」（前掲『機外会館談話録』第一七回）。「私は政治は日本としては聖旨を奉戴してゆく人でなければやらせない」（第一六回）。「皇室は存してもデモクラシーでなければならぬと立派な人でも言つてゐた。真向から之に反対したのは私だらう」（一九回）。「日本には独伊がやつてゐるような独裁主義、英米の民主主義は当らない。それは皇室があるからである」「皇室を中心にすれば、民主主義も独裁主義も起る筈がない」（二四回）。

平沼はなぜ超天皇崇拝家だったのだろう。

> 日本では国家を統治することは神慮によつてする。政治の本を握る方は天子である。日本の天子は皇祖天照大神の御子孫が神勅を奉じて君臨される。臣下は輔翼の範囲を一歩も出ることは出来ぬ。神慮――大御心に如何なる時も従はねばならぬ（二一回）。（以下略）
>
> 自分は明治、大正、昭和三朝に亙り朝廷より非常な優遇を蒙つている。津山の士族の次男が華族に列するなどとは夢にも考へなかつた。この御優遇に奉答することは、力の限り尽くさねばならぬと思ふ。国民としてせねばならぬが、殊に斯様な優遇を蒙つている以上に於て……（二二回）。

平沼騏一郎が共産主義を嫌悪し、弾圧したのは人後に落ちない。明治大逆事件然りであるが、他に彼のその言葉を『回顧録』から並べてみよう。

「私は内務大臣になると、赤を潰すこと、瀆職官吏の征伐一点張でやつた（中略）。我々の任務は赤を逞しう出来ぬやう、撲滅するようにしなければならぬ。それで私は民間に居てやらうと思ふ」（一七回）。「日本で赤い思想を防ぐに就いて効果があつたのは、治安維持法があつたからである」（九回）。

「先づ青年層の教育をせねばならぬ（中略）世話してゐるのは五百万（国本社——引用者）も居たが、然し矢張り赤の方が多い（一七回）。今日の状勢の憂ふべきは、共産主義が実行されてゐると云ふことである」（一九回）。「欧州大陸に始まつた独裁思想は、寧ろ資本主義、自由主義、民主主義以上の害があると思ふ。西洋では、民主でいけなければ独裁である。（中略）今日の民主主義は、独裁君主の横暴が極に達し、それが破れて民主になつたものである。資本主義の弊害が窮極に達すると共産主義となる」（二四回）。

＊

一九六一年一月十八日、坂本清馬、森近栄子（森近運平の妹）の両名は、鈴木義男、森長英三郎ら一〇名の弁護人を代理人として、新証拠一〇八点をそえて東京高等裁判所に再審請求を提訴した。平沼死去後九年であった。再審請求裁判には、平沼の『回顧録』も新証拠資料の一つとして提出されている（大原慧『幸徳秋水の思想と大逆事件』青木書店、一九七七年六月）。

大原氏の同書、第四章「大逆事件」の再審請求裁判によれば、検事・判事らは旧套を墨守していることがうかがわれる。天皇制の論争など、敗戦後十数年も経過しながら皆無のようである。「司法権の独立」について、次のことが記されている。

原決定のさらに恐るべきことは、原判決を守るために予断と偏見にみちていることだという。

たとえば、本件にたいし、平沼が、「彼ノ事件ハ済マナイコトヲシタ、誠ニ、恥ヅベキダト後悔シタ」と発言した録音テープの存在について、今村力三郎ほか数名の左のような証拠書簡がある。

◎一九五三年七月四日付、今村力三郎より石垣芳之助あて書簡

◎同年同月三十日付、今村力三郎より崎久保誓一あて書簡

◎一九六一年一月十日付、鈴木義男の「証明書」（前掲『幸徳秋水の思想と大逆事件』）

右の証拠書簡をつうじて河井検事に「録音」を提出するよう要請したのにたいして、裁判所は河井検事の一片の書面（一九六三年九月一〇日付）だけを措信し、「『後悔の録音』の事実はなかった」と認定した。原判決（でっちあげの）を是認するためには、裁判官は何でもする。再審請求裁判でも、「司法権の独立は裁判所において保証されていない」。

「済マナイコト」の対象はどこまでいくのか、「恥ヅベキダト後悔シタ」とは自分にか、良心にか、その呵責にか、事件から四十年余も経過、初めての後悔か、いつからの後悔か、詫びる動機は何だったのか、笑ったことのないといわれた平沼にも、人間の欠けらがどこかにあったのだろうか。とにかく、平沼のこの言葉を、地下の被告らに先ず知らせてやりたい、と思うのは私だけではあるまい。とにかく、平沼のこの言葉は事件の裁判がでっちあげであったことを明白に立証している。いわんや貴重な録音テープを隠蔽するに至っては、啞然として怖い。

やはり、明治大逆事件はデッチアゲだったことが再審を請求された裁判官らの挙措からも確信できる。

大逆事件と知識人——無罪の構図　目次

装丁・佐藤俊男

大逆事件と知識人——無罪の構図

Ⅰ

大逆事件とは——講演会などから

一　明治史の中の大逆事件——自由民権運動と天皇制のはざまで

島崎藤村の名作『夜明け前』は、主人公青山半蔵が結婚を前にした二十三歳から、木小屋の座敷牢で悲劇的に死んでいった五十六歳までの約三十年間が舞台になっています。ペリーが来航したころから、明治の変革も一つの過渡期をくぐって、大きく回りかけてきた一八八六（明治一九）年ころまでを重厚に描いています。

青山半蔵は周知のように、藤村の父島崎正樹がモデルですが、藤村はその半蔵に「御一新がこんなことでいいのか」と呟かせています。半蔵はかつて中山道の宿場町馬籠宿で、心をこめて歓迎した相楽総三が、何としたことか、偽官軍の汚名で処刑され、半蔵自身も政府から咎められたさい、「夜はまだ暗い」と思わず呟きます。半蔵は京都と江戸の中間、信州馬籠の本陣・問屋・庄屋を一身に兼ねた豪商——村落支配者——の一人です。半蔵が生活困難なら、もっと下層の民衆にとって明治維新はさらに厳しいものであったろうと思われます。

相楽総三は、草莽——草むらから生まれた志士という意味——で薩長征討軍の先頭を部隊を率いて進撃し、年貢半減の高札を掲げます。勿論、新政府に建白し、許可されたもの。広島・萩・

岡山の三藩、また飛騨・隠岐などにも年貢半減令が伝わります。しかし間もなくこの年貢半減令は事実上とり消され、その後相楽隊の幹部多数は突然逮捕され、偽官軍とされて処刑されます。

相楽らの処刑から六十年後、彼らの名誉はようやく回復されます。大逆事件百年目前の今日、犠牲者らの出身地における名誉回復は、二十六人中、十人足らずに過ぎません。

さて、皆さん江戸幕府は何で滅びたと考えますか。開国（外圧）、儒教、貨幣経済の進展（武士の没落）、草莽の輩出、農民一揆の頻発などが因子でしょう。明治時代はこれらのどれをも未解決のまま、先送りするか、重く引きずっていくことになります。

明治の最初の十年間は、幕末以上に農民一揆に新政府は悩まされ、例えば一八六八（明治元）年には二百件。幸い英・仏・米らは局外中立。学制、徴兵令、地租改正などの反対一揆は数県の規模で起こっており、「竹槍でドンと突き出す二分五厘」という言葉もあるくらいです。明治維新は不徹底な改革でしたから、版籍奉還、廃藩置県にいたる過程は、士族――士族層は七三年に四十万人、家族ともで二百万人――にとってもまさに激動の季節、特権を奪われた士族の反乱も神風連、秋月、萩、西南戦争とつづきます。

八か月間の激烈な西南戦争、西郷軍兵力四万余人、それでも木戸孝允は友人品川弥二郎、田中不二麿に宛てた死の病床からの手紙の中で、西南戦争よりも農民一揆の方が怖いと言っています。以後の反政府運動は、すでに起こっていた自由民権運動によって展開されます。

自由民権運動とは、薩長中心の官僚専制政治を排して、国会開設、憲法制定、地租軽減、地方自治、不平等条約改正など、政治的自由を求めた政治運動、思想運動です。次の四つの時期に分かれます（『遠山茂樹著作集三巻』岩波書店、一九九一年一二月）。

第一期　一八七四（明治七）年の民撰議院設立建白提出から七七年の立志社の国会開設建白提出まで。高知の立志社は、初期自由民権運動の指導的政社で板垣退助・片岡健吉・林有造・谷重喜らが結成。「自由は土佐の山間より」という言葉があります。

第二期　一八七八（明治一一）年の愛国社再興から、八一年の自由党の創立まで。各地に自由民権を主張する民権政社が結成され、士族、民会運動にたずさわっている豪農、重い地租に苦しむ農民などが運動に参加。七五年に各地の民権政社の全国的な連合として結成された愛国社は、八〇年には国会期成同盟に発展し、国会開設の請願書や建白書に署名します。

第三期　自由党の活動開始から一八八四（明治一七）年の自由党解党まで。『自由党史』（一九一〇年刊）の序文には、

我国民はいたずらに座して自由と憲法の与えらるるを待つごとき、卑屈無気力なる国民にあらず、実にみずから起ってこれをかち得たる、摯実剛健なる国民なりき

と銘記されています。総理板垣退助。綱領、規則をもった全国組織からなる政党が誕生したのです。スペンサーの思想が自由民権運動、とくに自由党の理論的武器となっています。自由党の盟約（綱領）は次のように書かれています。

第一章　吾党は自由を拡充し、権利を保全し、幸福を増進し、社会の改良を図るべし。

第二章　吾党は善良なる立憲政体を確立することに尽力すべし。
第三章　吾党は自由国に於て吾党と主義を共にし目的を同くする者と一致協合して、以て吾党の自由を達すべし。

これら自由党の綱領「自由を拡充、権利保全、幸福増進、社会の改良、自由国の主義、目的を同じくする者」などは、約三十年後の大逆事件犠牲者らが日々実践していたものに通底しています。一八八二（明治一五）年、より漸進的な立憲改進党がつくられ、大隈重信が党首となり、主にミルの思想に依拠します。

全国各地につくられた自由民権運動結社の活動として一般的には（一）学ぶこと（学習運動）、（二）助けること（相互扶助）、（三）稼ぐこと（勧業勧農）、（四）闘うこと（政治活動）、（五）楽しむこと（愉楽の享受）、（六）聞くこと（交流父親）の六つの機能があったようです（大畑哲『自由民権運動と神奈川』有隣堂、一九八七年）。これら六つの機能にしても、大逆事件犠牲者大石誠之助の生活、生き方を髣髴させます。演説会・談話会・革命談義・政治批判・社会主義に関心・平民社運動・社会改良・非戦論・人権問題・時事問題・生活擁護を訴えること・普選運動など、大逆事件犠牲者らの運動は、民権運動結社の活動と共通しています。

大逆事件犠牲者の運動は、その源泉は自由民権運動に内在しているように思われます。

自由党結成の年、薩長藩閥閣僚と政商との癒着が露呈され（明治一四年の開拓使官有物払下げ事件）、政府は十年後の一八九〇（明治二三）年に国会開設を約束させます。これは自由民権運動の大きな成果でありました。こうして自由党を中心とした自由民権運動は、次第に没落士族層、農民、商工業者の経済的要求と結びつき、彼らを組織して政府と対決する革命的政府闘争に発展します。

第四期　自由党解党以後憲法発布まで。自由党や民権家は、国会開設に備えて、憲法の草案をつくります。しかしその草案は、自由民権論者らの手許には残されなく、政府探偵に察知されることを恐れて保存することができなかったのです。今日私たちが知ることができるのは、政府のスパイの手で探知され、それが政府側の文書の中に残されていたからです。明治天皇の手許書類から、「日本国憲法見込案」の文書が発見されたのもその例です。

日本国憲法見込案は、大日本帝国憲法（明治憲法）の内容とは全く違う、国民権利の保護を最も重視し、国会は一院制で、天皇は即位にあたって、憲法を保護することを誓わせなければならないなど、民主主義的な性格が強いものです。研究の結果、作成したのは、高知の自由民権政社の立志社であり、これを政府が密かに入手、明治天皇に差し出したものであろう、ということが判りました。すでに天皇は一八七六（明治九）年、元老院に憲法の起草を命じています。

また、大日本帝国憲法の起草者の中心人物である伊藤博文が所蔵していた文書の中に、「東洋大日本国国憲按」という表題の憲法草案の写本が発見され、立志社の「日本国憲法見込案」とかなりよく似た内容だが「政府国憲ニ違背スルトキハ日本人民ハ之ニ従ハザルヲ得《う》」などの条文もあり、急進的な内容を含んでいます。

研究の結果、土佐派最大のイデオローグ植木枝盛が書いた未整理の草稿が発見され、作成者は植木枝盛であることが判りました。植木枝盛の憲法草案は、主権在民、普選法に基づく一院制議会、基本的人権の確立、人民の革命権などを規定しています。

土佐の自由民権運動の史料は、高知市立自由民権記念館が宝庫になっていますが、なかに植木枝盛の憲法草案の中の国民権利と明治憲法、現在の憲法のそれを比較した表が入手でき、生彩を放っています。彼の「民権かぞへ歌」（二十条）も川上音二郎の「オッペケペー歌」とともに、民権思想の普及に大いに貢献しました。

植木枝盛はスペンサーに学ぶところが大きく、すでに国際平和機構をつくって戦争をなくすことも主張しています。

自由民権運動の根底には、西洋の民権思想は勿論、儒教やキリスト教も混在しています。大逆事件の犠牲者の奥宮健之の父慥斉は、奥宮荘子会を主宰する土佐の陽明学者であり、健之に感化を与えます。儒学の中でも陽明学は、大塩平八郎の乱のように、幕府を批判し、滅亡を早めさせたことでも知られます。健之と同年の枝盛は、一八八二年建之が中心になって組織した人力車夫の懇親会（車会党）には枝盛も協力しています。八三、四年植木枝盛は関東一円での遊説、広島・岡山のオルグ活動には健之も一緒でした。枝盛は演説のため何回も厚木などへも来ています。

奥宮健之は『自由新聞』に、「夫《そ》の共和政体の如きは文明最極に適し、民意以て国を治むるの政体」であるとの論説を寄せています。

幸徳秋水の師中江兆民は、フランス大革命の歴史や、ルソーの『民約論』（『社会契約論』）を紹介して人権、民主主義を宣伝します。著書『三酔人経綸問題』（一八八七年刊）も、洋学紳士の説として、君主専制から立憲制へ、さらに民主制（共和制）への政治的進化の理を言わしめ、立憲君主制が平等の大義において欠けるところがあると批判させています。幸徳伝次郎十七歳のときです。共和制は理論的には優越するものだが、それは未来の問題だとしたのは、啓蒙思想家の言です。

自由民権運動の直前、福沢諭吉はよく知られる「天は人の上に人を造らず人の下に人を造らずと云へり」という書き出しに始まる『学問のすすめ』（一八七二年刊）が、当時ベストセラーとなったことに象徴されますように、自由民権思想が広く容れられる気運が高まっていたのです。福沢諭吉や西村茂樹・森有礼・西周らは、「明六社」（一八七三年）をつくり、翌年『明六雑誌』を発行、広く近代思想を紹介します。そしてこれら啓蒙思想を学んだ多くの人びとが、人権の確立や立憲政治を支える自由民権思想に目覚め、また啓蒙思想家たちが開いた各種の私塾は、西洋の近代思想の普及に大きな役割を果たします。

大逆事件の犠牲者新美卯一郎は、土地復権同志会会員でしたが、「天賦人権的自由・平等を源流とした自由民権運動の系譜を基軸とした反権力的で強烈な〈自由〉であった」のです（上田穣一「新見卯一郎」『近代日本社会運動史人物大事典』3、日外アソシエーツ、一九九七年一月）。

自由民権運動のイデオローグたちが、独裁（専制）政体から立憲君主政体へ、立憲君主政体から共和政体へ、そしてその先に政府なく法律なき究極の理想社会を掲げます。このことは自由民権運動の現実にとって、政府（明治国家）の権威をそれだけ相対化できる思想的武器をもったことを意味します。まだ青年初期、感受性豊かな幸徳伝次郎は、自由民権運動のこのような雰囲気に感化され、ここから出発し、究極の理想社会に憧れるようになります。自由民権運動の継承者は社会主義運動ということになります。

ところで、社会科学で一般に使われる天皇制という概念とは、天皇を頂点とする権力機構、天皇を頭首とすることにより特色づけられた支配体制を指すということができます。大逆事件のとき、片山潜は天皇制権力によるかかる理不尽な弾圧にたいしては憤懣やるかたない怒りをいだいたが、彼でさえ「その権力の本質を正しく理解するまでにはいたらなかった」のです（大原慧『片山潜の思想と大逆事件』論創社、一九九五年一一月）。

鈴木裕子は「管野すが」の中で、管野の「聴取書」の一節「天子なるものは現在に於経済には掠奪者の張本人、政治上には罪悪の根源、思想上には迷信の根本になって居りますから此位置に在る人其ものを斃す必要があると考えて居た」を、管野の「思想の到達点」とみています（『近代日本社会運動史人物大事典』2）。

江戸時代の天皇・公家は、幕末の厳しい統制――京都所司代、禁中並公家諸法度など――のもとにおかれていました。天皇の認められていた権限は、官位の授与と元号の制定。ところが幕末に対外問題がおこり、外敵侵略の危機感が強まると、急に天皇と公家の政治発言が行なわれるようになります。

経済的にも十万石——米に換算すると約六千八百万円、一か月約五百六十五万円——くらい、幕府の援助なしには天皇になる式をあげることもできず、明治天皇（名は睦仁、満十五歳）も践祚が数か月遅れています。

民衆にとっては、「公方様（将軍）」は知っていても、天皇はまったく無縁な存在だったので、維新政府は躍起となって、天皇こそが日本国のもともとの主人公であって、それは神様よりも尊いのだ、と何度も布告を出して、民衆に教えこまなければならなかったのです。一八七二（明治五）年から八五（明治一八）年にかけての巡幸——近畿・中国・九州・東北・北陸・東海道・中央道・北海道・山陽道など——は天皇の宣伝行脚でありました。紀元節、天長節（天皇の誕生日）を祝日として、天皇を国家の中心とする思想が折り込まれたのが七二年です。この年の学制では道徳教育（修身）が小学校の基本教科になります。

伊藤博文や天皇の側近は、無宗教的な日本的風土の上に、天皇を宗教に代るものとして、絶対化し信仰させようとします。岩倉具視は皇室財産を急造します。例えば一八八一（明治一四）年の皇室料地は、九年後の九〇年——第一回総選挙、教育勅語発布の年——には三百六十五万四千町歩に達し、実に六千倍になっています。

天皇支配の根本問題をめぐって、政治的にも思想的にも争われたのが、明治十年代の自由民権運動の高揚期でした。既述のように、自由民権運動の革命性の基底に、主権在民思想の確立がみられ、さらに共和制思想もあったからです。

自由民権派の抵抗権・革命権の主張は、論旨が一貫しておりかつ確信に裏づけられています。共和制が理論上よりすれば、もっとも民主政治に適合することを、民権家は説きつづけています――坂本直寛、植木枝盛、中江兆民、奥宮健之、馬場辰猪、大石正己《まさみ》ら――。

伊藤博文は民権派の憲法草案に対抗して、一年半をかけて、欧米の憲法調査から一八八三（明治一六）年八月に帰国、八五年前後から憲法草案を本格化します。政府の準備していた憲法は、西欧の中でもっとも君主権限のつよいプロシア憲法を範とし、それにわが国独自の天皇制を接合しようとしたもので、イギリス・フランス・アメリカの立憲政体とはほど遠いものでした。

自由民権派の掲げる民主主義の要求と、せめぎ合っている政府は、一八八二年、軍人を直接天皇に結合させるために軍人勅諭を公布し、天皇制軍隊建設のための軍人精神育成を目的とした天皇への絶対的服従を説きます。以後政府は、軍隊を自由民権運動弾圧に動員します。直接の軍の統帥者は大元帥（天皇）であり、軍人勅諭は軍人には暗記させて徹底的に普及をはかります。

明治初年には天皇の権威・権力が衰弱していましたが、明治十年代は宗教的・政治的天皇にしようとします。天皇制を固める一手段として、天皇統治の絶対性の意識をもりたてるため、総ての神祇体系を天皇家に帰結させます。伊勢神宮を名実ともに全国大小神社の第一に据える神道国教化が行なわれます。国会開設予定との関連で、『古事記・日本書紀』の聖典化、祖霊崇拝、功臣霊崇拝を押しすすめ、その目的である天皇の神聖化、神格化を実現していこうとします。一八八〇年には不敬罪が設定されます。

浸透の媒体としての教育勅語、御真影とともに、官国弊社のみならず全国の府県郷村社がとり上げられ、国家神道の細胞としての位置づけが徹底化され、神社尊崇の方策が追求されます。天皇は一八八二（明治一五）年文部卿に、儒教主義的教育方針を貫徹するよう勅諭しています。

こんななかで植木枝盛のように、「民人真に共和政を好む様に為つて然後共和制を行へば、是れ国家の幸也。一般人民にして共和政を行へば是れ国家の幸也。一般人民にして共和政を好まざるに当て、共和政を行へばこそ不可なる所もあるべけれ、人民既己に之を好むに至て、而して後之を行ふに何の憂ふる所あらん」（『無天雑録』）と共和政に期待をもっています。政府側には天皇親政の意見もあったときです。

自由民権派を意識した政府の宗教・思想統制は歴史の史実にもおよびます。例えば重野安繹《やすつぐ》、久米邦武ら歴史学者が被害を受けています。久米邦武は「神道は祭天の古俗」説を唱えたために東大を辞職させられます。田口卯吉は自分の雑誌『史海』で、久米の論文を高く評価、歴史学と国家が真向から衝突します。重野安繹は南北朝期の誤謬を指摘。「桜井駅子別れの話」「正成覚悟の自決」は史実でなく、『太平記』の話は「皆例ノ拵話」と結論、一八八三（明治一六）年当時、すでに神話を小学歴史から追放せよと主張しています。

重野はまた『史学雑誌』に、「児島高徳ノ考」「日本式尊ノ事ニ付史家ノ心得」などを警告的に記載、さらに「『太平記』は史学に益なし」を連載、重野は「楠木氏は乱軍の中に討死せしもの」と記述しています。重野は「乱臣賊子なり」と露骨な敵意を向けられ、多くの非難にたいし、再度「児島高徳ノ考」と題して講演、児島の非実在と『太平記』の虚構を論証します。「天、勾践《こうせん》（春秋時代の越の王）を空《むな》しうすることなかれ、時に范蠡《はんれい》（忠臣）なきにしもあらず」の詩を行在所の桜の樹に彫ってその志を述べたというが史実ではないようです。

新聞雑誌などの刊行物が、情報のすばやい伝達や知識・思想の普及に役立ち、政治や政府を批判する言論機関となると、政府は出版条例、讒謗律《ざんぼうりつ》、新聞紙条例などを制定して、厳しく言論を統制し多数の新聞記者らを逮捕します。

一八八〇（明治一三）年公布の「集会条例」は、自由民権運動の弾圧を目的としたもの。政治結社、集会を届け出制とし、政治結社間の連絡や屋外集会を禁圧、また制服警官を会場に派遣し退去・解散を命令できることとし、さらに軍籍関係者、警官、教員・生徒の政治結社、集会への参加を禁じます。この法律は八二年改悪して弾圧を強化。九〇年には「集会及政社法」、一九〇〇年には「治安警察法」に改悪、労働運動まで制限、大逆事件の犠牲者らは苦しめられます。一九二六（大正一五）年、あの大悪法「治安維持法」になり敗戦の十月までつづきます。日本は世界有数の警察国家でもあったのです。

自由党は農村の豪農・自作農などを主な支持者とし、地租軽減などの要求を掲げて運動します。

これに対し政府は自由民権運動の取り締まりを強化し、自由党内の急進派を孤立させようとします。また、自由党と改進党は板垣退助の外遊問題をきっかけとしてたがいに攻撃し合い、対立を深めて民権運動の力を弱めていきます。

一八八二年、西の高知県と並んで、東日本の自由党の最大の拠点である福島県では、弾圧の辣腕県令三島通庸が、県民に苛酷な労役や負担金を課して道路工事を強行し、県会議長河野広中ら自由党員や農民と激しく衝突します。農民代表ら約二千人が逮捕され、河野ら自由党員は、内乱を企てた国事犯として裁判にかけられ、軽禁錮七年とされます。福島事件は、現在の研究ではでっちあげとされています。

翌年二月、大臣暗殺、内乱陰謀を企てたという理由で、数十人の自由党員が逮捕されるという高田事件が起きます。自由党内に密偵を送りこみ、少壮党員を挑発し、国事犯にでっちあげる手口は、福島事件より一層露骨となってきます。

民衆の経済は、西南戦争後のインフレが都市および農村の勤労民衆を苦しめたために、彼らの政治的関心を呼びおこす刺激となり、さらに一八八三（明治一六）年春には、政府の通貨整理、デフレ政策の影響によって、農民の窮迫が顕著になります。静岡、神奈川その他関東各地で負債返済の延期、緩和を求める借金党、困民党、貧民党、小作党らの活動が始まっています。自由民権主流派は借金党、国民党との運動を社会主義の萌芽と見、警戒と排撃の意を表明しています。社会主義の理念はまだ理解されていなかったのです。

耕作農民、都市勤労人民の生活防衛の諸要求が、自由民権の政治闘争と結びつき、運動は激化してきます。秋田・福島・高田事件につづき、八四年に集中した群馬事件・加波山事件・秩父事件・飯田事件・名古屋事件、一八八六年の大阪事件など、各地でいわゆる「激化事件」が続発します。ちなみに八六年には、農家の三四・四%は小作農になります。自作兼小作農もあわせると、全農家の七〇%近くが寄生地主的土地所有の規制のもとにおかれ、この比率は第二次世界大戦後の農地改革まで基本的には変わらなかったのです（塩田庄兵衛『日本社会運動史』岩波書店、一九八二年八月）。

これらの「激化事件」は、急激に没落した農民、小商品生産者層が、生活擁護を叫んで蜂起し、高利貸、寄生地主、豪農、役場などを襲撃し、あるいは専制政府打倒をスローガンに掲げて武装蜂起し、または蜂起を計画して弾圧を受けた諸事件です。

なかには一万の農民を傘下におさめ、革命を目指した秩父事件、この事件は検挙者数三千六百人余、所持した猟銃二千五百挺。加波山事件のような爆弾を用意しての少数者のテロリズムもあったのです。大逆事件の犠牲者奥宮健之の予審調書によれば、幸徳は健之に爆裂弾のつくりかたを聞き、健之は加波山事件のころ、土佐で爆撃弾のため一眼を失った、西内正基から聞き、結局、新村忠雄に通じ、新村は宮下太吉に知らせ、太吉の試爆となっています。あいつぐ激化事件の背後には、大規模な革命挙兵計画があったともいわれます。

自由党員の激化事件は、軍隊出動の弾圧と内部の分裂のために衰退します。寄生地主と小作農との対立もあり、自由党員の運動を統一することが困難になるなかで、自由党幹部は一八八四（明治一七）年十月、党を解散して指導を放棄します。

一方、国家神道（国家）側は、自由党弾圧の裏面で、何としても記紀の聖典化を図ろうとします。那珂通世『日本上古年代考』（八二年）は「神武紀元が後世の作為であること」を論証します。天皇と歴史学の関係を、権力の側から論じている者は、「天皇制の秘密に触れるな」と言います。そしてその天皇制国家は、一八九〇年二月十一日、神武紀元二千五百五十年を記念して金鵄勲章を制定します。国家神道は後年、東アジア全域にそれを強制します。

この年教育勅語も発布され、前年、大日本帝国憲法が発布された年には、神武天皇を祭神とする橿原神宮、後醍醐天皇を祭神とする吉野神宮、児島高徳を祭る船岡神社、楠木正行を主神とする四条畷神社などをつくります。

自由民権側は一八八七年十二月、片岡健吉ら二府十八県の有志が元老院に要求した言論、集会の自由、地租の軽減、条約改正中止の三大事件建白運動に、民主主義と完全独立を求める全民主勢力が大同団結しました。しかし政府は、十日後、突如として保安条例を公布し、反政府の指導者、活動家五百七十名を、首都東京から追放する大弾圧で危機を切り抜けます。これが自由民権運動の最後の一戦でした。

追放者は戦時下同様の厳重の警戒のもとで、内乱を陰謀し治安を妨害するおそれがあると判断され、五百七十名の中には、星亨、片岡健吉、林有造、尾崎行雄、中江兆民、中島信行ら、それに満十六歳の幸徳伝次郎がいました。土佐人四〇%の二三三人、自由民権運動は、薩長閥にたいする土佐人の政治、天皇制をめぐる権力闘争でもあったのです。

天皇家の歴史事実については、後年、津田左右吉も『古事記及日本書紀の新研究』『古事記』『日本書紀』などの著書によって、神代の説話が天皇の支配の正当性を根拠づけるための後世の作であることを論証しています。そのため出版法違反、禁錮三か月の有罪とされています。

日清戦争期の天皇制成立の結果が具体的な形であらわれるのは、日露戦争の後であり、しかも日本がこの戦争の勝利—辛勝だが—によって本格的に帝国主義国となることが一層拡充され、天皇は明治政府の意図を背負って登場してきます。それが法的に位置づけられたのが、あの一八八九(明治二三)年の「大日本帝国憲法」(明治憲法)にほかならないのです。

第一条　大日本帝国ハ万世一系ノ天皇之ヲ統治ス

第三条　天皇ハ神聖ニシテ侵スベカラズ

これらの憲法の条文によって、天皇統治の歴史的正当性と絶対性がうたわれ、一切の価値はここに帰着せしめられたのです。ここでは天皇個人の賢愚などどうでもよいのです。機構としての天皇制と、その機構の頂点にある制度としての天皇こそが問題となります。

制度としての形は三権分立をとっても、究極的には天皇がすべて総攬し、内閣は国民に対してではなく、天皇にのみ責任を負います。軍隊はすでにみたように天皇に直属しています。国会はあっても、その実質的権限は弱かったし、人権規程も戦時または国家事変に際しての、いわゆる非常大権のもとでは、風前の灯に等しかったのです。

こうした天皇は、まさに「朕は国家なり」という有名な言葉が当てはまりますが、その天皇(国家)と「愛国心」とがそのまま重ねあわされたのであり、「日の丸」も「君が代」も天皇イコール「愛国心」を高めるために利用され、しかも、「教育勅語」がいうように「一旦緩急アレバ義勇公ニ奉ジ」と、戦争と結びつけられて要請されました。

明治以来戦争のたびごとにその度合は強まります。そしてあいつぐ侵略戦争に一応勝利したことで、日本の「大国」意識、優越意識は高まり、それとともに天皇の絶対化・神格化も進められます。

宮下太吉の判決書には、太吉が「皇室前途の解決について惑う所」あり、一九〇七年十月十三日、森近運平を大阪平民社に訪うて質問します。「運平即ち帝国紀元の史実信ずるに足らざることを説き、自《おのずか》ら太吉をして不臣の念を懐くに至らしむ」とあります。幸徳ら大逆事件の犠牲者らは森近運平のように、記紀の世界の史実というものを当然のことながら信じていなかったのです。

平民社の成立、週刊「平民新聞」の社会主義の啓蒙と非戦論の主張、それらの弾圧、また弾圧、そして大逆事件につながるのですが、詳しくは次の山泉進先生の演題ですので割愛いたします。

大逆事件の旧刑法第二編　罪　第一章　皇室ニ対スル罪　第七十三条には、「天皇、太皇太后、皇太后、皇后、皇太子又ハ皇太孫ニ対シ危害ヲ加ヘ又ハ加ヘントシタル者ハ死刑ニ処ス」とあり、この条文にあうようにでっちあげられ求刑されたのです。幸徳秋水ら社会主義者を冤罪で処刑することを目標とした、政治・思想裁判であり、まさに司法殺人だったのです。

カリスマ化された天皇との関連がなければ、管野すが、宮下太吉、新村忠雄、古河力作ら四人（信州爆裂弾事件）にしても、爆発物取締罰則違反の程度のものでありました。幸徳ら二十数人は無実、旧刑法七十三条の大逆罪には当たらないのです。二十数人の無罪は、彼らの獄中手記や書簡を読んでも惻々と伝わってきます。

大逆事件の文人弁護士平出修が一九一一年一月三日、石川啄木に、「若し自分が裁判長だったら、管野すが、宮下太吉、新村忠雄、古河力作の四人を死刑に、幸徳、大石の二人を無期に、内山愚童を不敬罪で五年位に、そしてあとは無罪にする」（『啄木日記』）との真摯な弁護士の個人的判決は、含蓄が深い表現です。修・啄木ともに大逆事件の真実をみていたのです。

自由民権運動が敗北――敗北者は弱者ではない――し、大逆事件が弾圧されたことは、太平洋戦争にいたるその後の日本の針路を決定しました。近代天皇制を成立させ完成させる過程は、同時にそれへの批判を放つ陣営、つまり主として人権、非戦・反戦および社会主義的思想への弾圧の過程――この過程に大逆事件が――であったのです。

自由民権運動、大逆事件の犠牲者は国賊とされ、事件参加者、家族は累代にわたって汚名をきせられ辛酸をなめさせられます。事件に触れることを拒み堅く口を閉ざしたままの遺族、子孫がいます。自由民権運動と大逆事件は抵抗の規模や主張の細部、天皇制成立直前と確立期などの差はとにかく、根幹は天皇制に抵抗、人間らしい生き方を求めた民主的運動であったことは、根深く通底しています。
そのため犠牲者の真実の言動や事件史料も政府は抹殺して、半世紀余の敗戦まで、教科書にも掲載させなかったのです。犠牲者の「志を継ぐ」運動が軌道にのりつつあります。天皇制民主主義ともいわれ、民主主義と平和の危機に遭遇している今こそ、反戦平和を声高にしようではありませんか。

（『平出修研究』第三七集）

小稿は二〇〇三年十一月二十二日、幸徳秋水を顕彰する会・「平民社百年」全国実行委員会主催、中村大会記念講演会「明治史の中の大逆事件」に加筆したものである。

二　大逆事件の時代背景

明治の最初の十年間は、幕末以上に農民一揆、世直し一揆に新政府は悩まされ、例えば一八六八（明治元）年には二百件。「竹槍でドンと突き出す二分五厘」という言葉もあるくらいです。明治維新は「不徹底な改革」でしたから、版籍奉還、廃藩置県にいたる過程は、士族にとってもまさに激動の季節、士族の反乱も佐賀、神風連、秋月、萩、西南戦争とつづきますが、政府は士族よりも農民の方を恐れていました。

一八七四（明治七）年ころから八七（明治二〇）年ころまでの十数年間は、自由民権運動と天皇制を成立させようとする政府との熾烈なせめぎあいの時代。民権運動は民主主義の実現をめざす、全国的な有史以来、最も大きな大衆運動でした。

この運動の基本的な要求は国会開設、地租軽減、不平等条約の改正の三大綱領。近年の研究では、憲法制定と地方自治の二つの課題を加えて、民権運動の五大綱領とよんでいます。とにかく、薩長閥の専制政治の打倒と国民主権の確立を要求し主張したのです。

例えば一八八〇（明治一三）年から翌年の前半期までの約一年半に、国会開設の署名運動をした者、延べ数でなく実数で三十一万八千人という数字が出ています。勿論これは数を計算できる史料が残っている範囲の合計ですから、実際の人数はもっと多いと思います。総人口三千七百万弱の内の三十二万弱、しかも短期間、これだけの人数を組織したということは、驚くべき成果であると思われます。

神奈川県内で、自由民権運動結社の存在が明らかになったものだけでも百をこえます。高知県にも相当数あって、「自由は土佐の山間より」という言葉もあるくらいで、立志社は西の自由民権運動の拠点でした。結社の一般的活動としては、「学ぶ、助ける、稼ぐ、闘う、楽しむ、開く」というもので、大逆事件被告、大石誠之助らの生き方が彷彿します。高知の立志社では、教育機関として立志学舎を設け、一八七六（明治九）年から英学科を、社内に授産課、運搬課をおき、失業士族層の救済事業をしています。

民権運動は次第に没落士族層、農民、商工業者の経済的要求と結びつき、彼らを組織して政府と対決する革命的政府闘争に発展。一八八一（明治一四）年には閣僚と政商癒着の露呈から、民権側が十年後の九〇（明治二三）年に国会開設を約束させます。しかもこの年、運動の全国指導部として自由党が結成され、役員には高知県の錚々たる士族が名を連ねます。全国組織からなる綱領、規則をもった政党が誕生したのです。

自由党の中には、国会開設に備え主権在民、普通選挙、基本的人権の確立、人民の革命権の規定など盛り込んだ、かなり急進的な内容の憲法草案をつくります。それは現在の民主憲法を先取りしています。立憲政体→共和政体、その先に政府や法律のない究極の理想社会をかかげます。この社会は後年の幸徳秋水らが夢見、実現しようとした社会です。奥宮健之も「車会党」を結成、秋水の師中江兆民も文筆で活躍しています。

権威・権力ともに衰弱していた天皇を、宗教的・政治的天皇にしようとします。軍人勅諭が一八八二（明治一五）年に、皇室財産は九年後の九〇（明治二三）年には三百六十五万四千町歩に達し、実に六千倍にします。教育勅語・明治憲法発布以前に、紀元節、天長節を祝日として、天皇を国家の中心とする思想が折り込まれたのが七二（明治五）年です。

神道国教化、「記紀」の聖典化、祖霊崇拝、功臣霊崇拝をおしすすめ、この目的である天皇の神聖化、神格化を実現していこうとします。

大逆事件の判決書には、宮下太吉が森近運平を訪ねて日本紀元の史実を尋ねると、運平は「信ずるに足らざることを説き、自ずから太吉をして不臣の念を懐くに至らしむ」とあります。大逆事件被告らは、神武天皇や児島高徳らの存在を誰も信じていなかったと思います。

政府準備の憲法は、西欧の中で最も君主権限の強いプロシア憲法を範とし、それにわが独自の天皇制を接合したもので、英・仏・米の立憲政体とはほど遠いものでした。

政府は自由党の言論を出版条例、新聞紙条例で厳しく統制。特に一八八〇（明治一三）年公布の集会条例は自由民権運動の弾圧を目的としたものです。政治結社、集会を届け出制とし、結社間の連絡や屋外集会を禁止、また制服警官を会場に派遣し、退去・解散を命令できることとし、さらに軍籍関係者・警官・教員・生徒の政治結社・集会への参加を禁じます。この法律は大逆事件のころは治安警察法に改悪、猛威を振るいます。

政府は急進派を孤立させたり、挑発したり、尾行や密偵はもとより、内乱陰謀などとでっちあげ、裁判や逮捕したりします。秋田、福島、高田、群馬、加波山、秩父、飯田、名古屋、大阪などで事件が続発します。一万の農民を傘下に猟銃二千五百挺、革命を目指した秩父事件、加波山事件のような爆弾を使用しての少数のテロリズムもあります。

政府の警察、軍隊による弾圧、自由党内部の分裂、幹部は八四年党を解散、指導を放棄します。それでも一八八七（明治二〇）年十二月、大同団結。それに政府は十日後突如として保安条例を公布、反政府の指導者、活動家五百七十名を首都東京から追放する大弾圧。中に土佐人二百二十三名、十六歳の幸徳伝次郎がいました。彼の「自記年譜」には「東海道を徒歩西下す、此時まだ汽車全通せず」とあります。

自由民権運動の犠牲者は国賊とされ、事件参加者と家族は累代にわたって汚名をきせられ辛酸をなめます。事件に触れることを拒み固く口を閉ざしたままの遺族子孫が今もおり、大逆事件と同じです。自由民権運動と大逆事件は抵抗の規模や細部、天皇制成立直前と確立期などの差はとにかく大体は天皇制に抵抗、人間らしい生き方を求めたものであったことは通底しています。そのため真実の言動や事件の史料も抹殺され、敗戦までは教科書にも掲載されなかったのです。

（平民社一〇〇年記念講演会要旨）

三　幸徳秋水と大逆事件――「陳弁書」を中心に

1　幸徳秋水顕彰会の知事表彰おめでとう

昨年三月、高知県知事、橋本大二郎氏より、「観光客を温かいおもてなしの心で迎え、高知県の観光振興に寄与され、その功績は顕著であり、他の模範となるところ」との理由で、「幸徳秋水を顕彰する会」会長森田邦廣氏が「あったか観光マインド優秀団体」として表彰されましたこと、ご同慶のいたりです。

大逆事件の首謀者とされ、国賊と見做され、絞首刑にかけられた幸徳秋水。その秋水が処刑後九十年の二〇〇〇年十二月、ようやく中村市（現四万十市）議会は、「幸徳秋水を顕彰する決議」を議決、それから五年、さらに顕彰会の皆様の「大逆事件の真実を伝えながら、幸徳秋水関係の誠実なご案内を持続され」た賜物です。幸徳秋水の町おこしへの貢献によって、幸徳の自由、平等、博愛、平和への真価がもっともっと光彩を放つことです。地下の幸徳秋水ももって瞑すべしです。受賞、本当におめでとうございました。

2　大逆事件とは何か

(1)「幸徳事件」とよんだ方がよいのでは

さて、刑法七三条規定の刑名は死刑です。大逆事件は、刑法七三条にかかる事件をいうのですが、刑法七三条は敗戦後の一九四七年、占領軍の示唆により、法の前に平等の原則に反するものとして刑法から削除されます。その削除前の条文は、

刑法第七十三条　天皇、太皇太后、皇后、皇太子又ハ皇太孫ニ対シ危害ヲ加ヘ又ハ加ヘントシタル者ハ死刑ニ処ス

となっていて、広く予備、陰謀も処罰する規定であると解釈されていました。裁判所構成法（明治二三年）五〇条では、大審院は刑法七三条の罰について、「第一審ニシテ終審トシテ」裁判することになっていました。この法律に幸徳ら二四名はひっかけられたのが大逆事件でした。

当時、宮武外骨（一八六七―一九五五）は大逆事件に関心をもち、その本質を研究した人です。彼は『大逆事件顛末』という本の中で「空前の大逆事件とは何ぞやと言う問題がある。これは臣にして君を弑すること、子にして親を殺す事と同様で、（中略）最上の大反逆行為を言ふのである。直接行動で天皇を亡きものにせんとの密議で、爆裂弾製造に着手して居た。（中略）当初の諸新聞紙上には「大陰謀事件」と書いてあり」、それが間もなく、官撰の「大逆事件」という語

に変わったと言っています。大逆、大逆の強調で、憎むべき大々的犯罪ということになって、「悪逆無道」、「逆徒」となります。

宮武外骨は、「大逆事件というような恐しい言葉」これは、

支配階級者及びその支持者、迎合者の側でいつた名目で、逆徒の方から言へば、民衆のために一身を犠牲に供した天皇制打倒の失敗事件である。（傍点原文のまま）

と言っているように、「大逆事件」「大逆罪」と呼ぶのは、民衆の側からは妥当でないのです。

事件につよい関心をもった同時代人石川啄木も、はじめは「所謂今度の事」、それから「日本無政府主義者陰謀事件」と記しています。大逆罪はどのみち、でっち上げの結果の罪であり、実際には幸徳等の社会主義を根絶するための「幸徳事件」であったのだから、「幸徳事件」の方がよいように思われます。

(2) 大逆事件の輪郭

大逆事件は、明治の天皇制を中軸にする国家権力が、当時、台頭しはじめていた社会主義運動を根絶するために、宮下太吉ら数人による天皇暗殺の予備、陰謀が発覚した機会をとらえてフレーム・アップ（でっち上げ）したものであると、考えられています。

大逆事件は法律的には関連があるとはいえない、個々ばらばらの三つの事実を、さも関連があるかのようにつづり合わせたものであり、そのほかにもゴミのような事実はあるが、それは左の

三つの事実を強めるためのものとみることができます。

三つの事件というのは、第一には明科事件と呼ばれるものであり、第二にはいわゆる十一月謀議といわれるものであり、第三には内山愚童関係であります。

明科事件は、信州爆裂弾事件とも呼ばれて、これが大逆事件の本体であり、宮下太吉（三七歳、以下「歳」を省略）、新村忠雄（二五）、管野すが（三一）、古河力作（四一）、それに幸徳秋水（四〇）が関係しています。なお森近運平（三一）、大石誠之助（四四）、奥宮健之（五四）、新田融（三二）、新村忠雄の実兄新村善兵衛（三一）も幇助的にこれに関係したものとされます。明科事件は大石誠之助（四四）にも関係してきます。

いわゆる十一月謀議は、一九〇八（明治四一）年十一月、大石誠之助が上京したとき、幸徳の家で幸徳と大石、森近運平の三人が大逆の謀議をなし、同じ月、別の日に幸徳の家で、幸徳と松尾卯一太（三三）が同様の謀議をなし、同じ頃、幸徳と坂本清馬（二七）とが同様の謀議をなしたとせられたものです。

大石は京都、大阪に立ち寄ったために、大阪の武田九平（三七）、岡本頴一郎（三二）、三浦安太郎（二四）と謀議をしたものとせられ、さらに新宮に帰って、翌年一月末頃（旧正月）に、大石宅で成石平四郎（三〇）、高木顕明（四六）、峯尾節堂（二七）、崎久保誓一（二七）らと謀議したとせられています。

一方、松尾卯一太は熊本へ帰って、新見卯一郎（三三）、佐々木道元（二三）、飛松与次郎（二三）と同様の謀議をしたとされます。

なお成石勘三郎（三二）は弟平四郎とともに、紀州爆裂弾事件を起こしたものとせられ、大石もこれに薬品を提供したものと責任を問われていますが、これは紀州新宮グループの余波とみることができます。このように、いわゆる十一月謀議は幸徳を別として、さらに十五人の被告人をつくり、大逆事件を全国的な事件としてしまいました。

内山愚童関係とは、箱根大平台の林泉寺の禅僧内山愚童（三八）が、天皇よりも皇太子をやるべきだ、皇太子が死ねば、天皇はびっくりして死ぬだろうというようなことを言って歩いたために、内山とともに、これを聞いたとされる大阪の武田九平、三浦安太郎（二人とも大石関係と重複）、神戸の岡林寅松（三六）、小松丑治（三六）が被告人となりました。

大逆事件は、これら三つの事件を幸徳秋水に結びつけることによって、一つの事件としたのです。

3　社会主義・無政府主義への誤解

(1)　当時の社会主義の「伝道」

当時の社会主義の伝道の方法は、新聞、雑誌を利用することと、演説会を開くことしかその方法はなかったのです。週刊『平民新聞』『直言』『光』、日刊『平民新聞』をはじめ、『熊本評論』

『大阪平民新聞』『日本平民新聞』などのめまぐるしい創刊や弾圧による廃刊はそれを意味します。労働者の意識もまだ低く、組合運動も期待できませんで、合法的な社会主義政党の成立もようやく一九〇六（明治三九）年でした。

大逆事件につよい関心をもった石川啄木は、幸徳秋水が公判中の獄中から、自分の三人の弁護人に訴えた「陳弁書」を文人弁護士の友人平出修から借り、筆写し、それを全文とり入れた「A LETTER FROM PRISON」（獄中からの手紙、一九一一年五月）の中で、当時の人々の社会主義認識について次のように述べています。

国民の多数は勿論、警察官も、裁判官も、その他の官吏も、新聞記者もないしはこの事件の質問演説を試みた議員までも、社会主義と無政府主義との区別すら知らず、従つてこの事件の性質を理解することの出来なかつたのは、笑ふべくまた悲しむべきことであつた。啄木がそこにおいてひそかに読むを得たこの事件の予審決定書にさえ、この悲しむべき無知は充分に表わされていた。日本の予審判事の見方に従えば、社会主義には由来硬軟の二派あって、その硬派は即ち暴力主義、暗殺主義なのである（『石川啄木全集』第四巻、筑摩書房、一九八〇年三月）。

(2)　無政府主義と暗殺

幸徳秋水は一九〇六年六月、無政府主義者となってアメリカから帰国しますが、座談や書簡の上ではともかく、公の席や出版物によって無政府主義者であることを名乗ったり、幸徳自身の無政府主義思想を展開して公表することはしませんでした。

当時の日本では、無政府主義者であることを公表することは、ただちに監獄へ入ることであったのです。幸徳はただ、クロポトキンの『パンの略取』などを翻訳して、間接に無政府主義者であることを推測させただけでした。しかし管野須賀子は赤旗事件の法廷で、「我は無政府主義者」を公言しています。

秋水が死刑宣告される一か月前、三人の弁護人（磯部四郎、花井卓蔵、今村力三郎）に書いた「陳弁書」の中で、「無政府主義と暗殺」の章で、次のように言っています。

無政府主義の革命といえば、直ぐ短銃や爆弾で主権者を狙撃するというのは間違っています。無政府主義の学説は、東洋の老荘（幸徳は漢学の教養があった）と同じように一種の哲学で、今日のような「権力、武力で強制的に統治する制度」がなくなって「道徳、仁愛」をもって統合する「相互扶助共同生活の社会」を現出するのが、「人類社会自然の大勢」で、吾人の「自由幸福を完く」するのは此大勢に従って進歩しなければならないのです。無政府主義者ほど「自由平和」を好む者はありません（『今村力三郎訴訟記録』第三〇巻「大逆事件（一）」専修大学出版局、二〇〇一年三月）。

彼等の権威者「クロポトキン」（一八四二―一九二一、幸徳とも文通あり、ヨーロッパのアナーキズムの指導的理論家、国家を否定、進化論に反対、マルクスと対立、国家に代えるに小生産者の共同体をもってする）は、ロシアの公爵で今年六九歳の老人、初め軍人のち科学研究者として世界一流の地質学者です。

その他哲学、文学にも通じ、ある嫌疑で入獄したとき、欧州各国の第一流の学者、文士らが連署して、フランス大統領に陳情して、世界の学術のために彼の特赦を乞い、大統領はこれを許しました。

彼の人格はとても高尚で、性質はとても「温和親切」で、決して暴力を喜ぶ人ではないです。クロポトキンは現在ロンドンにいて、自由に著述を公けにしています（例えば『露国の惨状』、『一革命家の手記』『ロシア文学の理想と現実』など）。

幸徳のクロポトキン絶賛の「陳弁書」から離れて、クロポトキンの著書を読んで感動したり勉強したりしていた石川啄木は、クロポトキンの「相互扶助論」について述べています。この言葉は殆どクロポトキンの無政府主義の標語になっていること、彼はその哲学を説くに当たって、常に科学的方法をとったこと。彼は先づ動物界に於ける相互扶助の感情を研究し、彼等の間に往々にして「無政府的」――「無権力的」――「共同生活」の極めて具合よく行われている事実を指摘して、更にこれを「人間界」に及ぼしたことを述べています（前掲『石川啄木全集』第四巻）。

幸徳はつづけます。無政府主義を奉ずる労働者は、幸徳の見聞したところでも、他の一般労働者に比べれば、読書もし、品行もよく酒も煙草ものまない人が多く、彼等は決して乱暴ではありません。「無政府主義者」の中から暗殺者を出したのは事実だが、暗殺者の出るのは、「無政府主義者」のみではなく、「国家社会党」からも、「共和党」からも「自由民権論者」からも、「愛国主義者」からも、「勤皇家」からも沢山出ています。

これまで暗殺者といえば、大抵「無政府主義者」のように嘘を言っています。実際に歴史を調べますと「無政府主義者」の暗殺が一番僅少で、勤王論・愛国思想ほど激烈な暗殺主義はありません。さらに歴史をみれば、初めに多く暴力を用いるのは、むしろ政府有司とか富豪貴族とかで、民間の志士や労働者は常に彼等の暴力に挑撥され、酷虐され、行きづまって苦しむあまり、やむなくまた暴力をもってこれに対抗するようになる形迹があります。

今回、この事件を審理する諸公が、「無政府主義者は暗殺者なり」との無茶な見方をしないことを強く希望します（前掲『今村力三郎訴訟記録』第三〇巻、「陳弁書」は幸徳直筆の原文を写真版にしたものを収録）。

管野須賀子は、処刑される直前の廿一日に書いた「死出の道草」の中で、事件の分析をはじめます。そして次のように言っています。

此事件は無政府主義者の陰謀なり、何某は無政府主義者なり、若しくは何某は無政府主義者の友人なり、故に何某は此陰謀に加担せりといふ、誤つた無法極まる三段論法から出発し、（中略）仮りに百歩、千歩を譲つて、それら座談を一の陰謀と見做した所で、七十三条とは元より何等の交渉も無い、内乱罪に問はるべきものである。

それを検事や予審判事が強いて七十三条に結びつけんがために、已れ先づ無政府主義者の位置に立つてさま〳〵の質問を被告に仕かけ、結局、無政府主義の理想――単に理想である――その理想は絶対の自由平等にあることゆえ、自然皇室をも認めないといふ結論に達するや、否、達せしめるや、直ちにその法論をとつてもつて調書に記し、それらの理論や理想に直接に何らの交渉もない今回の事件に結びつけて、強いて罪なき者を陥れて了つたのである。
（清水卯之助編『管野須賀子全集』第二巻）

(3) 幸徳の処刑される直前の皇室観

管野須賀子は「死出の道草」の中で、無政府主義者の理想とするところは、自由平等にあるので、皇室を認めないことになる、と自供しています。幸徳は「革命の性質」（「陳弁書」）の中で、以下のように述べています。

私共の革命はレヴオルーシヨンの訳語で、主権者が変更するかどうかは関係なく、政治組織、社会組織が根本的に変革されなければ、革命とは言いません。

旧来の制度組織が朽廃衰弊の極、崩壊し去って、新たな社会組織が起こり来るの作用をいうので、社会進化の過程の大段落を表示する言葉です。そのため、厳正な意味においては、革命は自然に起こってくるので、一個人や一党派で起こり得るものではありません。ですから、革命をどうして起こすか、どうして行なうかということは、到底あらかじめ計画し得るべきことではありません。

無政府主義者の革命成るの時、皇室をどうするかとの問題が、先日も出ましたが、夫れも我々が指揮命令すべきことではありません。皇室自ら決すべき問題です。前にも申す如く無政府主義者は武力権力に強制されない万人自由の社会の実現を望むのです。其社会成る時、何人が皇室をドウするといふ権力を持ち、命令を下し得る者がありましやう。他人の自由を害せざる限り、皇室は自由に勝手に其尊栄幸福を保つの途に出で得るので、何等の束縛を受くべき筈はありません。（幸徳秋水「三弁護人宛陳述書」『今村力三郎訴訟記録』第三十巻、専修大学出版局、二〇〇一年三月）。

幸徳は「無政府主義の革命とは、ただちに主権者の狙撃暗殺を目的とする者なりとの誤解のないこと」を望みます、と結んでいます。

(4) 幸徳の語る革命運動とは（「陳弁書」より）

無政府主義者もまだ日本においては労働組合に手をつけたことはありません。一般に無政府主義者が革命運動と言っているのは、すぐに革命を起こすことでもなく、暗殺、暴動をやることでもありません。ただ来ようとする革命に参加して、応分の力を出す思想、知識を養成し、能力を訓練する総ての運動をいい、新聞雑誌の発行も書籍、冊子の著述、頒布も演説も集会も、皆なこの時勢の推移し、社会の進化するゆえの来由と帰趣《おもむき》とを説明しこれに関する知識を養成するのです。

新聞を配達するのも、私たちは革命運動をやっているといいます。革命を起こすということとは違います。革命が自然に来るなら、運動は無用のようですが、決してそうではなく、革命が成ったときの準備をしなくてはなりません。万古不易の制度組織はあるべき筈はなく、必ずや時と共に進歩改新されなければなりません。

その進歩改新の小段落が改良または改革で、大段落が革命です。我々はこの社会の枯死衰亡を防ぐためには、常に新主義新思想を鼓吹すること、即ち革命運動の必要があると信じます（「所謂革命運動」）。

(5) 直接行動の誤解（「陳弁書」より）

幸徳はまた今日の検事局及予審廷の調べにおいて、直接行動ということが、やはり暴力革命とか、爆弾を用いる暴挙とかいうことと殆ど同義に解せられている観があるのに驚きました。直接行動は英語のヂレクトアクションを訳したもので、欧米で一般に労働運動に用いる言葉です。

その意味するところは、労働組合全体の利益を増進するには、議員を介する間接運動でなくて、労働者自身が直接に運動しよう、即ち総代を出さないで自分らで押し出そうというのに過ぎません。工場主が開かなければ同盟罷工をやります。議会を経ないことなら暴動でも殺人でも泥棒でも詐偽でも、皆な直接行動ではないか、というのは間違っています。

直接行動をただちに暴力革命なりと解し、直接行動論者たりしということを、今回事件の有力な一原因に加えるのは理由のないことです（「直接行動の意義」）。

(6) ヨーロッパと日本の政策（「陳弁書」より）

無政府主義者は決して暴力を好む者でなく、無政府主義の伝道は、暴力の伝道ではありません。欧米でも同主義に対しては甚だしい誤解を抱いています。曲解し、わざと中傷しているが、日本やロシアのように乱暴な迫害を加え、同主義者の自由権利をすべてを剥奪、踏みにじり、その生活の自由まで奪うようなことはまだありません。

ヨーロッパの文明国では、無政府主義の新聞雑誌は自由に発行され、その集会は自由に催されています。フランスでは同主義の週刊新聞が七八種もあり、君主国で日本の同盟国のイギリスでも、英文、露文、ユダヤ語のものが発行されています。私の訳した『パンの略取』も仏語の原書で、英、独、露、伊、西（スペイン）等の諸国語に翻訳され世界的に名著として重んじられています。

これを乱暴に禁止したのは文明国中、日本と露国のみなのです。いくら腐敗した世の中でも、兎に角、文明の皮を被っている以上、そう人間の思想の自由を蹂躙することは出来ない筈です（「欧州と日本の政策」）。

(7) 筋書通りの裁判（「陳弁書」より）

しかるに、連日のお調べによって察するに、多数の被告は皆「幸徳の暴力革命に与《くみ》せり」、ということで公判に移されたようです。幸徳も予審廷において、何回となく暴力革命云々の語で訊問され、革命と暴動との区別を申立てて、文字の訂正を乞うのに非常に骨が折れました。名目はどうでも良いではないか、と言われたが、多数の被告は今やこの名目のために苦しんでいると思われます。

幸徳の眼に映った処では、検事、予審判事は、まず幸徳の話に「暴力革命」という名を付し、「決死の士」などという難しい熟語を案出し、「無政府主義の革命は皇室をなくすること」で、幸徳の計画は、「暴力で革命」を行なうのである。故に「これに与せる者」は、「大逆罪」を行なおうという「三段論法」で責めつけられたと思われます。そして平生、直接行動、革命運動などということを話したことが、彼等を累しているというに至っては、実に気の毒に考えられます（「一揆暴動と革命」）。

4　大逆事件はこうしてつくられた

(1)　恫喝、拷問による調書

管野須賀子は獄中の「死出の道草」の中で、

無法極まる三段論法から出発して検挙に着手し、功名、手柄を争つて、一人でも多くの被告を出さうと苦心惨憺の結果は、終に詐欺、ペテン、強迫、甚だしきに至つては、昔の拷問にも比しいウッツ責同様の悪辣極まる手段をとつて（廿一日）、

と述べています（「ウッツ責」とは、睡眠をとらせないで白状させた拷問）。

新村忠雄も、

私は拘引以来、なるべく他へ迷惑のかからぬ様注意し居りしも、其頃少々身体の工合悪き上に、無理な取調べが続き、睡眠不足と疲労のため、頭が混乱致し居り、陳述も支離滅裂になり果て候（今村力三郎宛、一一月二四日付）

成石平四郎も、

田辺ニテ検事ニ調ベラレシ時、検事ハ手ブラデ調ベルニ非ズ、忠雄等ガ白状シテ居ル、汝等ノ首ハ飛ブモノダト恫喝セラレ、意ナキ事ヲ申述ベタリ（「今村公判ノート」『今村力三郎訴訟記録』第三十二巻、専修大学出版局、二〇〇三年三月）

崎久保誓一は、

成石ハ肉弾ト為ツテ遣ルト自白シタト言ハレ、汝ハ言ハズトモ裁判ハ周囲ノ事情ニテ判決スル、汝ハ今ノ内ニ早ク恐レ入ツテ謝マレト言ハレテ、有ル事無キ事ヲ申上タリ（同前）

高木顕明も、

田辺ノ検事ノ調べヲ受ケ此死ニゾコナイメト一喝サレ、林ト云フ巡査ガ扇子ヲ首ニ当テパツト云ハレ、自分ハ到底殺サレルモノト思ヘリ（同前）

成石勘三郎は、

田辺デ平四郎ガ左様申セシトノ事故ニ無事ヲ有事ノ様ニ申セリ（同前）

ちなみに、東京の武富検事が、紀州田辺に出張したのは七月一日、四日には移動捜査本部を編成、早くも七日には峰尾、崎久保、高木の起訴を決定、十日、十四日には成石兄弟の起訴を決めている。さらに武富検事は、八月二十一日大阪に移動捜査本部を編成、二十八日には大阪の武田九平、岡本頴一郎、三浦安太郎らの起訴を決めています。

(2) 武富済検事の場合

武富検事の苛酷な取調べぶりは、公判廷での被告の訴えで知られています。見込捜査は勿論、例えば、大石誠之助から新村忠雄を怒らすような聴取書をとったり、佐々木道元や飛松与次郎を恫喝して、熊本グループを大逆事件に陥れるような聴取書をとったりし、さらに以上みたように、恫喝によって、紀州グループ五人を大逆事件に陥れている。このことを実証的に研究されたのは先学森長英三郎氏であります（『禄亭大石誠之助』岩波書店、一九七七年一〇月）。

予審判事が作成する予審調書は、検事の聴取書の引き写しであった。しかも裁判では、裁判官は証拠を予審調書からとろうと、公判の供述からとろうと自由であったが、公判の供述がいかに真実であっても、殆どは無視され、軽視され、予審調書をもって有罪とされました。

被告らの不満、怒り恨み諦めはここにもありました。例えば管野は「死出の道草」の中で、

「考へれば考へる程、私は癪に障つて仕方がない。法廷に夫等の事実が赤裸々に暴露されて居るにも拘らず、あの無法極まる判決を下した事を思ふと、私は実に切歯せずには居られない」（廿一日）とあります。

(3) 法廷闘争の未経験

いわゆる十一月謀議についての調書は嘘である、と言い切っているのは先学森長英三郎氏でありますす（前掲『禄亭大石誠之助』）。それでは被告らはなぜ嘘だと承知して、その予審調書に署名したのであろうか。森長氏は「幸徳、森近、松尾らは、新聞紙条例違犯で処罰されたことはあるが、大石を含めて四人とも、事実の有無が争点になるような事件に関係したことがなかった」と。

換言すると法廷闘争には未経験であって、検事や予審判事から赤ん坊の手をねじるようにやられたと言います。そして予審中は接見および信書授受を禁止され（被告らに解除されたのは一一月一〇日）、家族や友人から隔絶されています。予審中は弁護人を付けることも出来なかったので、弁護人の面会もないのです。孤立感におそわれ投げ遣りにもなったようです（前掲『禄亭大石誠之助』）。

(4) 「聞取書」の曲筆舞文、牽強付会

幸徳は「陳弁書」に「聞取書」及「調書の杜撰」の一章をもうけて体験をふまえて、熱心に次

のように述べています。

第一に検事の聞取書なるものは、何を書いてあるか知れたものではありません。私は数十回検事の調べにあったが、初め二三回は聞取書を読み聞かされたが、その後は一切その場で聞取書をつくることもなければ、したがって読み聞かせるなどということはありません。

その後予審廷において、時々検事の聞取書にはこう書いてあると言われたのを聞くと、殆んど私の申立と違っています。

多数の被告についても皆同様であったろうと思います。その時において予審判事は、聞取書と被告の申立と孰れに重きを置くのでしょうか、実に危険ではないですか。また検事の調べ方に就いても、常にいわゆるカマをかける（鎌を掛ける）のと、議論で強いることが多いので、カマを看破する力と、検事と議論を上下し得るだけの口先が達者でなければ、大抵検事の指示する通りの申立をすることになると思います。

ただ私の例をもって推すに、他のこのような場所になれない地方の青年などに対しては、殊にヒドかったろうと思われます。具体的な例として「石巻良夫」（初期社会主義者、幸徳、森近、堺らに近親感、大逆事件で厳しい取調べを受ける。内山愚童は一九一〇年四月一六日、越前永平寺に行く途、石巻に名古屋で会っている）が、愚童より宮下の計画を聞けり、との申立をしたということの如きも、私も当時聞いて、また愚童を陥れようとして奸策を設けたナと思いました。

宮下太吉の爆裂弾製造のことは、愚童、石巻の会見より遥か後のことだから、そんな談話のある筈がありません。このことのようなのは、あまりにも明白で直ぐ判るけど、巧みな「カマ」には何人もかかります。

そして、アノ人がそう言えばソンナ話があったのかも知れない、くらいの中立をすれば、直ぐ「ソンナ話があった」と確言したように記載されて、これがまた他の被告に対する責道具となるようです。こんな次第で私は検事の聞取書なるものは、殆ど検事の曲筆舞文牽強付会で出来上っているのだろうと察します。

(5) 予審調書は訂正できない

第二は予審調書訂正の困難です。出来た調書を書記が読み聞かせますが、長い調べで少しでも頭脳が疲労しておれば、早口に読み行く言葉を聞き損じないだけがヤットのことで、少し違ったようだと思っても、咄嗟に判断がつきません。それを考えている中に、読み声はドシ〳〵進んで行く、何を読まれたか分らずに了います。そんな次第で数ケ所、十数ケ所の誤りがあっても指摘して訂正し得るのは一ケ所くらいに過ぎません。

それも、文字のない者などは、適当な文字が見つからぬ、こう書いても同じではないかと言われれば、争うことは出来ないのが多いと思います。私なども一々添削する訳にもいかず、大概ならと思ってそのままにした場合が多かったのです。

(6) 予審調書の杜撰さ重要さ

第三は、私はじめ予審の調べにあったことのない者は、予審は大体の下調べだと思って、そうまで重要と感じない、殊に調書の文字、一字一句が、殆ど法律条項の文字のように確定してしまうとは思わないで、いずれ公判があるのだから、その時に訂正すればよいくらいで、強いて争わずにそのままにしておくのが多いと思います。

これは大きな誤りで今日になってみれば、予審調書の文字ほど大切なものはないのです。けれど、法律裁判のことは全く素人の多数の被告は、そのように考えたろうと察します。こんな次第で、予審調書も甚だ杜撰なもので出来上っています。私は多少文字のことに慣れていて随分訂正させたけど、それすら多少疲れている時などは面倒になって、いずれ公判があるからというので、そのままに致したのです。

いわんや多数の被告をやです。聞取書、調書を杜撰にしたということは、制度のためだけでなく、私共のこのような無経験から生じた不注意の結果でもあるので、私自身は今になって、その訂正を求めるとか誤謬を申立てるとかいうことはしませんが、ドウか彼の気の毒な多数の地方青年らのためにお含みおき願いたいと存じます（「聞取書」及「調書の杜撰」）。

5 関係者の大逆事件認識

(1)　冬の時代到来（思想弾圧）

啄木の「A LETTER FROM PRISON」（一九一一年五月）によれば、社会主義者の弾圧について、かかる間に、彼等の検挙以来、政府の所謂危険思想撲滅手段があらゆる方面に向ってその黒い手を延ばします。彼等を知り若しくは文通のあった者、平生から熱心なる社会主義者と思われていた者の殆どすべては、或いは召喚され、或いは家宅を捜索され、或いは拘引されます。或る学生の如きは、家宅捜索をうけた際に、その日記にただ一か所不敬にわたる文字があったというだけで、数ケ月の間監獄の飯を食はねばならなかったのです（橋浦時雄、投獄は早大時代）。そしてそれらすべてに昼夜角袖が尾行します。社会主義の著述は、数年前の発行にかかるものにまで溯《さかのぼ》って、殆ど一時に何十種となく発売を禁止されます（『石川啄木全集』第四巻）。

獄中の管野須賀子も「死出の道草」の中で、

社会の同志に対する其筋の警戒は益々きびしい様子である。今回の驚くべき無法なる裁判の結果から考へても、政府は今回の事件を好機として、極端なる強圧手段を執ろうとして居るに相違ない（一月廿一日）。

管野は凍てつく「冬の時代」の到来を気づいていたようです。

(2)　啄木の事件認識

啄木は事件の文人弁護士平出修と「明星」時代から友人であったので、事件の本質を教えられた。そして啄木自身で真相を追究した。啄木の事件の認識は次のようになります。

二十六名の被告中に四名の一致したテロリスト、及びそれとは直接の連絡なしに働こうとした一名（内山愚童）の含まれていたことは事実である。この事件の真の骨子たる天皇暗殺企画者管野すが、宮下太吉、新村忠雄、古河力作であった。幸徳は賛成の意を表したことなく、指揮したことなく、ただ放任して置いた。幸徳および他の被告の罪案は、一時的東京市占領の計画をしたというだけの事であった。

しかもそれが単に話し合っただけ――意志の発動だけにとどまって、未だ予備行為に入っていないから、厳正の裁判では無論無罪になるべき性質のものであったに拘らず、政府及びその命を受けたる裁判官は、極力以上相連絡なき三箇の罪案を打って一丸となし、以て国内における無政府主義を一挙に撲滅するの機会を作らんと努力し、しかして遂に無法にもそれに成功したのである（前掲『啄木全集』第四巻要旨）。

(3)　弁護士らの意見

平出修（高木顕明、崎久保誓一の弁護人）　啄木は一九一一年一月三日、弁護士修に会った。修は啄木に次のように語ったことを啄木は日記に記しています。

（前略）平出君の処で無政府主義者の特別裁判に関する内容を聞いた。若し自分が裁判長だつたら、管野すが、宮下太吉、新村忠雄、古河力作の四人を死刑に、幸徳、大石の二人を無

期に、内山愚童を不敬罪で五年位に、そしてあとは無罪にすると平出君が言った。（前掲『石川啄木全集』第六巻、日記Ⅱ）

鵜沢総明（大石誠之助、奥宮健之ら四人の弁護人）　原告側の主張によれば、「共同謀議」によって「大逆」を企画したと言うのであるが、その点についても、我々は多大の疑義を持っていた。被告幸徳秋水、大石誠之助らと（明科事件）の当事者達との間に、無政府主義者としての同志的なつながりがあったという証拠は、一つもなかった。（中略）「共同謀議」を意味するやうな、全被告に共通な一貫したのは、一つもなかつた。（「大逆事件を憶う」一九四九年）

原敬　原敬もその日記に次のように記しています。

（前略）此裁判に関し弁護の任に当りたる弁護士鵜沢総明などの云ふ所によれば、四名は不得已者なるも他は決して大不敬の考には之なかりが如しと云へり。（一九一一年一月一一日日記）。

今村力三郎（幸徳、管野、森近ら一七人の弁護人）

幸徳事件に在りては、幸徳伝次郎、管野すが、宮下太吉、新村忠雄の四名は事実上に争いなきも其他の二十名に至りては果して大逆罪の犯意ありしや否やは大なる疑問にして、大多数の被告は不敬罪に過ぎざるものと認むるを当れりとせん。

予は今日に至るも、該判決に心服するものに非ず、殊に裁判所が審理を急ぐこと、奔馬の如く一の証人すら之を許さざりしは、予の最も遺憾としたる所なり。（「芻言」一九二五年

私刊）

⑷　幸徳の思い遣りと「陳弁書」の末文

啄木は一月三日に平出修から「陳弁書」を借り、五日に写し終わります。火のない室で指先が凍って、三度筆を取落したと書いてあることを知ります。そして啄木の感想、「無政府主義に対する誤解の弁駁と検事の調べの不法とが陳べてある。この陳弁書に現れたところによれば、幸徳は決して自ら今度のような無謀を敢てする男でない」、と幸徳を理解しています。

幸徳は「私は只だ自己の運命に満足する考え」で、すでに死刑を覚悟しています。「陳弁書」の文章は透徹しており、その底流には絶えず若い地方の被告らを思い遣っています。「三段論法」で責めつけられ、平生、直接行動、革命運動などということを話したことが、彼らを累しているというに至っては……、法律裁判のことに全く素人なる多数の被告は……、ドウか彼の気の毒な多数の地方青年らのために、お含みおき願いたい……。

末文では、

以上私の申上げてご参考に供したい考えの大体です。何分連日の公判で頭脳が疲れているため、思想が順序よくまとまりません。加うるに火のない室で指先が凍ってしまい、これまで書く中に筆を三度取り落したくらいですから、ただ冗長になるばかりで、文章も拙く書体も乱れてさぞお読みづらいことでありましょう。どうかご諒恕願います。兎に角右述べました中に多少の収るべきものがあれば、さらにこれを判官検事諸公の耳目に達したいと存じます。

明治四十三年十二月十八日午後　東京監獄監房に於て　幸徳伝次郎

啄木の「EDITOR'S NOTES」の書き出しに、「幸徳はこれを書いてから数日の後、その弁護人の勧めによつて、この陳弁書と同一の事を彼自ら公判廷に陳述したさうである」、「此事を友人にして且つ同事件の弁護人の一人であつた若い法律家H――君（平出修）から聞いた」（前掲『石川啄木全集』第四巻）とあります。これ以後、幸徳の公判廷での供述は、十九日、二十日、二十二日でした。しかし、二十五日、松室検事総長の全員死刑求刑があったことを考えれば、予審調書の修正は皆無に等しいものと考えられます。

二〇〇六年九月十一日、四万十市（旧中村市）市民大学講座（教育委員会・生涯学習課主催、幸徳秋水顕彰会・研究会協賛）の準備原稿に加筆したものである。

四　管野須賀子と日露戦争――小説「絶交」から

『管野須賀子全集』の出版によって、須賀子の全貌を把握することができるようになったのみならず、彼女と係わりをもった多くのことが、より理解できるようになったのは有難い。編者清水卯之助氏に深謝したい。困難なお仕事を支えたもの、その情熱は、何よりも清水氏の須賀子にたいする愛情であったように思う。清水氏は、彼女のこれまでの人物評価やレッテルに強い不満をもたれ、正しい評価がされることを念願し、それを目的にされて苦難なお仕事に取り組まれたのである。表題に関して拙稿を書くことのできるのも、その恩恵である。

須賀子の小説は、『全集』の第二巻、第三巻でみると、『大阪朝報』に載せた七篇、天理教機関誌『みちのとも』の九篇、『基督教世界』の二篇、『牟婁新報』の一篇、計十九篇、期間は一九〇二（明治三五）年七月から一九〇六年三月にかけての、二十一歳から二十四歳にいたる三年半余で、『全集』の頁数一八八頁、四〇〇字詰原稿用紙にしても三七〇枚前後、一冊の単行本ほどである。須賀子の小説は、生活体験を踏まえた半自伝的小説が多いため、より理解するためには、彼女の生いたち、職歴などを知っておれば興味深い。ちなみに、須賀子が満十一歳で大阪の盈進高等小学校を二年生で中退してから関係した仕事は、最後の小説「露子」を書いた二十四歳までをみても、次のようになる。

京都の看護婦会の見習、医院の看護婦、荒物商兼両替屋の主婦（のち離婚）、『大阪朝報』記者（のち主任）、大阪婦人矯風会専従（のち文書課長）、週刊『平民新聞』、『大阪タイムス』関係、同志社教会ミセス・ゴルドン宅の住み込み、『牟婁新報』社会記者（のち専従の仮編集長）、京都法政大学の事務員などである。

それに鉱山師《やまし》の父、実母の早世、病弱な妹の扶養とその死、十五歳のとき水商売上がりの継母の奸計で鉱夫に犯され、十八歳の主婦時代に悪番頭に手込めにされる。自身の病弱、脳の病気、大阪・東京での入院、伊豆初島、房州保田、鎌倉などへの転地療養、その間の大阪・東京・愛媛県・大阪・東京・京都・和歌山県・京都・東京と、判るだけでも二十数回の目まぐるしい移転、入獄生活、肺結核の発熱とたたかいながらの生活など、まさに数奇な運命のなかでの人生であった。それでも純な感受性を終始失わず、具眼の情熱的な女性であった。このことは小説「絶交」にも表現されている。

小説「絶交」は『基督教世界』第一〇五〇号、一九〇三年十月八日に掲載された。『全集』第三巻では六頁の小篇であり、須賀子が二十二歳四か月のときである。とにかく、読書好きで文学趣味の須賀子が小説を書きだしたのは、弟正雄が宇田川文海の家へ文学修業の内弟子に住み込んだことと無縁ではない。文海の紹介で『大阪朝報』に入社、「絶交」を書いたときは三面主任であった。またこの年大阪婦人矯風会へ入会し、半年後には文書課長に推薦され、矯風会講演会で島田三郎に、社会主義演説会で木下尚江らに面会、感激していること、さらに、天満教会で長田時行牧師から受洗していることなどが、「絶交」の書かれた背景にはあり、作品と無関係ではない。

　桃割れとおさげの二少女の容姿、服装の描写から「絶交」は始まる。桃割れはクリスチャンの小山、おさげは泉、泉は小山に突然に「貴女なんか、矢張り大村さん組でせうね」と尋ねる。小山は何故？　と問い返すが、泉は「矢張りクリスチャンだし……」と意味ありげに笑う。小山は返答をためらっていたが、「妾は、何《ど》うしても非戦論よ……」と答える。泉は、それではクリスチャンは皆非戦論か、と追求する。小山はそうでもないが、「人類の平和」ということから考えれば戦争は絶対的に悪いときっぱり言う。「絶対的に」という言葉から、泉は貴女や非戦論派の大村さんは、自分の国がどんなに辱《はずか》しめを受けても平気で引込んでるって言うのね、と問う。小山は「正義には何《ど》んな乱暴な国だって勝てないもの」と答える。

　日清戦争で少尉の兄が戦死している泉は、大きな犠牲を払って得た遼東半島を……と悔しさを小山にぶっつけ、いくら平和が尊くても、相手の出方による、と開戦論をつよく唱える。小山は、戦争は多くの人が死ぬこと、かえって不景気になること、敗れれば口惜しいし、勝っても恨まれ、「戦争は野蛮」であることを熱心に言う。泉はまた、どんな辱しめを受けても？　と切り返してくる。小山は、辱しめなんて自分の心で思うので、あくまでも正義だ、とやり返す。泉は新聞にあんなにでていても？　と問う。小山は新聞のいうことばかりが真理じゃない、とつっぱねる。泉は小山の兄が一年志願兵で入営していることを指摘し、「国辱を甘んじて受けるなんて、不忠だワ……ね」としつこい。小山は「不忠……てえ訳じゃ無いけど、妾は、ど、どうしても平和論者よ」と言うと泉はあきれる。それでも、ロシア人のために東京がどうなってもよいか、日本人でも宗教が西洋のだから、愛国心に乏しいのか、などと食い下がってくる。

また泉は日本魂があるから恥は忍んでいられない、と言う。小山は日本魂は自分にもあるが……と答える。最後に泉は、「貴女見たいナ、恥を知らない人は日本人じゃ無いわ、そ、そんな不忠な人とは、妾、絶、……絶交するわ」と、軽蔑的に言って足早に別れる。小山は淋しく微笑む。その時に後方から号外の鈴の音がけたたましく聞こえる。「天使のやうな彼女の頬には、一種不快げな苦笑が浮んで居た。」が結語である。

以上の梗概からも判るように、「絶交」は非戦か主戦か、日露戦争開始前夜の大きな課題を、小山、泉二少女に仮託して取り扱った意欲的な作品である。当時はまだ誰もが躊躇して作品化できなかった問題であった。「絶交」の掲載は、内村鑑三と幸徳秋水・堺利彦らがそれぞれ退社の辞を発表し、万朝報社を去る少し前である。勿論、週刊『平民新聞』創刊以前である。非戦をふまえた木下尚江の『火の柱』が『毎日新聞』に掲載されるのが、翌一九〇四年の一月からであるから、非戦、反戦小説としては先駆的な作品であり、管野須賀子はそのパイオニアである。

「絶交」は、須賀子の日露戦争観とみても、短絡的な解釈にはならないだろう。「人類の平和」、

「正義の強いこと」、「平和を尊重すべきこと」、「戦争は尊い多くの人命を失い、不景気になり、野蛮であること」、「新聞がすべて真理であるとは限らないこと」など、二十二歳の須賀子の主張したかったことである。最後の結び、泉の言動にたいする小山の淋しい微笑、号外にたいする不快気な苦笑は、作者須賀子を髣髴とさせる。

「絶交」では泉が小山に、「クリスチャンは皆非戦論者か?」と、意地悪く質問している。このことは、日露戦争をめぐって、キリスト教界にも内村鑑三に代表される非戦論と、戦争を積極的に肯定した海老名弾正、主戦論を唱え、戦時には軍隊へ慰問団まで派遣した小崎弘道、自衛戦争の必要性を説き、主戦論を主張した植村正久ら、キリスト教界の代表的指導者がいたことを、須賀子は受洗者としても暗示的にしめしている。

反戦小説「絶交」と関連させて、中里介山の反戦詩「乱調激韵《らんちょうげきいん》」と与謝野晶子の厭戦詩「君死に給ふこと勿れ」を述べてみたい。四連三十八行の確固たる反戦長詩「乱調激韵」は、「絶交」に遅れること十か月の一九〇四年八月七日号週刊『平民新聞』に掲載されたもので、トルストイの感化からのものであることは否定できない（拙著『中里介山と大逆事件』三一書房、一九八三年五月）。

五連四十行の厭戦長詩「君死に給ふこと勿れ」は、「乱調激韵」より一か月後の九月の『明星』に載った。「絶交」より一年後の発表である。この長詩は、同年六月号『太陽』に、内田魯庵がロシアのコーカサス山地に住んで、戦争絶対放棄を実践した農民の土俗宗教団体であるドゥホボール教徒を紹介した、「兵器を焚きて非戦を宣言したる露国の宗教」と、「乱調激韵」の載った同日の『平民新聞』、「トルストイ翁の日露戦争論」の訳文約四万字の二つから影響を受けた与謝野晶子が、巧みに七五調の詩語に翻案したもののようである（各連の詳しい比較は紙幅の都合で別稿にゆずる。拙著『君死にたまふこと勿れ』和泉書院、一九九四年二月）。また、大塚楠緒子の「お百度詣で」の『太陽』掲載短詩は、「君死に給ふこと勿れ」に遅れること五か月、「絶交」からは一年三か月も後である。

　このようにみてくれば、「絶交」がいかに先駆的で大胆な小説であったかが理解され、しかもここには管野須賀子の日露戦争観が遺憾なく発揮された作品だということができる。ただ、文中、泉の言う「日本魂」、「不忠な人」にたいして、小山がつよく否定していないのは、小説の虚構であろうか。それとも、執筆当時の須賀子の限界であろうか。他に須賀子の日露戦の感想の一例として、一九〇五年一月、二月の『みちのとも』に載せた短篇小説「七五三《しめ》」の中で、「人は旅順の陥落の祝酒に酔ふて、幾万の犠牲の遺族の上などは夢にも思はず、満都殆んど狂熱の巷の時と成れるの時」という地の文が入っているのも、須賀子が戦争をどうみていたかの証左である。

（『大逆事件の真実をあきらかにする会ニュース』第二五号）

五　管野須賀子と文人弁護士平出修

一九〇九年、一〇（明治四三）年の管野須賀子の主な足取りをたどってみよう。

管野と幸徳秋水の関係は〇九年三月十八日、幸徳が巣鴨から千駄ヶ谷九〇三番地の平民社に移り、管野も住み込み、幸徳の助手になったころからであった。幸徳は第一回予審調書では「昨年の夏頃」と答えている。管野の第一回予審調書では、「昨年の六月カラデス」と答えている。管野は〇九年八月十四日、東京監獄から千葉監獄の荒畑寒村へ離縁状を送っている。

幸徳は一九〇九年三月一日、妻千代子と協議離婚し、毎月一二円の送金を約束していた。赤旗事件で入獄していた寒村の出獄は一〇年三月上旬であった。前年五月二十五日、幸徳と編集し、管野が編集名儀人の『自由思想』第一号発禁（新聞紙法違反）。さらに六月十日『自由思想』第二号も発禁、発売停止。しかも管野は七月十五日、新聞紙法違反で病床から検挙され、九月一日罰金四百円の判決で釈放されている。

また管野は九月十三日、東京朝日新聞に「社会主義の女」として紹介された。十月初旬銭湯へ行く途中、路上で卒倒したりして、病気がちであった（一一月一日―三〇日、加藤病院へ入院）。

一〇年正月早々平民社で幸徳、管野、宮下太吉、新村忠雄らが爆裂弾の空缶で投擲のまねをする。宮下は大晦日、長野県明科の官営製材所から上京、平民社に一泊していた。幸徳はすでに爆裂弾投擲の「計画」から離脱していたので気乗りしない様子だった。

一月二十三日古河力作が二日につづいて平民社来訪、管野、新村と三人で投弾の図上演習をする。幸徳と管野は三月二十二日、平民社をたたんで湯河原温泉天野屋旅館に行く、友人小泉三申の依嘱による『通俗日本戦国史』全一〇巻執筆のため。『基督抹殺論』から先に取りかかる。古河力作は第二回予審調書で、「平民社をたたんだのはどういうわけか」の問いに「内は財政の窮乏、外は迫害のためでしょう。湯ガ原からきた幸徳の葉書に「平民社落城云々」を書いてありました」と答えている。

五月一日、『自由思想』罰金刑の上告をやめ、換金刑に服する入獄準備（労役百日）のため管野一人で上京、平民社前の増田謹三郎方に寄宿。荒畑寒村がピストルを携え天野屋を襲うが、幸徳も上京中で不発に終わる。十八日管野二度目の入獄、新村、吉川守圀らが見送り、新村から幸徳へ管野収監の電報。二十五日、信州明科で宮下太吉の爆裂弾事件発覚、宮下、新村、古河ら五人逮捕される。三十一日、「爆発物取締罰則違反」容疑から「刑法第七十三条」いわゆる「大逆事件」に切り替えられ、幸徳、管野を加えて七人が起訴、送監される（幸徳は六月一日）。

六月一日、幸徳が「逆徒」として湯河原で逮捕される。刑法七十三条は一九四七（昭和二二）年、占領軍の示唆により、法の前に平等の原則に反するものとして刑法から削除された。その削

除前の条文には、

刑法第七十三条　天皇、太皇太后、皇太后、皇后、皇太子又ハ皇太孫ニ対シ危害ヲ加ヘ又ハ加ヘントシタル者ハ死刑ニ処ス

となっていて、実行行為（既遂、未遂）をなしたるものばかりではなく、広く予備、陰謀も処罰する規定であると解釈されていた。一八九〇（明治二三）年の裁判所構成法五〇条では、大審院は刑法七三条の罪について「第一番ニシテ終審トシテ」裁判することになっており、それについては控訴も上告も許されず、一審きりの裁判であるということになっていた。

管野は「大逆罪」、「刑法第七十三条」のあることを知っていたであろうか。六月六日の原田鉱予審判事の第一回予備審調書では、

問　被告ハ刑法ヲ調ベタカ

答　イエ少シモ法律ハ知リマセヌ　只新聞紙法ト官吏抗拒ノ事丈ハ聞キマシタ

問　国家ノ元首ニ危害ヲ加ヘレハ何ウ云フ法条ニ触レルトノコトハ知ラナカツタカ

答　少シモ知リマセヌ　併シ一番重イ刑罰死刑デアリマセウ　夫レデスガ目的幾分デモ達シタナラハ犠牲ニ為ルノハ覚悟デスガ詰ラヌ処分カラ発覚シテ欺様ナ事件ニ為ツタノハ何共残念テ堪リマセヌ（「大逆事件訴訟記録」清水卯之助編『管野須賀子全集』3、弘隆社、一九八四年一二月）

それでは管野は天皇についてどんな考えをもっていたのだろうか。検事小原直の六月三日の第

二回聴取書では、

答　実ハ睦仁ト云フ一個人ニ対シテハ歴代ノ天子ノ内テモ最モ人望カアリ且良ヒ人ノ様ニ思ヒマスカラ甚タ気ノ毒テハアリマスケレトモ併シ兎ニ角　天子ナルモノハ現在ニ於テ経済上ニハ掠奪者ノ張本人政治上ニハ罪悪ノ根源　思想上ニハ迷信ノ根本ニナツテ居リマスカラ此位置ニ在ル人其ノモノヲ斃ス必要カアルト考ヘテ居タノテアリマス（以下略）（前掲清水編著所収「訴訟記録」）

と答えている。

ちなみに宮下太吉の天皇観はどうか、一八〇七（明治四〇）年十二月十三日、宮下は大阪平民社を訪ね、森近運平から皇室について聞いた。宮下は日本歴史は後で「良イ加減ナ事ヲ拵ヘタモノデアル」、神武天皇の即位は虚偽である、神武天皇は長髄彦をたおして、その領土を奪ったものであって、「其子孫を天子トシテ尊敬スルノ謂ハレナキ事デアル」（宮下太吉第二回予審調書、潮恒太郎判事）。

これが宮下の皇室にたいする開眼といわれるものであるが、このとき森近は、歴史学者久米邦武（一八三九―一九三一、論文「神道は祭天の古俗」はよく知られる）の学説にしたがって話したにすぎないのである。周知のように、日本における暦法は、推古天皇一二年（西暦六〇四年）または持統天皇四年（六九〇年）からであって、それ以前には紀年はなく、逆算して神武天皇が辛酉の年に即位したことにした、ということは、誰でも異論をさしはさむことはできない。

千三百年前に逆算して神武即位というのであるから、まさに「良イ加減ナ事ヲ拵ヘタモノ」ということができる。このことを宮下はとにかく、森近や天皇制下の判事らは学説として知っていたであろう。とにかく、宮下は天皇制の虚構を知り、〇八年十一月十日、東海道線大府駅を通過する明治天皇のお召列車拝観のため集まった群集に、内山愚童から送られた『無政府共産』の小冊子を配布。日本で初めて反天皇制の革命宣伝を公然と行なった。

「大逆事件の一番首領は幸徳秋水（伝次郎）である」とは、事件裁判の指揮官、司法省民刑局長兼大審院検事の平沼騏一郎（一八六七―一九五二）の言である（『回顧録』「機外会館談話録」）が、幸徳の天皇観（皇室観）はどのようなものであろう。公判中の十二月十八日、幸徳が誤解された暗殺と革命の関係、作為され恣意的な調書のまちがいを正すために、反駁の手紙を磯部四郎、花井卓蔵、今村力三郎の三弁護人に送った「陳弁書」の中で、

無政府主義者の革命成るのとき、皇室をドウするかとの問題が、先日も出ましたが、それも我々が指揮、命令すべきことでありません。皇室自ら決すべき問題です。前にも申す如く、無政府主義者は武力、権力に強制されない万人自由の社会の実現を望むのです。

その社会成るのとき、何人が皇帝をドウするという権力をもち、命令を下し得る者がありましやう。他人の自由を害せざる限り、皇室は自由に、勝手にその尊栄、幸福を保つの途に出で得るので何等の束縛を受くべき筈はありません。（今村力三郎『訴訟記録』第三〇巻「大逆事件」一）

幸徳がこれを認めたこのときの境遇から思うと、韜晦とは考えられない。しかし「無政府主義者の革命成るのとき」という条件があっての上である。無政府主義者の模範解答のようでもある。幸徳が管野とともに理想社会の出現を夢見て努力していたことは確かである。それが管野は幸徳より性急だったようだ。

天皇制にマインド・コントロールされた検事・判事、とくにその代表格の平沼騏一郎には、天皇制擁護のためには、事件被告を国賊視し切り捨てる以外になかったろう。事件弁護士今村力三郎の「幸徳事件の回顧」の次の言葉を思い出す。

幸徳事件の裁判官達は、皇室に就いて誤れる忠義観を持つてゐたと思はれる。(中略) 斯の様に、憲法や、皇室と裁判官とは、法的にも思想的にも、特別の関連があつて、自然裁判官の忠君観も、一般人民と異なるものがあつたと考へられる。

と、今村弁護士は、裁判官たちの過度のしかも誤解をもった「忠義観」、「忠君観」のもたらした裁判であったことを指摘している。

管野須賀子の聴取書は、六月二日から十月五日にかけてであり、検事は武富済一回、小原直二回、古賀行倫一回、小山松吉二回、計六回残っている。予審調書は六月三日から十月二十七日まで一四回残され、判事は二回まで原田鉱、三回―一四回は潮恒太郎である。

管野が「今此場ニ於テ貴官ヲ殺スコトカ出来ルナラハ殺シマス　爆裂弾カ刃物ヲ持ツテ居リマ

スナラ決行シマス」と反抗したのは、武富検事の六月二日第一回のときである。管野は武富の赤旗事件のときのひどい取調、「自由思想」の秘密頒布と同新聞紙上に掲載した大石誠之助の「家庭破壊論」事件も武富検事の起訴を受け、有罪の判決が確定し、今はその罰金の換刑処分のため労役場に服役中の管野であった。

赤旗事件（一九〇八年六月二二日）そのものは、児戯に類するものだったが、堺利彦、山川均、荒畑寒村、大杉栄ら一四名が官吏抗拒、治安警察法違反で逮捕され、裁判にかけられ、堺は重禁錮二年というように、全部が予想の一〇倍の重刑であった。管野と神川マツだけは無罪となったが、権力の暴力を受け、入獄の初体験をし、体制打倒の怨念に燃えさせた。公判のとき管野ははやくも無政府主義者を明言している。

幸徳秋水でさえ、まだ公の席や出版物によって、無政府主義者であることを名乗ったり、無政府主義者を公表していなかった。当時の日本では、無政府主義者であることを公表することは、ただちに監獄へ入ることであった。管野はこの点無手っ法であった。

大逆事件裁判の指揮官平沼騏一郎は後年、判事潮恒太郎について、

大逆事件は検事総長の主管である。その指揮を受けねば検事は働けぬ。（中略）予審は大審院でするのであるが、大審院判事では心もとない。そこで東京地方裁判所長の鈴木喜三郎（一八六七―一九四〇、のち検事総長、内相などを歴任）に通じて大審院に命令させ、潮判事を予審判事としてやらせた。

予審を大審院判事ではなぜ「心もとない」のか、この文だけでは判らない。画策して潮判事を採用している。そのためか、

予審を始めてから終結まで八ヶ月位、大審院の特別公判が終るまで十ヶ月である。あんな大事件が十ヶ月で済んでゐる。（中略）今のやうにあんな大事件を取扱つたら漏れて纏るかどうか判らぬ。十年位かかるだろう（平沼騏一郎『回顧録』）。

平沼は自慢げに語っているが、対照的に、被告一七人の弁護を引き受けた今村力三郎は、裁判所が審理を急ぐこと奔馬の如く、一の証人すら之を許さざりしは予の最遺憾としたる所なり、私は今に至るも、この二十四名の被告人中には多数のえん罪者が含まれて居たと信じてゐる。（「幸徳事件の回顧」「芻言《すうげん》」）

と、強権発動、裁判のでっちあげ、捏造、多数の被告らの冤罪だったことを強く示唆している。潮恒太郎は平沼騏一郎の信頼があったようで管野須賀子、幸徳伝次郎、大石誠之助、新村忠雄、宮下太吉、古河力作らおもだった事件被告の予審調書を、一人で担当し東京地裁筆頭予審判事として作成している。

裁判では裁判官は、証拠を予審調書中のどれからとろうと公判の供述からとろうと自由であるということになっている。当時の裁判では、公判供述のほうが正しくてもそれは無視され、ほとんどの場合、公判供述と予審供述とが食いちがうときは、予審調書を証拠として採用して有罪とする。公判は被告らの不満のはけ口に過ぎなかったようだ。

このような裁判の実状を、裁判経験のない大逆事件被告らは知らなかった。検事聴取書や判事の予審調書の怖さを、管野のように知るのは、判決書を聴きながらか、死刑宣告のときであった。管野はその忿懣、怒りを吐露している。

読む程に聞く程に、無罪と信じて居た者まで、強ゐて七十三条に結びつけ様とする、無法極まる牽強附会《こじつけ》が、益々甚だしく成つて来るので、私の不安は海嘯《つなみ》の様に刻々に胸の内に広がつて行くのであつたが、夫でも刑の適用に進むまでハ、若しやに惹かされて一人でも、成る可く軽く済みます様にと、夫ばかり祈つて居たが、噫、終に……万事休す矣。新田（融）の十一年、新村善兵衛の八年を除く他の廿四人は凡て悉く之れ死刑！（「死出の道艸」一月一八日）

管野が聴取書や調書の捏造に気付き、裁判官に謀られたことを知った瞬間の心境である。管野は言い足りないのでつづける。

実は斯うも有うかと最初から思はないでは無かつたが、公判の調べ方が、思ひの外行届いて居つたので此様子では、或は比較的公平な裁判をして呉れやうも知れぬといふ、世間的な一縷の望みを繋いで居たので、今此判決を聞くと同時に、余りの意外と憤懣の激情に、私の満身の血は一時に嚇と火の様に燃へた。弱い肉はブル〳〵と慄へた。（前掲同日）

管野は死刑の宣告を受けて、自分の甘かった考えに気付く、そして、公判は表面的、形式的で、被告らの真実の自供は無視されたことも知る。憤懣に火がつく。激情に駆られる。それでも管野は仲間のことに目覚める。

噫々気の毒なる友よ、同志よ。彼等の大半は私共五、六人の為めに、此不幸な巻添にせられたのである。私達と交際して居つたが為めに、此驚く可き犠牲に供されたのである。無政府主義者であつたが為めに図らず死の渕に投込まれたのである。(前掲同日)

「私共五、六人の為めに」、管野は獄中でいつも幸徳を意識していたであろう。しかし、幸徳の罪刑は管野にも判決まで判らなかった。自分と幸徳と、宮下太吉、新村忠雄、古河力作五人の明科事件を考えたのであろう。

また、「死出の道艸」二十一日のところには、「幸徳、宮下、新村、古河、私」と記しており、五人の陰謀の外は「総て煙の様な過去の座談を、強ゐて此事件に結びつけて了ったのである」。とある。

文人弁護士平出修の「刑法第七十三条に関する被告事件弁護の手控」(「大逆事件意見書」)の追記ともいうべき、特赦一二名の無期懲役を知らないときの「後に書す」には、

(前略)もし予審調書其ものを証拠として罪案を断ずれば、被告の全部は所謂大逆罪を犯すの意思と之が実行に加はるの覚悟を有せるものとして、悉く罪死刑に当つて居る。乍併調書の文字を離れて、静に事の真相を考ふれば本件犯罪は宮下太吉、管野スガ、新村忠雄の三人によりて企画せられ、稍実行の姿を形成して居る丈けであつて、終始此三人者と行動して居た古河力作の心事は既に頗る曖昧であった。(『定本平出修集』一巻、春秋社、一九六九年六月)

と真相は三人の企画で「稍実行の姿を形成」していただけであったこと、結局この事件の責任は宮下、管野、新村の三人だと判断している。

管野の「死出の道艸」の二十三日のところには、田中教務所長から、死刑判決の被告人二十四名中、十二名が特赦により無期懲役に減刑されたことを聞き嬉しがる。またこの批評「勿体ぶつた減刑」、「国民に対し、外国に対し、恩威並び見せる」という「抜け目のないやり方ハ、感心と言はうか狡猾と云はうか、然しまあ何は兎もあれ、同志の生命が助かつたのは有難い」につづいて、

慾にはどうか私達三、四人を除いた総てを助けて貰ひたいものである。其代りになる事なら、私はもう逆磔刑の火あぶりにされやうと、背を割いて鉛の熱湯を注ぎ込まれやうと、どんな酷い刑でも喜んで受ける。

という。管野が無罪を信じていた仲間の減刑を心から喜び、また責任感の強さを表わしている。それでも管野は忿懣やる方ない。

此事件は無政府主義者の陰謀也、何某は無政府主義者也、若しくは何某は無政府主義者の友人也、故に何某は此陰謀に加担せりといふ、誤つた、無法極まる三段論法から出発して検挙に着手し、功名、手柄を争つて、一人でも多くの被告を出さうと苦心惨憺の結果は、終に詐欺、ペテン、強迫、甚だしきに至つては、昔の拷問にも比しいウツツ責同様の悪辣極まる手段をとつて、無政府主義者ならぬ世間一般の人達でも、少しく新智識ある者が、政治に不満

でもある場合には、平気で口にして居る様な只一場の座談を嗅ぎ出し、夫をさも〳〵深い意味であるかの如く、総て此事件に結びつけて了つたのである。(「死出の道艸」一二日)

「無政府主義の陰謀」「三段論法から出発、検挙」、「そのための拷問」「一場の座談を事件に結びつける」、鋭い事件分析である。

管野はやや冷静になってきている。事件被告に何人の無政府主義者がいたことか、ユートピアンはとにかく僅少である。調書では無政府主義者に仕立てて、ある一場の座談(宴会でも懇親会でも何でも)を陰謀とみなし、ときには拷問の手段をとってでも、刑法七三条に結びつくような調書を作成する。管野自身の体験を踏まえている。

「ウッツ責」は連日連夜取調を強行、極度の疲労から正常な意識をうしない、夢うつつの状態に被告をおとしいれて、自白させる方法。一例をあげると、この事件の首謀者宮下太吉も連日連夜取調を受け、ウッツ責にあっている。判検事らは宮下の疲労を利用して、少数グループの革命的幻影から、全国的な秘密結社による暴動計画という大陰謀を仕立てあげて、社会主義者虐殺の口実をつくることに成功した(神崎清編『大逆事件記録第一巻 新編獄中手記』世界文庫、一九六四年三月)。

新村忠雄も今村弁護人に、ウッツ責の苦痛を訴えている。検事廷でも予審廷でも威嚇、脅迫をもってウソの自白を強要された。例えば峰尾節堂、高木顕明、崎久保誓一、大石誠之助らの手記などに記されている。多かれ少なかれ、拷問に類することを受けて、自白の糾問や強問、強要をされ、ウソの調書作成に協力させられたのは、管野、幸徳ら事件被告全員である。

幸徳が一月十八日、公判中の獄中で、三人の弁護人（磯部四郎、花井卓蔵、今村力三郎）ら宛に「無政府主義と暗殺」「革命の性質」「所謂革命運動」「直接行動の意義」、「欧州と日本の政策」、「一揆暴動と革命」「聞取書及調査書の杜撰」など正すために、反駁の書である「陳弁書」がある。「聞取書及調書の杜撰」の章（二千百余字からなる）の、自分の取調べられた体験を語っている。要旨は次のようになる。

検事の聞取書について
一、「カマ」をかける。
二、議論で強いること。
三、陥れんが為めに奸策を設ける。
四、殆ど検事の曲筆舞文牽強附会で出来上っている。
判事の調書について
一、調書は速記でなく、被告の陳述を聞いた後で、判事の考えでこれを取捨して問答の文章を作るから脱字、挿入がある。その文字次第で解釈が違ってくる。
二、調書訂正の困難、数ヶ所、十数ヶ所の誤りがあっても、指摘して訂正し得るのは一ヶ所くらいに過ぎない。
三、予審の調べに会ったことのない（幸徳も）ものは、予審は大体の下調べだと思ってそれほど重要と感じない、孰れ公判があるのだからその時に訂正すれば良いくらいで、争わないですてておくのが多い。これは大きな誤りで、予審調書の文字ほど大切なものはない。法律裁判に全く素人なる多数の被告はそのように考えたろう。

四、結果として予審調書は杜撰。

五、かの気の毒な多数の地方青年等の為めに御含みおきを願いたい。

（前掲『今村力三郎訴訟記録』第三〇巻より）

管野の予審調書には、幸徳の動向を管野を通して探り出そうとしている意図が露骨にうかがえる。幸徳以外にも、大石、新村忠雄、松尾卯一太、奥宮健之、内山愚童らに関する訊問をしているが、管野は彼らの不利益になるようなことは答えていない。幸徳に関しては次のようである。

問　幸徳ノ態度カ曖昧ニナツタノハ何時頃カラカ

答　昨年一一月頃ヨリ（中略）、本年一月一日ノ会合ノ時杯ハ頗ル要領ヲ得マセヌテシタ

問　幸徳ハ最初ヨリ自身テ今回ノ計画ヲ実行スル考ハナカツタノテハナイカ

答　幸徳ハ明治四一年一二月私カ初メテ今回ノ計画ノ相談ヲシタ時ハ大ニ喜ビ自身モ実行ニ加ハル決心ヲシテ居タ様ニ見受ケラレマシタ　其後明治四二年六月宮下カ平民社ニ来テ相談ヲ致シタ頃カラハ幸徳自身ハ帷幄《いあく》ノ裡ニアツテ計画ヲ為シ其実行ハ他ノ者ニ為サシムル考ヲ起シタ様ニ思ハレマシタ　然ルニ昨年一二月以来ハ全然其計画ヨリ離レ度様ナ様カ見ヘマシタ

問　幸徳ハ其方ニ対シ今回ノ計画ヨリ脱退スルト話シタコトカアルカ
答　昨年一二月頃以来兎角態度カ曖昧テシタ　本年一月頃私ニ向ヒ一緒ニ土佐ニ帰ロウ杯ト申シテ居リマシタカ其後色々事情カアツテ遂ニ湯河原ニ行ッタノテス
問　其方カ湯河原ヨリ帰ッテ後幸徳ヨリ又其様ナ意味ノ手紙カ来タテハナイカ
答　私カ出獄スルマテニハ今回ノ計画ノ意思ヲ翻ヘサスルト云フ様ナ手紙ヲ寄越シマシタ
問　夫レテハ幸徳ハ全ク今回ノ計画ニ反対スル事ニナツタノカ
答　反対スルト言フ訳ハナイノテス　他人カ実行スルノハ或ハ歓迎スルカモ知レマセヌカ兎ニ角自分ト私トハ実行ヨリ脱退スル事ヲ希望シテ居ルノテス（「管野スガ第九回調書」七月六日、判事潮恒太郎）

幸徳は何故運動に熱意がなくなっていったのか、管野に実行させないような態度になったのか、この調書の問答だけでははっきりしない。管野と幸徳の答弁には共通に符号するところが多い。例えば湯河原滞在中である。それは真実に近いからである。

問　夫レテハ（幸徳の歴史編纂、管野は補助する）其方ハ爆裂弾運動ハ一時中止スル覚悟ニナツタノカ
答　左様テス　実ハ幸徳カ唯物論ノ哲学ヲ書キタイカラ暫ク待ツテ呉レヨ左様ニ焦心シテ実行シナクトモヨイ他ノ人等モ果シテ此秋実行スルカ如何カ判ラス自分モ哲学ヲ書ヒテ後ニハ実行スルト言ヒマスカラ私モ一時ハ幸徳ノ説ニ従ッテ相当ノ時期ヲ待ツ積リテシタ。

（「第一四回調書」一〇月二七日、判事潮恒太郎）

次は幸徳伝次郎の答弁（予審調書）である。

問　それからどうしたか

答　管野の様子をみていますと、やはり落付かぬようで、家庭をまもってやっていけるかどうか疑わしく思いました。実は管野は脳病にかかっていて、家にじっとしていることを好まず、自由な生活を希望しているように見えました。それで私から別居してはどうかと言いますと、管野もそれに同意しました。

そして五月一日、管野は罰金刑の換刑のために入獄すると言って帰京しました。その罰金は四百円でしたが、私の力で一時に納めることは到底できませんので、換刑処分をうけなくてもよいだろうと申しましたが、同人は最初から換金刑処分をうける覚悟であったと承知しないのです。（後略）（「幸徳伝次郎第二回予審調書」）

問　すると其方は、一旦右の計画に同意しながら、後に変心したのか

答　私は昨年一月頃から、その計画を見合わせて、著述に従事したいと考えておりました。しかし計画を見合すということは、誰にも明言したことはありません。なお申し立てますが、人は何事にも時に冷熱があるので、管野や忠雄らにしても、またそのほかの者にしても、終始一貫して熱烈な意思をもっていたわけではないと思います。私は、主義に対する信念は今日も変っているわけではありません。（「幸徳伝次郎第三回調書」）

問　四二年一一月以後其方はどんな考えをもっていたか

答　私は、社会主義のためには知識上の伝道がもっとも必要があると思っておりました。（中略）いま自分が宮下らの運動に加わって倒れるのは主義のためにも私益がないと考えました。また忠雄も、先生のような人は知識上の伝道をやるほうが主義のためにもよいから、今回の計画から退いた方がよかろうと申しました。

私は管野が幼少のときから逆境に育ち、戦闘的な生活ばかりしてきた女だから、今後は平和に生活させてやりたいと考えましたので同人も今回の計画から退かせようと思い、そのことを同人に話したことがあります。それ以来私の態度が明瞭を欠くようになったのです。

問　それでは宮下、古河、新村（忠雄）の三人に実行させようと思ったのか。

答　私と管野がその計画から身をひけば、自然忠雄も退くであろうと思いました。また古河の態度が冷静でありましたから、われわれの進退をみれば、あるいは実行をやめたかも知れません。宮下は自分一人でも実行することになったかも知れません。（「幸徳伝次郎第六回調書」七月六日、検事潮恒太郎）

運動をめぐっての幸徳と管野の違いも判る。

例えば、運動の内容にしても、幸徳の場合、政府が警察力をもってみだりに、集会を解散させたり、幸徳らの自由を奪うから、これに対して反抗が必要であると主張する。当時、幸徳は暴力革命を起こそうという考えはもっていなかった。しかし管野らは、その当時から幸徳が暴力革命を主張していたと言わされている。幸徳は「陳弁書」の中でも、

私の眼に映した処では、検事予審判事は、先づ私の話に「暴力革命」てふ名目を附し「決死の士」などいふ六ケしい熟語を案出し、「無政府主義の革命は皇室をなくすることである、幸徳の計画は暴力で革命を行ふのである、故に之に与せる者は、大逆罪を行はんとしたものに違ひない」といふ三段論法で責めつけられたものと思はれます、

そして平生直接行動、革命運動などといふことを話したことが、彼等を累して居るといふに至つては、実に気の毒に考へられます。（「一揆暴動と革命」）

と、調書でっちあげの最たる例をあげている。

次のような問答もある。

問　しかし管野らは、その当時から其方が暴力革命を主張していたと言っているがどうか。
答　管野は煙山《けむりやま》文学士（専太郎）の無政府主義の本などを読んでいて革命といえばロシア風の革命だけを考えていたようですが、私はあながちそうではありません。（前掲「幸徳第一三回調書」一〇月一七日）

大逆事件の起きた一九一〇（明治四三）年の内閣は、第二次桂太郎内閣、政治綱領に社会主義の撲滅を揚げたり、日韓併合を断行したりした。この内閣を牛耳っていたのが元老山県有朋であった。管野は調書で「箇人トシテ最モ憎イト思フハ山県デス　此人ハ機会ガアツタラ是非爆弾ヲ

投ケテ遣リタイト思フテ居マス」(「第一回調書」)と述べ「夫レハ何ウ云フ訳カ」の問に、「山県ハ元老中最モ旧思想テ吾々ノ平民主義ニ最モ遠サカッテ常ニ迫害ヲ加ヘルカラデス」と答えている。これは当時の社会主義者に共通な思いであった。山県陸軍軍閥、それに追随する桂内閣、国民にも際立って不人気であった。事件裁判の指揮官は、司法省民刑局長兼大審院検事平沼騏一郎であったが、山県元老、桂首相らの虎の威を借る狐のようでもあった。

文人弁護士平出修(一八七七〈明治一〇〉—一九一四〈大正三〉年)が、高木顕明、崎久保誓一の弁護を引き受けたのは、新宮の牧師沖野岩三郎に頼まれたからであった。大逆事件被告二人の起訴は七月七日、潮恒太郎判事の予審調書は十月二十二日に終わっている。平出修が弁護を依頼されたのは、崎久保の妹静江の八月三日付、修宛書簡や沖野の修宛書簡で知ることができる。本格的な弁護活動は予審調べ以後ということになり、特別裁判(公判)における被告の供述、弁護人の弁護まで、約七十日という限られた時間であった。修三十三歳。ちなみに、幸徳や管野が弁護を依頼したのは十月二十七日であった。

高木顕明(一八六四〈元治元〉—一九一四〈大正三〉年)は新宮浄泉寺の住職、門徒一八〇人のうち一二〇人までが被差別部落民であった。高木は大石誠之助や沖野岩三郎、新宮に来た幸徳秋水、森近運平らの談話会に浄泉寺を提供したりしていた。結局、大石の十一月謀議に加担したとされ、死刑判決、のち無期懲役に減刑、秋田監獄に送られたが、服役中の一九一四(大正三)年六月自殺している。同じ年三月修は永眠している。十一月謀議は嘘であることが現在の研究であり（例えば森永英三郎『緑亭大石誠之助』）、高木も痛ましい犠牲者の一人である。毎年六月、新宮市浄泉寺にて「高木顕明師遠松忌法要」が行なわれている。

崎久保誓一（一八八五〈明治一八〉―一九五五〈昭和三〇〉年）は、新聞記者であり、大石誠之助から社会主義の書物を送ってもらったりしていた。一九〇九年旧正月、大石宅で高木顕明らと東京の土産話として、幸徳の空想談を聞いたことで起訴され、死刑を宣告されたが、無期懲役に減刑、秋田監獄に服役、二九（昭和四）年仮出獄、農業に従事、敗戦後の四八年六月ようやく復権。

修は「刑法第七十三条に関する被告事件弁護の手控」（「大逆事件意見書」）の中で、高木、崎久保について、

本件の記録が本件の真相よりも五割乃至十割の掛値のあると云ふことは、判官諸公も御認めの筈である、斯う云ふ掛値のある調書を掛値通りに見ても高木、崎久保には、本件記録中四十二年一月の会合の外何にも関係して居らぬのである。

以上の如く彼等には無政府主義の本質が分らず、従つて主義に対する信念もなく、信念実行の意思がない以上は、本件の動機を以て検事の如く見るのは甚しい誤りであると云はねばならぬ

（中略）

調書を離れて本件事実の真相を見る時は、高木、崎久保にはかかる大逆罪実行の意思のない

事の明白なるをや、法の精神、被告の事情、犯罪事実の真相、さては、刑事政策上の見地、何れよりするも彼等二人は七十三条を以つて律すべきものでない。之は余が彼等の弁護人として云ふことであると云ふよりも、之れ実に忠良なる日本帝国国民の輿論の声である。（定本『平出修集』第一巻）

と、情理を尽くして弁護している。修の弁護論は十二月二十八日午後の大審院公判廷であった。大逆事件の弁護士十一人中、事件弁護の手控を残しているのは平出修一人である。修の弁護を聴いて、修に直接または間接に礼状、その評、または謝辞を述べた被告は九人もいるが、ここでは管野と修の文通をみてみよう。

管野須賀子「ことに私の耳に尤も強き響きを残し居り候平出、川島（仟司）、鵜沢（総明）三先生へは特に宣敷御鶴声の程願上候／あのうら若き人の口より如何なる御論の出つべきかと注意致し居候平出先生の思想変遷論（？）の中に私の日頃の感想の含み居り誠に嬉しく存じ候旨をも併せて御伝への程願上候」（一二月三〇日付「今村力三郎宛」）。この書簡は今村弁護士より平出修弁護士に廻送されたもので、現在平出洸氏所蔵。修の弁論は一昨日であった。管野は直接修弁護士にお礼をかねて手紙を認める。

御弁論を承はりあまりの嬉しさに一筆御礼申上げんと筆をとりながら又思ひ返して今村先生へ御伝言を願上候　同じ日に御認めの御芳書に図らず接し実に〴〵嬉しく存申候

実は御弁論を承はり候迄は他の五六の御方と共に御名をも存ぜず只一人目に立つ御若き方

の御熱心さ　同時に又如何なる御論の出づべきやなどひそかに存じ居り候ひしに力ある御論殊に私の耳には千万言の法律論にもまして嬉しき思想論を承はり余りの嬉しさに（中略）

私は性来の口不調法と罪なき多数の相被告に遠慮して終に何事をも述べ得ず候ひしが、御高論を承はり候て全く日頃の胸の蟠り一時に晴れたる心地致し申候

改めて厚く〳〵御礼申し上げ候

感想記御起稿被下候由　御趣味といひ御思想といひ私ハ御手になる事を衷心より喜び申候私は元日より追想、懴悔、希望等時折々のあらゆる感じを卒直《ママ》に日記として記し居り申候終の日の後何卒御一覧被下度候　また仰に随ひ折ふしつまらぬ感想などもお目にかけ申すべく候

禁止解除後一二の人に頼みて待ちこがれ候

御経営のスバル並に佐保姫御差し入れ被下何より有難く御礼申上候　晶子女子は鳳を名乗られ候頃より私の大すきな人にて候　紫式部よりも一葉よりも日本の女性中一番すきな人に候　学なく才なき私は読んで自ら学ぶ程の力は御座なく候へども只この女天才等一派の人の短詩の前に常に涙多き己れの境遇を忘れ得るの楽しさを味はひ得るのみに候

先は不敢乱筆もて御礼のみ　かしこ

一月九日　管野須賀子

神田区北神保町二

平出修様

「大審院法定での被告席は四列になつてゐて、彼の担任せる被告等は第三列目の中程に居た。彼はその第四列目の右手の通路を隔てた処に、女囚の真野すゞ子（管野）独放れて、一人椅子に凭つてるのを見た。彼女は彼を見て黙礼した。彼も同じく黙礼した。一語をも交したことのない女と、一語を交すこともなく別れて了ふのだと思つて、彼は或種の感じに撲たれた」（「逆徒」）とある。

管野は修弁護の中のとくに思想変遷論につよくうごかされた。平出修はこの事件弁護を引受けた時、法律事務所の和貝彦太郎（新宮出身の歌人）に、「法律的には全然弁護の余地なく思想論でゆくより外に途がないとの見解」（和貝彦太郎一九五九年七月四日付「渡辺順三宛書簡」）を語っている。世界の無政府主義の現況などの総論は森鷗外の示教を十二月十四日受けている（拙稿「再び、鷗外の弁護士平出修示教について」『鷗外』四四号）。

文芸雑誌『スバル』の発行は大逆事件の起きる一年前（一九〇九）年一月、平出修が経営し、森鷗外、高村光太郎、三木露風、与謝野寛・晶子、生田春月、木下杢太郎、石川啄木等が寄稿していた。管野が平出修の差入れを受けた『スバル』は、第三年第一号（明治四四年一月一日発行）であったようだ。

やはり差入れた『佐保姫』は、与謝野晶子の第八歌集。昨年五月刊行。管野は『みだれ髪』（一九〇一年八月刊行）のむかしから晶子を憧憬していたと思われる。管野は晶子の三歳年下であり、清水卯之助編『管野須賀子全集』三冊のうち一冊、二冊の大部分は社会批評である。他に文芸編では小説、詩、短歌も収録されている。文人弁護士平出修は『明星』以来寛・晶子とは親しく、晶子は修からこの手紙を見せられ、管野に差し入れできなかった苦衷を述べている。

すでに引用した管野の「死出の道艸」は、処刑される直前の一月十八日（宣告の日）より、処刑前日の二十四日までの七日間の獄中日記である。まえがきに「死刑に宣告を受けし今日より絞首台に上がるまでの己れを飾らず偽らず／自ら欺かず極めて卒直《ママ》に託し置かんとするものなれ」とあり、「須賀子（於東京監獄女監）」の署名がある。十八日以前のものも友人への手紙によればあったようだが、それは発見されていない。

「死出の道艸」一月二十二日のところに「夕刻、平出弁護士と堺さん（利彦）から来信。平出さんの文中」、として次のように引用されている。

私は理由の朗読十行に及ばざる以前、既に主文の予知が出来ました。あれまでは弁護人としての慾心が五、六の人の処は、どうにか寛大なこともあらうかと、一縷の望みもあったのですが、それもみんな空しくなりました。もう座にも堪へぬのでしたが、私の預って居る二人の人に落胆させまいと、私は辛い中を辛棒して終りまで立会い一、二言励ましても置きました。

法の適用は致し方がありません。又判決の当否は後世の批判に任せませう。又貴下に対しては何の慰言も無用と思ひます。覚悟のない人が覚悟を迫られたらどんな心持でしたらうと、

それが私の心を惹いて十八日以来何にも手につきません。〔清水卯之助編『管野須賀子全集』二巻〕

とある。管野はこれにつづけて、「噫、弁護士さへ此通りに思われるものを、同志として、殊に責任ある同志としての私が堪えられない〔程憤慨する〕程苦しんだのが無理であらうか。／薄暗い電燈の下で、平出さんへ返事を書く」とあり、管野の返事は次のはがき文だと思われる。

御葉書有難く存じます　御心中さこそと御察し申上げます。何事も運命とあきらめるより外仕方がございません、と申すものの矢張り人々の心を察しますと嘸《さぞか》しと私はたまらなくなるのでございます、文芸談、是非〳〵御願い申上げます、殺風景な私の感想録に花を御添へ下さいます様、楽しんでお待ち申して居ります。

一月廿二日

神田区北神保町二

平出修様

管野須賀子

この手紙は二十五日朝処刑された管野須賀子の生前に平出は受け取っている。発信牛込局二十四日后六時、着信神田局二十四日后一〇時だからである〔平出洸氏所蔵〕。管野のいう「感想録」は「死出の道艸」である。

管野の大逆事件にたいする態度、政府の強圧手段などの推測は「死出の道艸」によると鋭く厳

しい。例えば二十一日のところには、
社会の同志に対する其筋の警戒は益々きびしい様子である。今回の驚くべき無法なる裁判の結果から考へても、政府は今回の事件を好機として、極端なる強圧手段を執らうとして居るに相違ない。迫害せよ、迫害せよ圧力に反抗力の相伴ふという原則を知らないか、迫害せよ、思ひ切つて迫害せよ。
と観察している。強圧手段は現実に社会主義者にとって「冬の時代」をもたらしている。管野は獄中にあっても挑戦的である。検事をどうみていただろう、
今回の事件は無政府主義者の陰謀といふよりも、寧ろ検事の手によつて作られた陰謀といふ方が適当である。公判廷にあらはれた七十三条の内容は、真相は驚くばかり馬鹿気たもので、其外観と実質の伴わない事、譬へば軽焼煎餅か三文文士の小説見た様なものであつた。（中略）五人の陰謀の外は、総て煙の様な過去の座談を、強ゐて此事件に結びつけて了つたのである（二二日）。
管野は二二日には、五人の陰謀（明科事件）は認めていたようであるが、それでも、仮に陰謀が成立したとしても、七十三条とは無関係であることを強調する。「仮りに百歩、千歩を譲って」、それらの陰謀（座談）を「陰謀」と見做したところで、「七十三条」とは元より「何等の交渉もない、「内乱罪（暴力革命を犯罪としたもの）に問はるべきもの」である。
それを「検事や予審判事」が「強ゐて七十三条に結びつけんが為めに」、「己れ先づ無政府主義

者の位置に立つて」、「さま〴〵の質問を被告に仕かけ、結局無政府主義者の理想」――単に理想である――「其理想は絶対の自由平等にある事故《ことゆえ》」、「自然皇室をも認めない」という結論に達するや、「否達せしめるや」、ただちにその「法論」をとってもって「調書」に記し、それらの「理論」や理想を直接に何等の「交渉」もない「今回の事件」に結びつけて、強いて「罪なき者を陥れて」了つたのである。

管野の政府（国家権力）、裁判官（検事、判事ら）にたいする不信感は増幅される。そして悔しがって切歯扼腕する。

考へれば考へる程私は癪に障つて仕方がない。法廷に夫等の事実が赤裸々に暴露されて居るにも拘らず、あの無法極まる判決を下した事を思ふと、私は実に切歯せずには居られない。

裁判官の軽蔑、非難はさらにつづく。

「憐むべき裁判官よ、汝等は己れの地位を保たんが為めに、単に己れの地位を保たんが為めに、己れの地位を安全ならしめんが為めに、不法としりつつ無法としりつつ、心にも無い判決を下すの止むを得なかったので有う。憐むべき裁判官よ、政府の奴隷よ、私は汝等を憤るよりも、寧ろ汝等を憐んでやるのである。」

「身は鉄窓に繋がれても、自由の思想界に翼を拡げて、何者の束縛をも干渉をも受けない我々の眼に映ずる汝等は、実に憐むべき人間である。人と生まれて人たる価値の無い、憐むべき（動物）人間である。自由なき百年の奴隷的生涯が、果たして幾何の価値があるか？　憐むべき奴隷よ、憐むべき裁判官よ。」

管野の憑かれたような裁判官非難はつづく。呪詛のようでもある。当時の裁判は天皇の裁判であった。管野の裁判官奴隷視は、天皇制下を意識してのものであった。当時の天皇制下の裁判官の誤ったマインド・コントロールは判決に大きく強く影響した。既述の弁護人今村力三郎の左の言葉をまた思い出す。

「幸徳事件の裁判官達は、皇室に就て誤れる忠義観を持てゐたと思はれます。（中略）斯の様に、憲法や、皇室と裁判官とは、法的にも思想的にも、特別の関連があつて、自然裁判官の忠君観も、一般人民と異なるものがあつたと考へられます。私は今に至るも、この二十四名の被告人中には多数のえん罪者が含まれて居たと信じています」（「幸徳事件の回顧」）。ちなみに、この文が『文化新聞』第四一号に掲載されたのは、敗戦後の一九四七年一月三十日であった。

やはり二十一日の「死出の道艸」に、「午後四時頃、面会に連れて行かれる。堺さん、大杉夫婦（栄・堀保子）、吉川（守圀）の四人」とあり、この前に典獄から、公判に就ての所感を語ってはいけない、と釘をさされている。管野は「此無法な裁判の真相が万一洩れて、同志の憤怨を買ふ様な事があつてはといふ恐れの為めに、特に政府からの注意があつたので有う」と解している。一寸の事でも、手紙は検閲で不許になるので、管野は日記を重くみたようだが、面会も自由ではなかった。

二十日の「死出の道艸」には、「この日記は、堺さんに言はれるまでもない、一切の虚偽と虚飾を斥けて赤裸々に管野須賀子を書くのである」とも記している管野である。同日には「前の日記から二、三の短歌を書き抜いて置かう」として、二三首をあげている。次の二首は弁護士今村力三郎にあてた礼状の終わりに辞世の歌のように書かれていたものである。

限りなき時と空とのたゞ中に小さきものの何を争う
やがて来む終の日思ひ限りなき生命《いのち》を思ひほゝ笑みて居ぬ

二十四日朝から幸徳伝次郎をはじめ新美卯一郎、奥宮健之、成石平四郎、内山愚童、宮下太吉、森近運平、大石誠之助、新村忠雄、松尾卯一太、古河力作の順で、死刑判決の二十四名中、特赦とならない十一名の処刑が行われていたが、管野は何も気づいていない。管野自身も翌朝（二五日午前八時二八分絶命）に処刑されることも知らない。

二十四日の「死出の道艸」は、発信、在米の弟に記念品を送って貰うこと、差入れのこと、「紙数百四十六枚の判決書が来た。在米の同志に贈らうと思ふ」。「針小棒大的な無理強ゐの判決書を読んだので厭な気持になつた。今日は筆を持つ気にならない。（後略）」につづけて、「夜磯部、花井、今村、平出の四弁護士、（中略）数氏へ手紙や葉書をかく」とある。明朝は絞首刑、前夜の獄中での十数人への発信は、処刑された仲間との感応か、虫が知らせたのかも知れない。この夜の平出修宛の書簡はまだ発見されていない。

「死出の道艸」は、大逆事件裁判の批判書であるとともに、家族、近親者、友人のありし日々の回想記でもある。例えば荒畑寒村について、「寒村は私を、死んだ妹と同じ様に姉ちゃんといひ、私は寒村をかつ坊と呼んで居た。同棲して居ても、夫婦といふよりは、姉弟と云つた方が適当の様な間柄であつた。故に夫婦として物足りないといふ感情が、そも〳〵の二人を隔てる原因であつたが、其代りに又別れての後も姉弟同様な過去の親しい愛情は残つて居る。私は同棲当時も今日も、彼に対する感情に少しも変りが無いのである」。

「去年私が湯ケ原に滞在中、罵詈雑言の歌の葉書を寄越した時も、又私が上京後、彼がピストルを懐ろにして湯ケ原へ行った事を知った時も、其後彼が幸徳に決闘状（一九一〇年五月二五日付）を送った事を検事局で聞いた時も、私は心の中でひそかに彼の為めに泣いて居た」。

「然し世は、塞翁の馬の何が幸ひになる事やら。彼は私と別れて居たが為めに、今日、無事に学びも遊びも出来るのである。万一私と縁を絶つて居なかったら、恐らくは（中略）、同じ絞首台に迎へられるの運命に陥つて居た事で有う」。

「私は衷心から前途多望な彼の為めに健康を祈り、且つ彼の自重自愛せん事を願ふ」（「死出の道艸」一二一日）。

と、管野は寒村の姉さんのように、筋を通し誠意を示している。管野の心が寒村に通じていないもどかしさもあるが、哀切感が漂っている。

文人弁護士平出修が、大逆事件の真実を発見して、その存在を知り、真実の「千古不磨」を信じながら、「緘黙」を守ったのは「畜生道」を書くまで僅か一年七か月である。この間、評論十数編、小説十余編があり、修の思いは、いかにして事件の真実を訴えようとしたかということにあった。事件弁護の反動期であり、何かを書かずにおれなかった模索期でもあった。

「畜生道」(『スバル』四―九、一九一一年八月一四日稿)は、原稿二十枚足らずの短編であり、ここで修の表現したかったことは、弁護士批判、裁判批判にある。例えば次の文はどうだろう。

裁判は第一に事実を認定し、第二には其認定した事実の上に法律を適用する作用である。この事実認定は、本来は神でなければ出来ぬことである。此困難な為事《しごと》の全部を今の裁判官に任せてしまってあるのが、そもそも誤判を生む原因である。

陪審制度はそこの欠点を補はうとするのが目的だ。陪審官も人間であるから、矢張神通力がない。誤認があるかも知れない、けれども今の裁判官に任せて置くよりも、数等、数十等の正確な事実の認定が出来る。少なくとも今の裁判官のするやうな、疑はしいものは之を罰すと云ふ、残忍酷薄な認定がなくなる丈でも、人民は幸福を享ける訳だ。

と、結局、大逆事件の裁判は「惨忍酷薄」だったのだ。

「計画」(『スバル』四―一〇、一九一一年九月四日稿)は、原稿四〇枚ほどの中編。管野須賀子と幸徳伝次郎の湯河原同居生活に心理描写をしている。亨一(幸徳)とすず子(管野)は相愛、すず子の「計画」を実行させないようにする亨一。罰金を支払う能力のない亨一。その労役をさせまいとする亨一。その亨一を振り切って入獄しようとするすず子。亨一に、すず子と別れるように忠告する大川（小泉策太郎）。

すず子の「計画」に加担すると申込む亨一。別れるというすず子。私はあなたとも「計画」とも別れるというすず子（亨一に学者になってもらいたいから）。すず子は労役と逃亡を考えている。そしてすず子は帰京の仕度をして母屋に挨拶にいく、（亨一のたった一つの希望はすず子の心の変化のみ）。すず子とおかみさんが来て、すず子はおかみさんに亨一をたのむ。すず子は車に乗る直前、亨一からの手紙も断わる。小説はここで終わる。別離である。

以上のように「計画」は、結局、「計画」をすず子と亨一に捨てさせて、二人を無実、無罪に仕立てる作品ではないだろうか、予審調書によれば、管野は新村忠雄、古河力作らと投弾の順序まで決めたものの、五月一八日管野が三度目の入獄（労役）のときは、管野は、「そのとき私は病《わずら》っていましたから、万事は私が出獄してから」（「管野スガ第一回調書」、と「計画」をご破算にしている）。

管野は獄中で「計画」を湯河原で言ったように放棄、または変更していたのではないだろうか。放棄、変更は未遂よりずっと軽い、無実、無罪にならないか、頭を過ぎっただけでも、刑法七三条の「危害ヲ加ヘ又ハ加ヘントシタル者」に抵触するのだろうか。適用できるのだろうか。五月二五日には松本署長は、宮下、新村兄弟、新田融、幸徳、管野、古河七人を、「爆発物取締罰則違反」の現行犯と認定している。

ところが三一日、長野の三家検事正、刑法七三条該当として、事件を検事総長に送致した。既述の幸徳伝次郎の調書を思い出しその一部分を再掲する。

答　私は管野が幼少のときから逆境に育ち、戦闘的な生活ばかりしてきた女であるから、今後は平和に生活させてやりたいと考えましたので、同人も今回の計画から退かせようと思い、そのことを同人にはなしたことがあります。（中略）

問　それでは宮下、古河、新村の三人に実行させようと思ったのか。

答　私と管野がその計画から身をひけば、自然忠雄も退くであろうと思いました。また古河の態度が冷静でありましたから、われわれの進退をみれば、あるいは実行すると言っていたそうですから、結局宮下一人が実行することになったかも知れません。

と。宮下太吉も、五月以降の行動を見る限り一人で決行するには弱い人間で、一人で秘密を守れないで、自壊している。彼の場合、ウッツ責めにあって恣意的に調書の捏造がなければ、精精爆発物取締罰則違反である。

小説「逆徒」（『太陽』一九一二、一九一三年七月一七日稿了、一〇月発売禁止）は、原稿六〇枚に満たない中編。主人公三村保三郎（被告三浦安太郎二二歳がモデル）で、「臆病な、気の弱い、箸にも棒にもかゝらぬやくざもの」と自称する。当時の天皇制の下で、天皇に危害を加えようとするものを「逆徒」「逆賊」と為政者側はよんだ。事件を当時の新聞では、「大陰謀事件」としたが、やがて官撰の「大逆事件」、「大逆の徒」「逆徒」とかえた。

石川啄木も「所謂今度の事」、「日本無政府主義者陰謀事件」などとよんでいる。「大逆事件」

とは、政府や裁判官らのつけた用法であり、文人弁護士平出修は、発売禁止処分にならないよう、政府でよんでいる「逆徒」をそのまゝ逆手にとって、題名としたものと思われる。

「逆徒」で真野すず子（管野須賀子）は随所に登場する。「逆徒」は事件の弁護人の体験、被告らの心情、同情、裁判のあり方にたいする批判、判決の正否、事件弁護人ならではの作品（ほとんど事実の）である。修の親友与謝野寛は、「逆徒」を読み、修への手紙で「論文にあらず、小説なり。小説なれども事実の小説なり」（一九一四年一月二四日付平出修宛書簡）と、表現しているほどである。

例えば判決の日のこと、

裁判長は、判決文の朗読に取り掛った。主文は跡廻しにして、理由から先づ始めた。判決の理由は長い長いものであった。

裁判長の音声は、雑音で、低調で平板である。

五六行読進んだときに、若い弁護人は早くも最後の断案を推想した。

「みんな死刑にする積りだな。」彼はかう思って独り黯然《あんぜん》とした。

このところは、既述のように、平出修が管野におくった文面（一月二二日着信）、管野が「死出の道艸」で筆写したものと文章は同じである。

「逆徒」の部分は、しかも「死出の道艸」とも一致している。被告管野と平出弁護人は、公判、判決など、弁護士席、被告席の相違はあっても、同じ大審院の部屋の空気、雰囲気を共有し、人間として呼吸し理解してもなんら不思議ではない。

訴訟法上の形式として、総ての取調べの終了したとき、裁判長は被告等に最後の陳述を許した。その一人が真野すず子である。（前略）

「私は一つお願いがあります。」彼女は尚饒舌をやめない。

「私はもう覚悟して居ります。此計画を企てた最初から覚悟してます。どんな重い罪科《おしおき》になってもちっとも不満はありません。けれども私以外の多数の人々です。この人達は私共とは何の関係もありません。こんな犯罪計画は多人数を語って居ては、とても成就することが出来ないものだと、最初から私は気付いて居ました。ほんの四人っ切りの企てです。四人っ切りの犯罪です。

それを沢山の連累者があるかの様に、検事廷でも予審でもお調べをなされました。それは、全く誤解です。その誤解の為、どれ丈け多数の方々が苦しみましたか、貴方方ももうご存じでいらっしゃいます。此人達には年老《と》った親もあり、幼い子供もあり、若い妻もあります。何も知らない事でもし殺されると云ふやうなことになりましたら、本人の悲惨は固《もと》より肉親や知友もどれ丈けお上《かみ》をお怨み致しませうか。私共がこんな計画を企てたばっかりに、罪のない人が殺される。そんな、不都合な結果を見るやうになりますと、私は……。私は……死んでも……死んで死にきれません……」。

このようなすず子（管野）の哀訴、数人以外の被告を庇う哀願は、「死出の道艸」にも滾々とわき出ている。
既述したが、すず子は「どんな重い罪科になってもちっとも不満はない」と「逆徒」では言っているが、「死出の道艸」では、管野は死刑囚が半数以上助けられたという話を聞く、この部分も後半部を再掲すれば「慾にはどうか私達三、四人を除いた総てを助けて貰ひたいものである。」「其代りになる事なら、私はもう逆磔刑の火あぶりにされやうと背を割いて鉛の熱湯を注ぎ込まれやうと、どんな酷い刑でも喜んで受ける」という管野である（一月二三日）。

若い弁護人、文人弁護士平出修はどうか、「彼女の此陳述には共鳴を感じた。いかにも女の美しい同情が籠ってゐると思った。人間の誠が閃いてゐるとも思った。本統《ママ》に彼女の云ふことを採り上げて貰ひたいと、彼自も判官の前に身を投掛けて哀訴して見たいとも思った。」

最終部分は、若い弁護人が担任した被告の妻と妹とに判決の結果を知らせる電文、「シケイヲセンコクサレタ　シカシキヅカイスルナ」という想いやりあるものである。それを書き終わって彼は心で叫ぶ、「俺は判決の威信を蔑視した第一の人である」と。

「後に書す」で高らかに宣言した若い弁護人の真実の発見。大審院判事諸公や国家権力行使機関としては、看取することのできなかった真実。その「真実」を発見した自負があったからこそ、判決の威信を蔑視できたのである。若い弁護人は、どこまでも真摯である。

（『平出修研究』第三九集）

Ⅱ

大逆事件と啄木、鷗外、漱石

一　石川啄木

1　啄木と大逆事件――一九一一（明治四四）年、書簡・日記から

日記を重視した啄木の一九一〇（明治四三）年の日記が僅少のため、「明治四十四年当用日記補遺」の「前年（四十三）中重要記事」は貴重である。各月ごとに要約されたその六月――「幸徳秋水等陰謀事件発覚し、予の思想に一大変革ありたり。これよりポツ〳〵社会主義に関する書籍雑誌を聚む」、さらに年の要約の部分に「思想上に於ては重大なる年なりき」、につづいて、「予はこの年に於て予の性格、趣味、傾向を統一すべき一鎖鑰を発見したり。社会主義問題これなり。予は特にこの問題について思考し、読書し、談話すること多かりき。たゞ為政者の抑圧非理を極め、予をしてこれを発表する能はざらしめたり」。さらに文学的交友を述べ、終わりに「また予はこの年に於て、嘗て小樽に於て一度逢ひたる社会主義者西川光次郎君と旧交を温め、同主義者藤田四郎君より社会主義関係書類の貸付を受けたり」と啄木自身が記している。

大逆事件に関しては多くの文学者が触発され、作品も生まれているが、徳富蘆花、森鷗外、永

井荷風ら、人間感覚、思想、抵抗精神、社会的環境によって、作品や反応の仕方は異なる。啄木は真正面から受けとめ危険な道を歩むことになる。

啄木は大逆事件の特別裁判開廷中（表1参照）の十二月二十一日、宮崎大四郎（郁雨）宛の手紙の中に「君、僕はどうしても僕の思想が時代より一歩進んでゐるといふ自惚を此頃捨てる事が出来ない、著述の考案が今二つある」と書き出し、以下のように披瀝している。「一つは〝明日〟といふのだ、歌を論ずるに托して現代の社会組織、政治組織、家族制度、教育制度、その他百般の事を抉るやうに批判し、昨日に帰らんとする旧思想家、今日に没頭しつゝある新思想家――それらの人間の前に新たに明日といふ問題を提撕しやうといふのだ」、「も一つは〝第二十七議会〟といふのだ、これは毎日議会を傍聴した上で、今の議会政治のダメな事を事実によつて論評し議会改造乃ち普通選挙を主張しやうといふのだ」。

啄木が思考し読書し、議論し談話した結果のもの。著述構想は生活者の視点からの社会変革である。天皇制国家、強権を真正面から見据えた姿勢、天皇制を支えている礎石、核の部分を洗い出そうというのだ。そして旧思想家、新思想家らに「明日」という問題を突き付けようとする。そこには新たな展望が期待される。民主政治の根幹になる民主議会を、そのためには制限、差別のない普通選挙を標榜する。啄木は一一年三月六日付大島経男宛書簡でも、出来ることなら毎日議会へ行ってみて、第二十七議会という本を書いて、議会無用論――改造論を唱えてやりたいと考えたことがあるが病院にいては駄目と書いている。

表1

大逆事件の経過（一九一〇年〜一一年）	
月日	
5・25	大逆事件の検挙はじまる
6・1	幸徳、湯河原で逮捕
4	小林検事正、事件不拡大を声明
5	有松警保局長、事件不拡大を声明
20	司法省首脳会議、拡大方針を決定
9・21	ロイター通信、天皇暗殺計画の未然発覚を世界各国に報道
10・27	起訴決定、被告人二六名となる
11・1	松室検事総長、全員有罪の「意見書」を横田大審院長に提出
10	東京監獄の被告、接見・通信の禁止を解除
21	幸徳、「基督抹殺論」を脱稿
22	幸徳らの処刑に反対する抗議集会、運動が全米とヨーロッパに波及
12・10	特別裁判開廷、傍聴禁止、非公開の秘密審

九日後の晦日に、宮崎大四郎宛に「生活の不安は僕には既に恐怖になつた」という文言もあり、文学士金田一京助の経済と啄木の収入の比較をして、それだけでも「養老年金制度の必要が明白」ではないかと述べている。宮崎が啄木処女歌集『一握の砂』評の中で「社会主義は夢だ」と書いたことから、啄木は「少くとも僕の社会主義は僕にとつて夢でない必然の要求」であるとも答えている。啄木が社会主義に関心をもちはじめ、基礎を学んだのは北海道漂泊のころからである。

明けて一九一一年、一月三日、啄木は「平出君と与謝野氏のところへ年始に回つて」それから社に行った。大逆事件の弁護士平出修は啄木とは「明星」以来の友人。平出宅で無政府主義者の特別裁判に関する内容を聞く。啄木は裁判の内容に渇望していたし、修は裁

	理に入る
18	幸徳、「陳弁書」を三弁護人に提出
22	被告らの供述終わる
24	証人申請を全部却下
25	検事論告に入る「平沼論告」
27	弁護人の弁論（平出修の弁論28日）
29	閉廷
	河村宮内次官、元老山県、小村外相、桂首相、渡辺宮相らの動きは省略
1・18	二四名に死刑判決、新田懲役一一年、新村(善)に懲役八年
19	一二名に特赦減刑の無期懲役
24	幸徳ら一一名死刑執行
25	管野に死刑執行
29	ニューヨークで幸徳死刑の抗議集会、抗議デモ（警官隊と衝突）
2・12	日米の社会主義者・無政府主義者、サンフランシスコで事件の殉難志士追悼演説会

判結審後五日、興奮冷め遣らぬとき。

修は「若し自分が裁判長だったら、管野すが、宮下太吉、新村忠雄、古河力作の四人を死刑に、幸徳大石の二人を無期に、内山愚童を不敬罪で五年位に、そしてあとは無罪にする」と言った。幸徳が獄中で書いた「陳弁書」を借りて来た。啄木の日記は貴重な証人になる。啄木はこれから東京朝日新聞社に行く途、限られた時間であったが何を聞き、修は何を語ったのか、やはり自分の弁護論「刑法第七十三条に関する被告事件弁護の手控」（「大逆事件意見書」）の要旨、「大逆事件特別法廷覚書」）の核心部分、それに「平沼論告」の要点（表2参照）と考えられる。

後日啄木は修から聞いた特別裁判の内容——事件はばら〳〵の三つの事件を弱い紐で縛って捏造したという——を語っている（一

表2

幸徳秋水、「陳弁書」の要旨	平沼騏一郎の「検事論告」要旨
(無政府主義と暗殺) 無政府主義の革命とは短銃や爆弾で主権者を狙撃することではない。無政府主義の学説は一種の哲学で、道徳、仁愛をもって結合、相互扶助、共同生活の社会を現出。ために圧制を憎み、束縛を厭い、暴力排斥は必然の道理。主義者は皆平和・自由を好む。 (革命の性質) 旧来の制度、組織が朽廃衰弊の極崩壊し去って、新たな社会組織が起りくる作用をいう。一個人や一党派で起し得るのではなく、自然に起りくるもの。革命成立時の皇室は他人の自由を害せざる限り、自由に勝手に尊栄・幸福を保ち得るので、何らの束縛を受けない。 (所謂革命運動) いつかくる革命に参加して応分の力を発する思想、知識を養成し、能力を訓練する総ての運動をいう。例えば新聞・雑誌の発行、書籍、冊子の著述、頒布、演説、集会など。人間、社会は進歩、改進するもの、その小段落が改良、改革で大段落が革命、社会の枯死、衰亡を防ぐためには、新主義、新思想を鼓吹、革命運動の必要ありと信じる。	この事件は大逆罪の予備陰謀で、被告人の多数は無政府主義を信じ、信念を遂行する為に企画、動機は信念にある。 無政府共産主義は国家権力を否認するから、国家組織を破壊しなければならなくなる。 目的を達する手段は、議会政策派と異なり、直接行動による手段をとる。直接行動は総同盟罷工、破壊、暗殺で、近頃の趨勢は爆裂弾を使用することが有力。 信念よりすれば国体を無視、皇室を倒す。この思想は我忠良なる国民に入り込むことの出来ないもので、尊王心をなくさなければ計画出来ない。 今回の反抗思想は単純なる破壊、暗殺でなく、皇室に関する反逆罪を含んでいる。

(直接行動の意義)
　欧米の労働運動、労働者自身が総代を出さないで自分らで運動しようということ。労働者の要求が聞かれなければ同盟罷工。直接行動は暴力革命ではない。

(欧州と日本の政策)
　無政府主義者に誤解、曲解、中傷があるが、露国や日本のような乱暴、迫害、自由・権利の剝奪は他国にはない。欧州の文明国では、同主義の新聞・雑誌は自由発行、集会は自由。

(一揆暴動と革命)
　暴力革命とは予審廷の発明。検事・判事は暴力革命、決死の士という熟語を案出、皇室をなくすること、大逆罪を行なうという「三段論法」で責めつけている。

(聞取書及調書の杜撰)
　検事の聞取書は信じられなく危険。「カマ」をかけたり議論を強いたりの結果。予審調書は杜撰、公判で訂正すればと被告は考えるが不可能。検事の曲筆舞文、牽強付会で出来ている。

　日本の無政府主義の伝播者は幸徳秋水で、方法は秘密出版、個人の伝導、洋書の翻訳など。

　幸徳秋水の革命運動にも暴動、破壊、暗殺が包含。

　事件の発端、陰謀の内容、幸徳直轄の東京・信州方面のこと、大石誠之助の紀州陰謀、松尾卯一太の九州、内山愚童の遊説など（明らかに捏造された予審調書をもとに）

　求刑を「刑法第七十三条」
　天皇、太皇太后、皇太后、皇后、皇太子又ハ皇太孫ニ対シ危害ヲ加ヘ又ハ加ヘントシタル者ハ死刑ニ処ス（一審にして終審）

月九日付瀬川深宛書簡、「A LETTER FROM PRISON」など）。翌四日夜幸徳の陳弁書を写し、五日社を休み「幸徳の陳弁書を写し了る」（表2参照）。火のない室で指先が凍って、三度筆を取り落としたと幸徳に同情し、「無政府主義に対する誤解の弁駁と検事の調べの不法とが陳べてある」と的確に理解。

「この陳弁書に現れたところによれば、幸徳は決して自ら今度のやうな無謀を敢てする男」でない。幸徳と事件との係わりを抉り判断する。無謀を敢てする男でない、には啄木の幸徳評価の自信、幸徳への信頼、そして善意の断定がある。そしてそれは「平出君から聞いた法廷での事実と符合して」いると、修が事件の核心を語ったことを察知させる。

土岐善麿（哀果）は啄木死後、『平民主義』『社会主義神髄』『二十世紀の怪物帝国主義』などが柳行李にあったという（「明日の考察」）。

啄木は社を休み（九日）、瀬川深宛に三時間もかけて手紙を書いている。文中、必ず現在の社会組織、経済組織を「破壊しなければならぬ」と信じていること、これは啄木の空論ではなくて、「過去数年間の実生活から得た結論」であること、啄木は地日「所信の上に立つて多少の活動をしたいこと、長い間自分を「社会主義者と呼ぶことを躊躇してゐたが、今はもう躊躇しない」こと。「無論社会主義は最後の理想」ではないと言い、人類の社会的理想の結局は「無政府主義」の外にない。その無政府主義ではクロポトキンをもってくる。

「君、日本人はこの主義の何たるかを知らずに唯その名を恐れてゐる、僕はクロポトキンの著書をよんでビックリしたが、これほど大きい、深い、そして確実にして且つ必要な哲学は外にない」とクロポトキンを絶賛する。「明治四十三年歌稿ノート七月二十六日夜」に「耳かけばいと心地よし耳をかくクロポトキンの書をよみつゝ」で知られるように、彼をすでに受容していた。それにしても大きい、深い、確実にして必要な哲学とは心酔に近い。啄木はさらに「無政府主義は決して暴力主義でない、今度の陰謀事件は政府の圧迫の結果だ、そして僕の苦心して調査し且つその局に当つた弁護士から聞いたところによると、アノうちに真に逆謀を企てたのは四人しかない、アトの二十二人は当然無罪にしなければならぬのだ」。

啄木は無政府主義が暴力主義でないことを、事件発覚直後に書かれた「所謂今度の事」（一〇年六月〜七月稿）でも述べているが、幸徳の「陳弁書」を写した直後の今熱っぽい。修から聞いたことも瀬川には語る。「然し無政府主義はどこまでも最後の理想だ、実際家は先づ社会主義者、若しくは国家社会主義者でなくてはならぬ、僕は僕の全身の熱心を今この問題に傾けてゐる、「安楽《ウエルビーイング》」を要求する。僕は今の一切の旧思想、旧制度に不満足だ」。

啄木の相手が正直な瀬川深ならではの思想告白、思想を抵抗を深化させている。啄木がすでに国家社会主義思想に飽き足らないで、それを乗り越え社会主義思想を是認し、さらに幸徳秋水やクロポトキンの無政府主義に観念的には傾いているように思われる。

啄木は社の谷静湖から、クロポトキンの『青年に訴ふ』を借りた（一〇日）。感想「ク翁の力ある筆は今更のやうに頭にひゞいた」は、やはりクロポトキンへの称賛の辞である。幸徳の「陳弁書」でのクロポトキン評には、クロポトキンを無政府主義の泰斗と目し、「露国の公爵で今年六十九歳、世界第一流の地質学者、是まで多くの有益な発見をなし、其他哲学、文学の諸学通ぜざるなし」と紹介。このころ啄木は「平民の中へ行きたい」と考えている。

啄木が土岐善麿と初めて合った日（十三日）、一緒に雑誌を出す相談、二人のペンネームをとって「樹木と果実」、新聞広告のことも話し合っている。二人の感応だろう。以後土岐との交友は濃密。十五、十六日も会い雑誌を「文学に於ける社会主義といふ性質」のものにしようと二人の意見が一致した。「平民（人民）の中へ」の実践計画である。

啄木は「樹木と果実」の広告を平出修に頼む手紙の中で、何で雑誌を企画したかを述べ、宮下やすがの企てを賛成しないが「次の時代」についての一切の思索を禁じようとする「帯剣政治家の圧制」をこのままにしておくことは出来ないこと、この前途を閉塞されたような時代に、青年がどういう状態にあるか、未来においてある進展を見なければならないこと、時代進展に少しの力でも添えることが出来れば満足。添えようと努力するところに啄木の「今後の生活の唯一の意味」があるように思われること。

啄木は長い間一院主義、普通選挙主義、国際平和主義の雑誌を出版したいと空想していたが、学力、財力では空想。仮に資金があって出版したところで、「所謂軍政政治下」ではいつも発禁処分になる。こうして今度の雑誌が企画された。「時代進展の思想を今後我々が或は又他の人かゞ唱へる時、それをすぐ受け入れることの出来るやうな青年を、百人でも二百人でも養つて置く」（傍点略）。これがこの雑誌の目的だと言う。

だから発禁されない、また文学という名に背かない程度において「極めて緩慢な方法」をもって、現代の青年の境遇と「国民生活の内部的活動とに関する意識を明らかにする事を、読者に要求しよう」と思う。そしてもし出来るならば、「我々のこの雑誌を一年二年の後には〈文壇に表はれたる社会運動〉の曙光」というような意味に見てもらうようにしたいと思っている。

以上が啄木の「樹木と果実」発行の理念であり、念願であり目的である。啄木の唱える「明日の考察、平民の中へ」の延長線上にある核心である。同じように二月六日付大島経男宛にも「樹木と果実」について、表面は歌の革新ということを看板にした文学雑誌だが、「私の真の意味では」、「次の時代」「新しき社会」というものに対する青年の思想を煽動しようというのが目的なのである。

極く小規模にやっているうちには、何れ発展の機もあるだろうと思う、二年か三年の後には政治雑誌にして一方何等かの実行運動——普通選挙、婦人開放、ローマ字普及、労働組合——もはじめたいものと思っている。しかし、これだけ努力し期待し夢見た「樹木と果実」は、印刷所とうまくいかず、結局断念、代金も未回収に終わった。啄木の落胆は想像を絶する。

一月十八日はいよ〳〵特別裁判宣告の日、啄木は昂奮、その後の疲労感。社で一時半ころ二十四人死刑宣告を知る。啄木は「そのまゝ何も考へなかつた。たゞすぐ家へ帰つて寝たいと思つた。

それでも定刻に帰つた」。帰って話をしたら「母の眼に涙があつた」。「日本はダメダ」、「そんな事を漠然と考へ乍ら」丸谷を訪ねて十時ころまで話している。大逆事件の真実を知る啄木には、二十四人死刑宣告は衝撃が強すぎて苛酷なものだった。

それでも夕刊を読まずにいられない、一新聞には幸徳が法廷で微笑した顔を「悪魔の顔」と書いてあったことを記している。

啄木が裁判を判断して正確であると信じていたことは次のようである。

天皇暗殺企画者管野須賀子、宮下太吉、新村忠雄、古河力作四人。皇太子暗殺を企てた内山愚童。幸徳秋水はこれらの企画を早くから知っていたが、かつて一度も賛成の意を表したことなく、指揮したことなく、ただ放任して置いた。彼の地位としては当然のこと。幸徳と他の被告の罪案は、一時的東京市占領の計画をしたというだけのことで、しかもそれが単に話し合っただけ――意志の発動だけにとどまって、未だ予備行為に入っていないから、厳正の裁判では無論無罪になるべき性質のものであった（「A LETTER FROM PRISON」）。

眠れない夜を過ごし翌朝、国民新聞を読んでいて「俄かに涙」を出す。「畜生！　駄目だ！」そういう言葉が「我知らず」口に出た。「社会主義は到底駄目である。人類の幸福は独り強大なる国家の社会政策によつてのみ得られる、さうして日本は代々社会政策を行つている国である」、と御用記者は詭弁を弄していることを見破っている。

二十四名死刑囚中十二名だけ無期懲役に減刑されたことを啄木は十九日夜知った。二十三日

（月）社を休み「幸徳事件関係記録の整理に一日」を費やし、翌二十四日社へ行ってすぐ「今朝から死刑をやっている」と聞く。「あ、何といふ早いことだらう」。皆が語り合った。夜、幸徳事件の経過を書き記すために十二時まで働いた。これは「後々への記念のため」である。「無政府主義者陰謀事件経過及び付帯現象」である。

六月、八月、九月、十月、十一月の公判決定までの事件関係の新聞切抜、それは報道官制下の間隙を縫ったような内容、被告二十六名の氏名、住所、生年月日、裁判長・判事氏名、刑法七十三条の罪（表2参照）など収録、最後の章は啄木のコメント。「啄木の大逆事件における主な発言」（表3参照）にもあげたように、外務省より在外日本大公使に送った国内諸英字新聞に送った文中、日本政府が裁判判決前に有罪を予断したことの矛盾を鋭く指摘している。

二十五日は死刑囚死骸引渡し、落合火葬場のこと――内山愚童の弟が火葬場で金槌をもって棺を叩き割った――「その事が劇しく心を衝く」。管野すがは二十五日朝やられたことを知る。帰りに修宅へ寄り幸徳秋水、管野すが、大石誠之助らの獄中の書簡を借り、明日裁判所へ返却するという裁判書類（主に予審調書）を一日延ばして貰って明晩行って見る約束をして帰った。

翌日帰宅後修宅に行く、次の部分はよく知られる。「平出君宅に行き、特別裁判一件書類をよんだ。七千枚十七冊、一冊の厚さ約二乃至三寸（六～九センチ）づゝ。十二時までかゝつて漸く初二冊とそれから管野すがの分だけ方々拾ひよみした。頭の中を底から掻き乱されたやうな気持で」帰った。啄木が「我々はもう決心してもいゝ」という言葉を口にしたのもこのころであった

表3　啄木の大逆事件における主な発言

一一年一月一六日の「国民新聞」の文により日本政府が裁判判決前已《すで》に有罪を予断しいたるを知る。

初めから終りまで全く秘密の裡に審理、遂に予期の如き（中略）判決を下されたかの事件——あらゆる意味に於て重大な事件——の真相を暗示するものは、今や実にただこの零砕なる「陳弁書」あるのみ。

国民の多数は、こういう事件は今日に於ても、将来に於ても日本に起るべからざるもの、既に起ったからには法律の明文通り死刑を宣告されなければならぬものとは考えていた。

彼等はこの事件を重大な事件であると感じていたが、その何故に重大であるかの真の意味を理解するだけの知識的準備を欠いていた。

彼等は二六名に同情はしなかったけれど、而し憎悪の感情を持つだけの理由を持っていなかった。

政府当局者は数年間の苦き経験によって、思想を圧迫するということの如何に困難かを知っていた。

教育ある青年は、この事件によってその心にある深い衝動を感じた。そしてある者は、社会主義乃至無政府主義に対して強い知識的渇望を感じるようになった。

幸徳等の検挙以来、政府の所謂危険思想撲滅手段があらゆる方面に向かってその黒い手を延ばした。（中略）召喚、家宅捜索、拘引された者には、昼夜角袖が尾行。社会主義者の著述は、数年前の発行にかかるものにまで、発売を禁止された。

この事件は従来社会改造の理想を奉じていた人々に対して、最も直接の影響を与えたらしい（後略）。

国民の多数、警官、裁判官、官吏も新聞記者も、この事件の質問演説を試みた議員までも、社会主義と無政府主義との区別すら知らず、この事件の性質を理解することの出来なかったのは、笑うべきまた悲しむべきことであった。

二六名の被害中に四名の一致したテロリスト、及びそれとは直接の連絡なしに働こうとした一名の含まれていたことは事実である（中略）。あい連絡なき三個の罪案を打って一丸となし、もって国内における無政府主義を一挙に撲滅するに成功した。

編輯者（啄木）の現在無政府主義に関しての知識は頗る貧弱である。

（三十日の日記）。

「A LETTER FROM PRISON」（五月稿）は、啄木が大逆事件の真相を暗示する唯一の資料として、幸徳が自分の三人の弁護人（磯部四郎・花井卓蔵・今村力三郎）に獄中で書いた「陳弁書」――啄木が平出修から借りて筆写した――全文を掲載し、啄木自身のEDITOR'S NOTESを付したもので、事件の真実を後世に残そうとした啄木の執念が秘められている。

幸徳秋水、啄木、クロポトキンが一体となっている部分も多い。例えば、無政府主義は暗殺主義でも暴力主義でもないということ、無政府主義の本質、クロポトキンの無政府主義の標語、相互扶助の理解などは三人の共通の認識といえるだろう。啄木は事件の予審判事でさえ、彼等の見方に従えば、社会主義には由来硬軟二派あって、その硬派は即ち暴力主義・暗殺主義なのである、と述べているが、このような間違った認識を訂正してくれるのも「陳弁書」であると考えたようだ。

クロポトキンは、相互扶助の精神を有する人類の生活の当然到達せねばならない結論が決して「実行し得ざる空想」でないことを証明するために、当時の社会においてさえそういう新社会の萌芽が段々発達しつつあることを挙げている。啄木も幸徳秋水も無政府主義が、空想や理想でない社会になることを無論学んでいた。

EDITOR'S NOTESの最後の方で啄木は、「一切の暴力を否認する無政府主義者の中に往々にしてテロリズムの発生するのは何故であるかといふ問ひに対して、クロポトキンは大要左の如く答へてゐるさうである」として引用（『石川啄木全集』第四巻三五九頁参照）しているが、この引用の内容は啄木が是認出来たから引用したのではないかと考えられる。

すでに「所謂今度の事」でも無政府主義に関する啄木の知識は、社会主義者の常識以上だったことは論をまたない。「A LETTER FROM PRISON」はそれから約一年後、大逆事件の渦中で学んだ啄木の知識は、クロポトキン、幸徳秋水の思想を知悉し分析するほどに深まっていた。その啄木がEDITOR'S NOTESの最後に「編輯者の現在無政府主義に関して有する知識は頗る貧弱である」と別行にして記したのは、さらに研鑽を積んでいる証しではないだろうか。

「平信」〈与岡山君〉（十一月稿）は、岡山儀七に宛てた生前未発表の原稿。つづいている肺結核特有の発熱、そして衰弱、生活の不安、飢餓の恐怖感。摘発されたときの妻子、年老いた両親の悲惨な飢餓の不安、そんな中でも「しかし俺の考へは間違つてゐない」、という確信、権力に抗し、決して敗退していない啄木が生存している。

一二年一月二日の啄木日記には、大晦日に始まった市内電車の車掌、運転士のストライキが昨日までつづいて、元日の市中はまるで電車の影を見なかったという。啄木は「明治四十五年がストライキの中に来たといふ事は私の興味を惹かないわけに行かなかつた」と記し、つづけて「何だかそれが、保守主義者の好かない事のどん〳〵日本に起つて来る前兆のやうで、私の頭は久し振りに一志きり急がしかつた」と。

啄木が明治天皇制国家に危機意識をもっていたための裏返しの喜び、期待感を表現したように思える。三日の日記にも、二日から電車が復旧したこと、『万朝報』によると、市民は皆交通の不便を忍んで罷業者に同情していること、それが徳富蘇峰の『国民新聞』では、市民が皆罷業者の暴状に憤慨していることになっている。啄木は「小さい事ながら私は面白いと思つた。国民が、団結すれば勝つといふ事、多数は力なりといふ事を知つて来るのは、オオルド・ニツポンの眼からは無論危険極まる事と見えるに違いない」。啄木には明治国家に危機感を身近に抱いていたからこそ、大正デモクラシーの潮騒を感知することが出来た。啄木死去約百日前である。啄木の標榜する「平民の中へ」「明日の考察」は根強く生きつづけていた（『国文学』第四九巻一三号）。

2　大逆事件と啄木短歌

啄木の「明治四十四年　当用日記補遺」の前年六月のところに、「幸徳秋水等陰謀事件発覚し、予の思想に一大変革ありたり。これよりポツ〳〵社会主義に関する書籍誌を聚む」とあるように、思想に「一大変革」あり、少しずつ社会主義関係書籍をあつめたという。このことは啄木の日記・書簡、作品によってその実態を知ることが出来る。

土岐善麿（哀果）は「明日の考察」の中で、啄木の死後、彼のこわれかかった薄汚い柳行李を開くと（中略）背綴じの破れかかった『平民主義』も『社会主義神髄』も、『二十世紀の怪物帝国主義』もあった。これらの著書こそ実にかの重大事件の主謀者とされたその人である。千山万水楼主人の名でかかれた今の河上肇博士の『社会主義評論』や堺利彦氏の『社会主義綱要』もあった。赤いラシャ紙表紙の雑誌『社会主義研究』は数冊合本して、灰色のラシャ紙表紙をつけてあった（『石川啄木全集』、略して『啄木全集』、第八巻、筑摩書房、一九七九年一月）。

このことは一一年八月二十六日、宮崎大四郎宛書簡の中で「目ぼしい本は皆質屋に秋の袷と一しよに入つてゐるし、質屋にもやれない、擦りきれた社会主義の禁売本は引越の時以来支那鞄の底にそのまゝしまつてあるし、僕は殆んど全く読書することすらない」（『啄木全集』）と述べていることと整合している。

短歌でもこのころ次のようなものがある。

赤紙の表紙手ずれし国禁の書《ふみ》を行李の底にさがす日（『東京朝日新聞』——以下『東朝』と略、八月七日）

赤紙の表紙手ずれし国禁の書よみふけり秋の夜を寝ず（『東朝』八月七日）

赤色の表紙手ずれし国禁の書を行李の底にさがす日（『スバル』一一月号）

このころの啄木の短歌論について耳を傾けてみよう。選者をしているころの感想を「歌のいろ〳〵」（『東朝』一九一〇年一一月稿）の中で、「我々の歌の形式は万葉以前から在つたものである。然し我々の今日《こんにち》の歌は何処までも我々の今日の歌である。我々の明日《みようにち》の歌も矢つ張り何処までも我々の明日の歌でなくてはならぬ」「私の生活は矢張現在の家族制度階級制度、資本制度、知識売買制度の犠牲である」という。

終わりの文は「目を移して、死んだもの、やうに畳の上に投げ出されてある人形を見た。歌は私の悲しい玩具《おもちゃ》である」（『啄木全集』第四巻）。

一年ほど前の「弓町より」（一九〇九年一一月〜一二月稿）では、「その間に、私は四五百首の短歌を作つた。（中略）私は小説を書きたかつた。否、書くつもりであつた。又実際書いても見た。さうして遂に書けなかつた。其時、恰度夫婦喧嘩をして妻に敗けた人が、理由もなく子供を叱つたり虐めたりするやうな一種の快感を、私は勝手気儘に短歌といふ一つの詩形を虐使する事を発見した」。

また啄木は詩人たる資格について、「それは三つあり」、「先第一に〈人〉でなければならぬ」、「第二に〈人〉でなければならぬ」、「第三に〈人〉でなければならぬ」、「さうして実に普通人の有《も》つてゐる凡ての物を有つてゐるところの人でなければならぬ」（『啄木全集』第四巻）。

岡山儀七宛一〇年十月十日付書簡では、「たゞ小生が〈歌人〉たることを名誉とも存ぜざる者なることは、兄に於て了解しておいて頂き度候」と言ったり、二十二日付吉野章三宛では、「新詩社趣味の歌は一切捨て、しまひ候」（『啄木全集』第七巻）。とも断定的に述べている。

さらに瀬川深宛書簡十一年一月九日付では、詩に愛着が薄らいだのは啄木も同じであること、「僕の今作る歌はもう昔我々の作つた意味に於ての歌ではない」と一致し、「僕の今作る歌は極めて存在の理由の少いもので」あること、「たゞ僕には、平生意に満たない生活をしてゐるだけに、自己の存在の確認といふ事を刹那々々に現はれた〈自己〉を意識することに求めなければならないやうな場合がある」こと。

「その時に歌を作る刹那々々の自己を文字にして、それを読んでみて僅かに慰められる」。したがって、啄木にとっては、「歌を作る日は不幸な日だ、刹那々々の偽らざる自己を見つけて満足する外に満足のない、全く有耶無耶に暮らした日だ」、「君、僕は現在歌を作つてゐるが、正直に言へば、歌なんか作らなくてもよいやうな人になりたい」、「僕は他人から詩人扱ひ、歌人扱ひされると屹度一種の反抗心を起す」(『啄木全集』第七巻)。

それにしても、歌集『一握の砂』(一〇年一二月刊)、『悲しき玩具』(一二年六月刊)は、短歌を大衆のものにしたことは間違いない。

大逆事件が起こってから、啄木の死は一年十か月、彼の作品の主なもの、とくに短歌から事件の反応、反映をみてみたい。

東京朝日新聞社員の石川啄木が、「後々への記念のため」(「日記」)に、大逆事件死刑執行前日と当日、新聞記事など関係記録を整理した「日本無政府主義者隠謀事件経過及び附帯現象」は、事件の発端を一九一〇(明治四三)年六月二日としている。

東京各新聞社、東京地方裁判所検事局より本件の犯罪に関する一切の事の記事差止命令を受く。各新聞社皆この命令によりて初めて本件の発生を知れり、命令はやがて全国の新聞社に通達せられたり（『啄木全集』第四巻）。

「記事差止命令」は啄木でもいかんともしがたいことであった。事件はすでに五月二十五日、宮下太吉が明科の清水太市郎の自宅で取調べをうけ、天皇暗殺計画をしゃべり、爆裂弾材料を隠した工場内の機械場へ案内、証拠品として押収させる。

そのため宮下は、爆発物取締罰則違反容疑で松本署に連行される。新村忠雄も自宅から屋代署へ連行され、兄善兵衛も共犯として連行。この日、松本署長は宮下、新村兄弟、新田融のほか幸徳秋水、管野須賀子、古河力作を爆発物取締罰則違反の現行犯として認定している。

宮下太吉が長野の和田良平検事と東京の小原直検事に、爆裂弾の使用目的を告白したのは二十九日であり、長野の三家検事正が、刑法第七十三条（天皇、太皇太后、皇太后、皇后、皇太子又ハ皇太孫ニ対シ危害ヲ加ヘ又ハ加ヘントシタル者ハ死刑ニ処ス）を該当として、事件を検事総長に送致したのが三十一日。

やはり同日、松室致検事総長が横田国臣大審院長に幸徳秋水ら七名の予審開始を請求、大審院長は予審開始を決めた。そこで予審係に東京地裁の潮恒太郎判事筆頭らを任命した。

啄木の「日本無政府主義者隠謀事件経過及び附帯現象」では、六月二日につづき三日の項に、

本件の犯罪に関する記事初めて諸新聞に出づ。但し主として秋水幸徳伝次郎が相州湯ケ原の温泉宿より拘引せられたるを報ずるのみにして、犯罪の種類、内容に就いては未だ何等の記

事を見ず。（後略）

とあり、これらの「東朝新聞」記事は、「社会主義者捕縛」と題してあったことを言う。そしてようやく五日、啄木は、

この日の諸新聞に初めて本件犯罪の種類、性質に関する簡短《ママ》なる記事出で、国民をして震駭せしめたり。（後略）

と記し、これらの記事は「無政府党の隠謀」と題され、七名は信州明科の山中において爆裂弾を密造し、「容易ならざる大罪を行はんとしたるものなる」ことを記し、幸徳秋水と警視庁の関係、幸徳と管野須賀子と荒畑寒村との三角関係、終わりに東京地方裁判所小林芳郎検事正の談を掲げている。

この談では、隠謀関係者は前記七名、うち無政府主義者男四名、女一名とあり、早くも「無政府主義者」の表現がある。新村忠雄の郷里長野県屋代町（現在）には同志四〇名いること、現在日本における社会主義者中、「判然無政府党と目すべき者約五百名」あることも載せている。これらの記事、また内容にはまだまだデマや誇張的なものもあった。

啄木の大逆事件認識を研究された清水卯之助氏は、啄木をして社会主義に直接目を向けさせたのは、五月二十七日の『時事新報』が「社会主義者捕縛（信濃松本二六日発電）、職工に変じて陰謀を企つ／爆裂弾製造中を探知さる」と見出しをつけたのが大逆事件の発端となった第一報とされている。

五月三十一日付「予審請求書」（起訴状）の内容は極秘扱いで、記事差止め命令書も、爆裂弾の陰謀にとどめてあったと考えられるので、清水氏は啄木も刑法第七十三条事件とは、「まだ予知できなかったであろう」とされているのは同感である。

幸徳秋水、管野須賀子が潮恒太郎判事、武富済検事にそれぞれ供述を拒否したのが六月二日。管野が小原直検事に自供したのが三日。小林芳郎検事正、有松英義警保局長らが事件の不拡大を声明したのが四日、五日とつづき、それでも新宮の大石誠之助が五日に、岡山の森近運平が十四日に拘引というように、事件は拡大されていく。

さらに六月九日、東京監獄に入獄中の管野須賀子が、散り紙に丹念に穴をあけ文字にした左のような秘密通信を、かつて幸徳の弁護士だった横山勝太郎に郵送してきたものである。その消印は東京監獄のある牛込郵便局の一一日となっていた。これが六月二十一日、時事新報に「須賀子の針文字」として掲載され世間を騒がせた。

爆弾事件ニテ私外／三名死刑ノ宣告ヲ受クベシ／幸徳ノ為メニ何卒／御弁ゴヲ願フ／切ニ〳〵六月九日／彼ハ何ニモ知ラヌノデス／（清水卯之助『石川啄木——愛とロマンと革命と』和泉書院、一九九〇年五月）

切迫感とともに、須賀子の幸徳への切実な愛情、思い遣りはここにも表現されていて、管野が幸徳の冤を訴えていることは確かだ。この報道によって、信州爆裂弾事件が単なる爆発物取締罰則違反でないことが知らされることになった。

啄木の「所謂今度の事」（一〇年六月〜七月稿）の署名は世間を慮って「林中の鳥」、啄木生前未発表の作品だ。清水卯之助氏のいうように、啄木は発表を意識しての配慮が多く、文章には巧みな迷彩が施されていて、啄木の大逆事件認識は隠顕している。しかし、土台正直な啄木の表現の裏に大切なことが見えたり隠れたりしている。

四百字原稿用紙にして約一五枚の「所謂今度の事」を要約してみると次のようになる。

(一)〈私は「今度の事」の批評を日本人の口から聞くことに或特別の興味を有っていた〉。〈今度の事とは、近頃幸徳等一味の無政府主義者が企てた爆裂弾事件のこと〉。

(二)〈無政府主義という語を日本人が直接聞いた機会は、第一は赤旗事件（〇八年六月の弾圧）、第二は今度の事である〉。

(三)〈政府の記事差止命令のため、啄木のこの事件に関する知識も各新聞の伝えた所以上ではない〉。

(四)〈警察の極端な行動——真に真理を愛する者、確実なる理解を有った者の執るべき方法でないと信じている〉。〈過去数年間の警察は弾圧と迫害を加えたが、主義も捨てず、覚悟を堅めて今度の様な凶暴なる計画を企て、半ばまで遂行するに至った〉。〈今度の事件は一面警察の成功であると共に、又一面、警察や法律という様なもの、力は、如何に人間の思想的行為にむかって無能なものであるかを語っている〉。

(五)〈ヨーロッパにおける無政府主義の発達、運動、行為、理論〉。〈今日までの行為はすべて過激、極端、凶暴であるに拘らず、その理論においては、殆んど何等の危険な要素を含んでいない事である〉。〈今のような物騒な世の中で、万一無政府主義者の所説を紹介しただけで啄木自身また無政府主義者であるかの如き誤解を享けるようなことがあっては、迷惑至極な話である〉。

（六）〈結局啄木は、彼等の主張を誤りなく伝える程に無政府主義の内容を研究した学者でもない〉。〈若しも世に無政府主義という名を聞いただけで眉を顰《ひそ》めるような人があって、其人が他日彼の無政府主義者の所説を調べてみたとするならば、（中略）、彼等の或る者にあっては、無政府主義というのは、（中略）〉。

（七）〈人類の未来に関する我々の理想は蓋し一《いつ》である――洋の東西、時の古今を問わず畢竟一である〉。〈結局無政府主義者とは、「最も性急なる理想家」の謂でなければならぬ、既に性急である〉。

（八）〈故に彼等に、其理論の堂々として、そして何等危険なる要素を含んでいないに拘らず〉、〈まだ調理されざる肉を喰うが如き粗暴の態と、小児をして成人の業に就かしめ、その能わざるを見て、怒って此れを蹴るような無謀の挙あるは、敢て怪しむに足らぬのである〉。

「所謂今度の事」は、啄木が勉強した無政府主義の水準であり、啄木のこの時期の無政府主義の理解である。大逆事件はまだ初動捜査の段階である。啄木は「所謂今度の事」の中で、管野須賀子が赤旗事件の法廷で「我は無政府主義者なり」と公言したことを取り上げている。

ちなみに、幸徳秋水は、無政府主義者となってアメリカから帰国したが、座談や書簡の上ではともかく、公の席や出版物によって無政府主義者であることを名乗ったり、幸徳自身の無政府主義思想を展開して公表することはしなかった。当時の日本では、無政府主義者であることを公表することは、ただちに監獄へ入ることであったのである。そして幸徳は、ただクロポトキンの『麵麭の略取』などを翻訳して、間接に無政府主義者であることを推測させただけであった（森長英三郎『禄亭大石誠之助』岩波書店）。

「日本無政府主義者隠謀事件経過及び附帯現象」でも、啄木の友人、『東朝』記者松崎天民の筆になった「▲被告中の紅一点　▽管野すが子の経歴」を掲載している。

啄木が管野須賀子につよい関心をもっていたことは、一一年一月、事件の弁護士で友人の平出修から、須賀子の修宛て獄中書簡を借りて読んだり、同年六月、絶唱ともいわれる詩集「呼子と口笛」の中で、須賀子らしい女性を追悼していることでも判る。啄木には次のような短歌や詩もある。

耳搔けばいと心地よし耳を搔くクロポトキンの書《ふみ》を読みつゝ（『東朝』八月四日）

ボロオヂンといふ露西亜名が、／何故ともなく、／幾度も思ひ出さるる日なり。（『悲しき玩具』）

五歳になる子に、／何故ともなく、／ソニヤといふ露西亜名をつけて、／呼びてはよろこぶ。

（『悲しき玩具』）

ふがひなき／わが日の本の女等を／秋雨の夜にののしりしかな（『一握の砂』）

「書斎の午後」

読みさしの舶来の本の／手ざはりあらき紙の上に、／あやまちて零したる葡萄酒の／なかなかに浸みてゆかぬかなしみ。／われはこの国の女を好まず。／古びたる靴をあけて／わが友は、古びたる鞄をあけて、／ほの暗き蠟燭の火影の散らぼへる床に、いろいろの本を取り出だしたり。／そは皆この国にて禁じられたるものなりき。／やがて、わが友は一葉の写真を探しあてて、／これなり、とわが手に置くや、／静かにまた窓に凭《もたれかか》りて口笛を吹き出だしたり。／そは美くしとにもあらぬ若き女の写真なりき。

啄木がロシアの無政府主義者クロポトキン（一八四二―一九二一）をどう思っていたかは、日記や書簡からも散見することが出来る。例えば日記では一一年一月十日のところに、『青年に訴ふ』を読んで、「ク翁の力ある筆は今更のやうに頭にひゞいた」とあり、前日の瀬川深宛書簡の中で、「僕はクロポトキンの著書をよんでビックリしたが、これほど大きい、深い、そして確実にして且つ必要な哲学は外にない、無政府主義は決して暴力主義でない」、と自信をもって読後の感動を書いている（『啄木全集』第六、七巻）。

そして、「今度の陰謀事件は政府の圧迫の結果だ」と断定的に言っている。啄木の読んだクロポトキンの著書は、『青年に訴ふ』をはじめ『ある革命家の思い出』、『ロシアの恐怖』『ロシア文学』などであり、啄木はクロポトキンの相互扶助の思想を重視している。「ソニヤ」はロシアの女性革命家ソフィア・ペロフスカヤ（一八五三―一八八一）のこと。彼女は虚無党員として一八八一（明治一四）年三月一日、現在のレニングラードで皇帝アレキサンドル二世の暗殺に成功、捕えられて四月一五日絞首刑になった。

大逆事件の捜査は六月二十日、司法省の首脳会議で、事件の拡大方針が決定される。事件の指揮をとった平沼騏一郎はこの前年、検事兼司法省民刑局長に任じられている。

六月末紀州の成石平四郎、爆発物取締罰則違反として処分されたり、東京の奥宮健之が起訴され自宅より拘引されている。七月一日〜四日、東京の武富検事、小林検事正、高野検事ら、紀州田辺に出張、移動捜査本部を編成した。

そして七日、新宮の峰尾節堂、崎久保誓一、高木顕明の起訴が決まり、十日には成石勘三郎、弟の平四郎の起訴が決まった。無論、彼等は大逆事件には直接関係はなく、曖昧な理由で捏造されたものだった。二十日、横浜監獄で出版法違反、爆発物取締罰則違犯容疑で服役中の内山愚童を東京監獄に移し、これまた捏造的な取調べを始めている（拙稿「内山愚童の〈判決書〉にみる〈愚童事件〉」、『平出修研究』三八集所収、本書Ⅲ部四章）。

また七月二十六日、坂本清馬を浮浪罪という別件逮捕で芝警察署に拘引。さらに武富検事を熊本に出張させた。翌日、平田東助内相は時宜を得たかのように、桂太郎首相に宛て「社会主義に対する愚見」を提出しているが、社会主義者逮捕、弾圧のためのマニュアルに過ぎない。

忘られぬ顔なりしかな／今日街に／捕吏にひかれて笑める男は（『一握の砂』、『東朝』七月二八日）

今おもへばげに彼もまた秋水の一味なりしと思ふふしあり（「歌稿ノート」九月九日夜）

いつも逢ふ電車の中の小男の／稜《かど》ある眼このごろ気になる（『一握の砂』）

空寝入生呿呻など／なぜするや／思ふこと人にさとらせぬため（『一握の砂』）

啄木は巡査に曳かれていく男に心情的共感をもったり、秋水の一味と気付いたり、電車の中で稜ある男を気にしたり、自分が考えることを他人に気取られないように気をつかったりするようになる。

八月に入ると、熊本の松尾卯一太、新見卯一郎、佐々木道元、それに坂本清馬らが起訴される。二十一日、東京の小林検事正、武富検事、小山検事ら大阪に出張して、移動捜査本部を編成し、大阪の武田九平、岡本頴一郎、三浦安太郎らを起訴決定。二十九日、赤旗事件で獄中にいた山川均、森岡永治、千葉監獄より満期出獄したが為す術もなかった。

啄木はこの月、評論「時代閉塞の現状」（強権、純粋自然主義の最後及び明日の考察）を、東朝文芸欄に書いたが掲載されなかった。韓国併合に関する日韓条約が調印され、宣言され朝鮮総督府が設置されたのも八月末のことだった。啄木は「時代閉塞の現状」が活字にならないのも、韓国併合が強行されたのも、無関係でないことを察知していた。

時代閉塞の現状をいかにせむ秋にいりてことにかく思ふかな（「歌稿ノート」九月九日夜）
誰そ我に／ピストルにても撃てよかし／伊藤の如く死にて見せなむ（『一握の砂』）
地図の上朝鮮国にくろぐろと墨をぬりつゝ秋風を聴く（『創作』一〇月短歌号、九月の夜の不平）
やとばかり／桂首相に手とられし夢みて覚めぬ秋の夜の二時（『一握の砂』）

「暗き、暗き曠野にも似たる」頭脳の中の時代閉塞の現状をつくづく思ったり、伊藤博文の果たした役割や国家の政策は歌わないで、昨年十月二十六日、ハルピンで韓国人安重根に狙撃された衝撃的な死を歌っている。大逆事件の被告らも反対している韓国併合には、啄木も複雑な理解出来ない思いを表現している。

啄木は荒畑寒村が出獄すると、管野を秋水に寝取られた恨みから、ピストルを懐に二人をねらって湯が原に行ったが果たせず、思想弾圧の責任者桂太郎首相を付け狙ったことを知っていたであろう。啄木も桂首相を事件の弾圧者、時代閉塞の張本人と考えていた。

文部省は八月四日訓令を発して、全国図書館に於て社会主義に関する書籍を閲覧することを厳禁、内務省もまた特に社会主義者取締に関して地方長官に訓令し、文部省は更に全国各直轄学校長及び各地の長官に対し、全国各種学校教職員若しくは学生、生徒にして社会主義の名を口にする者は、直ちに解職または放校の処分を為すべき旨内訓を発したと聞く、という（「日本無政府主義者隠謀事件経過及び附帯現象」）。

九月六日、この日安寧秩序を紊乱するものとして、社会主義書類五種発売を禁止され、かつ残本も差押えられた。以後約半月の間に、殆ど毎日数種、ときに十数種の発売禁止を見、全国各書店、古本屋、貸本屋は何れも警察の臨検を受けて、少きは数部、多いときは数十部を差押えられた。それは数年前または十数年前の発行のもので、世間に流布していて自由に売られていたものである。また、

「若し夫れ臨検警察官の差押へたる書中、其録する所全く社会主義に関せざるも猶題号に〝社会〟の二字あるが為に累を受けたるものありしといふに至りては、殆ど一笑にも値ひしがたし。〝昆中社会〟なる雑誌（?）の発行者亦刑事の為に訊ねらるる所ありたりといふ」（「日本無政府主義者隠謀事件経過及び附帯現象」）。さらに発売禁止書類中左の数種あり、として、

堺利彦著『通俗社会主義』

杉村楚人冠著『七花八裂』

幸徳秋水著『兆民先生』『社会主義神髄』
西川光二郎著『普通選挙の話』
田添幸枝著『近世社会主義史』
大月隆著『社会学講義』
木下尚江『良人の自白』（前編・後編）

売ることを差し止められし／本の著者に／路にて会へる秋の朝かな（『一握の砂』）
本を買ひたし、本を買ひたしと、／あてつけのつもりではなけれど、／妻に言ひてみる。（『悲しき玩具』）
新しき本を買ひ来て読む夜半の／そのたのしさも／長くわすれぬ（『一握の砂』）
明治四十三年の秋わが心ことに真面目になりて悲しも（『創作』一〇月短歌号、九月の夜の不平）

一九一〇（明治四三）年は、啄木にとって多忙な年であった。十月四日付宮崎大四郎宛書簡に、「どうも急がしい、今日から三日に一晩の夜勤、二葉亭の仕事、歌の選（一五日から朝日歌壇選者）、まるでヒマがない。歌壇は莫迦に景気が可い」、同じ四日長男真一誕生、『一握の砂』出版準備。二十日付では「何でかう急がしく〳〵いだらうと思ふ。毎晩三時までやる、それでも机の上からはちつとも用がへらない。（中略）あと十分で午前二時だ」、二十二日付吉野章三宛書簡では、「新詩社趣味の歌は一切捨て、しまひ候」、真一死去二十七日、葬儀二十九日。

十一月二十九日、加藤孫平宛書簡には、「只今にては土岐哀果氏の作風を最も注目いたし居候、（中略）小生が歌に於て心がくる所は唯〈嘘をつかぬ〉といふ事のみに御座候、その外に何もなく候」。十二月一日『一握の砂』刊行、二二日付宮崎大四郎宛では、「何とかして夜勤でもやめる工夫をしないことには、身体が続きさうでないやうな気がして来た」などで多忙な様子は判る。

九月～十二月の執筆活動をみると、

一〇月一日　短歌　九日の夜の不平　34首
一九日　短歌　新しき手帳より　5首
一一月一日　短歌　孩児の手ざわり　16首
一日　評論　一利己主義者と友人との対話
一日　短歌　路問ふほどのこと　16首
〃　短歌　秋のなかばに歌へる　110首
〃　詩　萩の譜
五日　エッセイ　田園の思慕
一〇日　短歌　公園に来て　15首
一二月一日　短歌　崖の上　21首

一日　短歌　死　12首

一〇～二〇日　評論　歌のいろ〳〵

啄木はこんなに多忙の中でも、十月四日付宮崎大四郎宛の中で、「先日丸谷君に逢つて社会主義の議論をした」と報じたり、十一月二十九日の加藤孫平宛書簡中、「兄は社会主義といふものに対して如何なるお考へをお持ちなされ候や、機会あらばお洩らし下されたきものに候」と尋ねたり、十二月二十一日付、宮崎大四郎宛の中で、「君、僕はどうしても僕の思想が時代より一歩進んでゐるといふ自惚を此頃捨てる事が出来ない、若し時間さへあつたら、屹度書きたいと思う著述の考案が今二つある」、と語り次のように記している。

一つは「明日」といふのだ、これは歌を論ずるに托して現代の社会組織、政治組織、家族制度、教育制度、その他百般の事を抉《えぐ》るやうに批評し、昨日に帰らんとする旧思想家、今日に没頭しつゝある新思想家――それらの人間の前に新たに明日といふ問題を提撕《ていせい》しようといふのだ。

も一つは〈第二十七議会〉といふのだ、これは毎日議会を傍聴した上で、今の議会政治のダメな事を事実によつて論評し議会改造乃ち普通選挙を主張しようといふのだ。

啄木には時代閉塞の現状打破、そのためには明日への考察の必然性、議会政治のありかた、議会是正のためには普通選挙、大逆事件をもたらす社会……などが重苦しく押しかかっていた。

また啄木は、大晦日の前日宮崎大四郎に、「君、君は僕の歌集（『一握の砂』）の評の中に社会主義は夢だと書いてあつたが、少くとも僕の社会主義は僕にとつて夢でない、必然の要求である、金田一家と僕の一家との生活を比較しただけでも、養老年金制度の必要が明白ではないか」と実生活の比較から訴えている。

さらに啄木は同書簡で、「生活の不安は僕には既に恐怖になつた、若しかうしてゐて老人でも不意に死んだらどうして葬式を出さう、そんな事を考へて眠られない事すらある」。そう現実生活の悩みを語りながら、啄木は月十円の夜勤をやめることにする。そして、新年度から次のように生活の方針を変えようとする。

今迄は生活の事許りを尊重して来たのを、今後は生活と共に健康と才能をも尊重しなければならぬと思ふ、さうしてこの才能を尊重するといふ事を出来るだけ生活の尊重に一致させて行きたい（つまり原稿をかいて売りたい）（『啄木全集』第七巻）。

わが抱く思想はすべて／金なきに因するごとし／秋の風吹く（『一握の砂』）
秋風の来るごとくに来りたる我の疑惑は人ししらなく（「歌稿ノート」九月九日夜）
つね日頃好みて言ひし革命の語をつゝしみて秋に入れりけり（「創作」一〇月短歌号、九月の夜の不平）

大逆事件は、九月二十一日ロイター通信が、天皇暗殺計画の未然発覚を世界各国に報道した。

翌日『報知新聞』が「大審院の特別裁判・社会主義者の審理」とする記事が掲載され、幸徳秋水らの事件が「内乱罪」、または「大逆事件」のいずれかになることが判明した。同日ロンドンの『THE TIMES』は「日本の天皇への叛逆計画が報道される」という見出しで、日本の社会主義者の事件が「大逆事件」であることを報じた。このことを啄木も知ったであろうが、十二月予定の特別裁判が大逆事件であることを報道した最初の重要なニュースであった。

二十八日、神戸の岡林寅松・小松丑治の二名が内山愚童関係の容疑で起訴決定。内山愚童も検事らの捏ち上げによって、十月二十七日起訴が決定し、大逆事件の被告は二六名となった。このころ、松室検事総長と有松警保局長が話し合って、予審終結のさい、新聞・雑誌の報道を抑制することを決めている。早くも十一月一日、松室検事総長は、二十六人全員有罪の「意見書」を横田大審院長に提出している。松室検事総長は、東京の新聞社の責任者を大審院に集合させ、一応は懇談のかたちで「警告事項」を押しつけ、違反者の厳罰を言明した（八日）。

東京監獄の二十六名の被告に、接見、通信の禁止をようやく解除したのは十日、公判開始日を通告したのは十六日。このころ幸徳秋水は『基督抹殺論』を脱稿する。この書は幸徳の『研究書』である。二十二日、エンマ・ゴールドマンら、幸徳秋水らの処刑に反対する最初の抗議集会を開き、「ニューヨーク・アピール」を採択、これより抗議運動が全米とヨーロッパに波及した。幸徳の母多治子は、養子駒太郎にともなわれて中村（現在は四万十市）より上京（二七日）、堺利彦の案内により典獄室で幸徳と最後の面会(二八日)、離京(二九日)。この日赤旗事件の大杉栄、東京監獄より満期出獄。

啄木の特別裁判直前の事件知識や事件の認識を知る資料として「無題」(一二月初旬稿)がある。書き出しは、「幸徳等所謂無政府共産主義者の公判開始は近く四五日後に迫り来れり」というもので、十日公判開始直前のものだ。

啄木はこの事件の内容をまだ詳細に「聞知するの機会」をもっていないと言っているが、「検事の嘗て発表したる所」および「巷間の風説」の誤りなければ、その企画やただ単に弁解の余地がないのみではなく、国民としては憎みてもなお余りある「破倫無道の挙」である。また学者としての立場から客観的に観ても「常識を失したる」「狂暴の沙汰」であり、「何等の同情」もない、と表向きは厳しいが、まだ事件の真相を知らせられないこともある。

この事件に関連して、啄木の窃に憂うること二三ある。としてその一は政府が今夏幸徳等の事件が発覚以来、急に熱心になって、その警察力を文芸界、思想界に活用したこと。一時は「一切の新思想を根絶」しようとする。一般文学者学者等すべて思想的著述家のこうむった不安の程度は甚だしいと言い、事件との関連で道徳のこと、今日の青年の思想的傾向、明治の新社会などに言及している。

秋の風我等明治の青年の危機をかなしむ顔撫《な》で、吹く（『創作』一〇月短歌号、九月の夜の不平）

人がみなおそれていたく貶《おと》すことおそれ得ざりしさびしきこころ（折にふれて）（『精神修養』一二月号）

平手もて／吹雪にぬれし顔を拭《ふ》く／友共産を主義とせりけり（『一握の砂』）

啄木には事件被告すべてを恐れて犯罪者に仕立てられない気持がある。それも寂しいことだ。北海道で交遊のあった「北門新報」記者小国善平のことを連想したりする啄木である。

十二月十日（土）、鶴裁判長いよいよ特別裁判を開廷、しかし傍聴禁止、非公開の秘密審理である。松室検事総長が公訴事実の冒頭陳述を始める。宮下太吉、新村忠雄の信州爆裂弾事件関係を供述。十二日（月）管野須賀子、古河力作、新田融、新村善兵衛、幸徳伝次郎の供述。つづいて十三日（火）、幸徳、森近運平、奥宮健之、大石誠之助、高木顕明、峰尾節堂、崎久保誓一、成石平四郎（弟）・勘三郎（兄）の供述。

十四日（水）松尾卯一太、新見卯一郎、飛松与次郎、佐々木道元、坂本清馬の供述。（この日の夜、事件弁護人平出修、与謝野寛とともに鷗外を訪問、弁護論を示教される。この鷗外示教については拙稿「再び、鷗外の修示教について――大逆事件をめぐって――」（『鷗外』四四号）、これ以前鷗外は修から「訴訟記録」の複写を受け取っている。十五日（木）内山愚童、武田九平の供述。十六日

（金）岡本頴一郎、三浦安太郎、岡林寅松、小松丑治の供述。

十八日（日）、幸徳秋水は、誤解された暗殺と革命の関係、作為された調書のまちがいを正すために、反駁の書（「陳弁書」）を自分の弁護人三名宛て（磯部四郎、花井卓蔵、今村力三郎）に獄中から送る（啄木はこの「陳弁書」を来月三日、修から借りて筆写し、その全文を『A LETTER FROM PRISON』（一九一一年五月稿）に掲載、大逆事件の真相を世に伝えようとする。そして啄木は「幸徳はこれを書いてから数日後、弁護人の勧めによつて、この陳弁書と同一のことを彼自ら公判廷に陳述したさうである」（「EDITOR'S NOTES」）と述べている）。

十九日（月）、幸徳、森近、管野、宮下、新村忠雄、新田、新村善兵衛の供述。二十日（火）、特別傍聴席をもうけ、一日十名を限り交代で弁護士の傍聴を許可した。幸徳、奥宮、成石平四郎の供述。二十一日（水）、高木、峰尾、成石勘三郎、崎久保、大石、松尾の供述。

二十二日（木）、松尾、新美、佐々木、飛松、内山、武田、岡本、三浦、岡林、小松、幸徳供述。裁判では、裁判官は証拠を予審調書中のどれからとろうと、公判の供述からとろうと自由であるということになっている。そして実際の裁判では、公判供述のほうが正しくてもそれは無視され、ほとんどの場合、公判供述と予審供述とが食いちがうときは、予審調書を証拠として採用して有罪とする。被告人らはこのような裁判の実状を知らなかった（森長英三郎『禄亭大石誠之助』岩波書店、一九七七年一〇月）。

しかも予審中は、接見および信書授受を禁止され、家族や友人から隔絶されていた。当時の旧々刑事訴訟法では、予審中は弁護人を付けることも出来なかったので弁護人の面会もなかった。孤立感におそわれていただろうし、拷問もあり、検事や予審判事によって不利な予審調書がつくられた。そして、大逆事件の公判始末書（公判調書）は現在発見されてなく、公判廷のことは、平出修、今村力三郎二人の筆記にたよるほかない。

二十二日で補充審問を終了。二十三日（金）弁護人の証拠調べが始まる。坂本、奥宮、三浦、松尾、新美、佐々木、飛松らのための証人喚問を申請。

二十四日（土）、弁護人の証拠書類閲覧。証人申請理由の補充説明。検事の反対意見陳述。鶴裁判長、合議の結果、証人申請を全部却下。

二十五日（日）検事論告に入る。平沼騏一郎検事の総論。板倉検事の各論。松室検事総長の全員死刑求刑。平沼検事論告の求刑は、平出修「大逆事件特別法廷覚書」によれば、

刑法第七十三条ヲ以テ処断スベシ

同条ハ特別ノ法律ナリ

大宝律以来ノ長イ歴史ヲ有ス

「加ヘントシタルモノ」ナリ

予備、陰謀ヲ含ム（定本『平出修集』〈続〉）

しかも、大審院が第一審としての裁判をし、それについて控訴も上告も許されず、一審きりの裁判であった。

二十七日（火）、弁護人の弁論、花井の総論、今村の各論。二十八日（水）、弁護人の弁論つづく。半田、尾越、平出——刑法第七十三条に関する被告事件弁護の手控（「大逆事件意見書」）あり、川島の各論（この日幸徳多治子、郷里中村にて死去（七十歳）、堺利彦その訃報をもって大審院に行き、花井・今村両弁護人と相談の結果、休廷中の幸徳・管野に伝える）。

二十九日（木）、弁護人の弁論、川島、宮島、安村、吉田、鵜沢総明の各論、磯部の各論、松室の補充論告。被告人の最終供述。磯部弁護人の補充結論。鶴裁判長、結審を宣告して閉廷。

閉廷をまっていたかのように、三〇日（金）、堺利彦、東京監獄の幸徳秋水に面会、革命運動の授受。三十一日（土）、堺利彦、四谷南寺町の自宅で「売文社」を開業。以上公判の日程については、神崎清・大野みち代共編「大逆事件略年表」を参照させていただいた。

ちなみに、弁護士平出修の「大逆事件特別法廷覚書」は、「第一　松室検事総長公訴事実の陳述」「第二　公判審理（その一）」「第三　公判審理（その二）」「第四　平沼検事論告」「第五　弁護士の弁論」から成り、現在一頁二段組約二五頁の分量である。例えば、二十二日幸徳供述のところには、

一　無政府主義ハ今日ノ政治ガ権（力）暴（力）武（力）ヲ基礎トシテ社会ヲ強制的ニ維持シテ居ル処ヲ変ジテ、拘束サレザル自由ノ相互扶助ノ中ニ生活シタイト思フテ居ル

一　西洋ノ学説ノミデナク、東洋ノ老荘、仏教ナドモ似寄ツテ居ル

一　政治法律デ人間ヲ圧制セズ、社会ガ無為ニシテ化スル様ニナラネバナラヌトノ哲学観カラ来タモノデアル
一　ステルネル、プルードンハ立派ノ学者、クロポトキンモ乱暴ノ人デハナイ
一　クロ（ポトキン）ハ露国公爵ニシテ七十才近キ学者ナリ地質学ノ学殖深シ
暴力ヲ用フルコトノ所説ヲ公ニシタルコトナシ
一　仏ノルクリス、米ノタツカー
一　政治上ノ方面デハトルストイ、スペンサー
一　暗殺者が無政府主義者ヨリ出デタリト雖主義其モノガ暗殺デナイ
一　直接行動ハ無政府主義者ノ占有語ニアラズ、欧羅巴ノ労働組合ノ唱ヘテ居ル詞ナリ

幸徳が公判中の獄中で、三人の弁護人に宛てて提出した「陳弁書」中の〈無政府主義と暗殺〉の項と一致している。啄木がこの「陳弁書」を筆写し、「A LETTER FROM PRISON」に全文掲載したことは、「大逆事件」を理解するのに、「陳弁書」はいかに重要な書であるかを知ったからであり、クロポトキンや幸徳秋水を理解し傾倒していた証左である。修も弁護論の中で、「陳弁書」を援用している（拙稿「平出修と大逆事件——秋水、修の真実追求の一致——」『大逆事件に挑んだロマンチスト』同時代社、一九九五年四月所収）。

同じく事件の弁護士今村力三郎の「今村公判ノート」は、現在『今村力三郎訴訟記録』第三二巻で九六頁、「公判摘要」一五頁、「検事弁論」九頁の分量である。今村には大逆事件を批判した

次の言葉もある。

「幸徳事件の裁判官達は、皇室に就て誤れる忠義観を持てゐたと思はれます。（中略）斯の様に、憲法や、皇室と裁判官とは、法的にも思想的にも、特別の関連があつて、自然裁判官の忠君観も、一般人民と異なるものがあつたと考へられます。私は今に至るも、この二十四名の被告人中には多数のえん罪者が含まれて居たと信じてゐます」（「幸徳事件の回顧」）

「（前略）大多数の被告は不敬罪に過ぎさるものと認むるを当れりとせん予は今日に至るも該判決に心服するものに非ず特に裁判所が審理を急ぐこと奔馬の如く一の証人すら之を許さゝりしは予の最遺憾としたる所なり」（「芻言」）。

煩をいとわずもう一人登場願う。弁護士鵜沢総明である。「原告側の主張によれば、〈共同謀議〉によつて〈大逆〉を企画したと言ふのであるが、その点についても、我々は多大の疑義を持つて居た。被告幸徳秋水、大石誠之助らと〈明科事件〉の当時者達との間に、無政府主義者としての同志的なつながりがあつたといふ証拠は、一つもなかつた。（中略）〈共同謀議〉を意味するやうな、全被告に共通な一貫したものは、一つもなかつた」（「大逆事件を憶う」）。

通常の犯罪なら、警察で犯罪を捜査し、送検するのであるが、大逆事件では少数の検事が直接に取調べて秘密をたもち、捏ち上げをしていった。予審判事は東京地裁の潮恒太郎、河島台蔵、原田鉱の三名があたったが、被告人所在地の予審判事で補助した者もいたようだ。

大逆事件を指揮する検事総長は松室致であるが、司法省民刑局長兼大審院次席検事平沼騏一郎

（一八六七―一九五二、のち検事総長、法務大臣、総理大臣、A級戦犯などを歴任）が検事総長代理として実際上の指揮をした。

平沼は、「予審は大審院でするのであるが、大審院判事では心もとない。そこで東京地方裁判所長の鈴木喜三郎（一八六七―一九四〇、のち検事総長、内相兼法相、政友会総裁など歴任）に通じて大審院に命令させて、潮恒太郎を予審判事としてやらした。予審を始めてから終結まで八ケ月位、大審院の特別公判が終るまで十ケ月である。あんな大事件が十ケ月で済んでゐる」と暗黒裁判を示唆している（『平沼騏一郎回顧録』同編纂委員会、一九五五年八月）。

実際上は検事が予審判事を任命しているのである。予審判事は検事の調べを作文しなおして予審調書を作成する。検事の聴取書では、既述のように、原則として証拠にならないが、予審調書は公判廷での供述以上の証拠となる（森長英三郎『内山愚童』論創社、一九八四年一月）。

啄木は一九一一年を迎えることになる。その前に再度、大逆事件と一〇年の日記重要記事を考えてみたい。啄木の一〇年の日記は、四月の十四日間だけである。そのため「一九一一年当用日記補遺」として「前年（一九一〇年）中重要記事」が書かれている。その啄木と大逆事件の部分を考えてみよう。

六月に「幸徳秋水等陰謀事件発覚」し、啄木の思想に「一大変革」があったと告げ、これから「ポツ〳〵」社会主義に関する書籍雑誌を「聚める」ようになる。文言通り解釈すれば、啄木が社会主義書籍、雑誌の収集を始めたのは、大逆事件発覚後ということになる。

この年の啄木の文学的努力は、「主として短歌」に限られた。「思想上」大事な年で啄木は、「性格、趣味、傾向を統一すべき一鎖鑰（重要な場所）を発見」してそれは社会主義問題だと言う。啄木は特にこの問題について、「思考」し、「読書」し、「談話すること」多かったと述べ、ただ「為政者」の「抑圧非理」をきわめ、啄木をしてこれを「発表する能はざらしめたり」。またこの年、かつて小樽に於て一度逢った「社会主義者西川光次郎君」と旧交を温め、「同主義者藤田四郎君」より「社会主義関係書類の貸付」を受けたと言う。

かくて一九一一年を迎える。

今年こそ何か気味よき事せむと／今年も誓へり／元旦の朝（『精神修養』一月一日）

あたらしき明日の来るを信ずてふ／友の言葉をかなしみて聞く（『早稲田文学』一月一日）

新しき明日の来るを信ずといふ／自分の言葉に／嘘はなけれど（『早稲田文学』一月号）

世におこなひがたき事のみ考へる／われの頭よ！　今年もしかるか（『精神修養』一月号）

何となく明日はよき事あるごとく／思ふ心を叱りて眠る（『東朝』一月八日）

何となく／今年は好い事あるごとし／元旦の朝晴れて風無し（『曠野』一月号）

何となく／今朝より少しわが心明るきごとし／手の爪を切る（『秀才文壇』一月号）

年明けてゆるめる心／うつとりと／来し方をすべて忘れしごとし（『精神修養』一月号）

啄木は新年度の生活方針を宮崎大四郎等に語っている。「生活と共に健康と才能をも尊重」しようとしている。短歌にもそのような願望や希望、抱負が詠われている。

新年の啄木の日記は三日から始まる。啄木は『明星』時代から知っている文人弁護士平出修のところへ年始に行って、修から大逆事件の特別裁判の核心部分を聞く、日記には、もし自分（平出修）が裁判長だったら、「管野すが、宮下太吉、新村忠雄、古河力作の四人を死刑」に、「幸徳大石の二人を無期」に、「内山愚童を不敬罪で五年位」に、そしてあとは「無罪にする」と平出修が言った、と記してある。

さらに修は、この事件に関する「自分の感想録」を書いておく、とも言ったこと、また幸徳が公判廷の獄中（一九一〇年一二月一八日）で三人の自分の弁護人に宛て書いた「陳情書」（「陳弁書」）を啄木は借りる。

啄木はこの日、会社でも「鈴木文治君」（一八八五―一九四六、のち労働運動家、日本労働総同盟会長）と無政府主義に関する議論をしたこと、夜も「丸谷並木二君」が来訪、十二時過ぎまでビールを飲みながら語っている。啄木は修から事の真相を聞いてから興奮状態だったと考えられる。啄木が知りたかったこと、聞きたかったことが一致したものと思われる。

啄木は翌四日夜、「幸徳の陳弁書を写」し、五日新聞社を休み、「陳弁書」を写し了り、その感想を手短に述べている。幸徳が火のない独房で指先が凍って、三度筆を取落したと書いてあること、「無政府主義に対する誤解の弁駁」と「検事の調べの不法」とが陳べてあること、この「陳弁書」に表現されたところによれば、「幸徳は決して自ら今度のやうな無謀を敢てする男でない」、と幸徳に理解を示し、「陳弁書」は修から聞いた「法廷での事実と符合してゐる」と評価し、「幸徳と西郷！　こんなことが思はれた」と結んでいる。

「幸徳と西郷！」とはどういうことか。秋水が湯河原で逮捕され、護送されていく檻車代用の貸切り乗合馬車の中で、神奈川県の今井安之助警部に、主義のためには致し方がない。西郷隆盛も若い者がさわぎだしたために、あのような始末になったのだ、と心境めいた感想をもらした（神崎清『大逆事件』3、あゆみ出版、一九七七年三月）。このことまで啄木は知っていて、三十数年前、政府に挑発された鹿児島私学校生徒の暴発に身をゆだねて、城山の露と消えた西郷のような悲惨な運命の接近を感じていたのだ。

啄木は写し終わった「陳弁書」を新聞社の上司杉村楚人冠（一八七二―一九四五、本名広太郎、幸徳・堺らの友人、新聞事業の発展に尽力）に貸した。杉村は夏目漱石とも友人であり、二人とも事件に関心をもっていたので、漱石も「陳弁書」を読んだ可能性もある（拙著『漱石と修』和泉書院、二〇〇二年一二月）。『東朝』の谷静湖が在米の岩佐作太郎（一八七九―一九六七、クロポトキン主義に立脚した無政府主義者、敗戦後日本アナキスト連盟全国委員会委員長）から送られた革命叢書第一編クロポトキン著『青年に訴ふ』を啄木は借りて読み、丸谷嘉市に貸している。その感想を「ク翁の力ある筆は今更のやうに頭にひゞいた」と十日の日記に書きとめている。

啄木が土岐哀果と初めて会ったのは十三日、短歌を通して同日早くも雑誌『樹木と果実』の構想も出る。以来親密の度を深めていく。数日後、「我々の雑誌を文学に於ける社会運動といふ性質のものにしやうといふ事に」二人の意見が合致する。

前後するが、啄木は九日付、盛岡中学からの友人瀬川深宛てに、書くのに約三時間かかったという書簡を出している。その中で啄木は自分を「一新聞社の雇人として生活しつゝ将来の社会革命のために思考し準備してゐる男」と位置づけ、「必ず現在の社会組織経済組織を破壊しなければならぬと信じて」いること、これは過去数年間の実生活から得た結論だという。

啄木は長い間「社会主義者と呼ばれることを躊躇していたが」、今ではもう「躊躇しない」。無論「社会主義は最後の理想」でなく、「人類の社会的理想」の結局は「無政府主義の外にない」。クロポトキンは、「大きい、深い、そして確実にして且つ必要な哲学は外になく」、「無政府主義は決して暴力主義ではない」ことを説得。

しかし無政府主義はどこまでも「最後の理想」で、「実際家は先づ社会主義者、若しくは国家社会主義者でなくてはならぬ」、「僕は僕の全身の熱心を今この問題に傾けてゐる」と、決意を述べ、結びを「僕は今の一切の旧思想、旧制度に不満足だ」と意志を述べる。

この書簡は一九一〇年十二月二十一日付宮崎大四郎宛て、三十日やはり宮崎大四郎に宛てたものと通底しているが、さらに現実的になり深化している。六日ほど前、事件の文人弁護士平出修から聞いた特別裁判の真相、幸徳の「陳弁書」の筆写による事件の本質、裁判のからくりを理解したことによる自信は否定できない。啄木は平出修や幸徳秋水によって逞しくなったのだ。

同書簡による啄木の大逆事件の認識として、今度の陰謀事件は、何故起きたのか、政府の圧迫の結果だといい、啄木の苦心して調査し且つその局に当たった弁護士から聞いたところによると、真に逆謀を企てたのは「四人」しかいない。あとの「二二人」は当然無罪にしなければならないのだ、と瀬川に自信をもって教えている。四人とは管野須賀子、宮下太吉、新村忠雄、古河力作であり、平出修から聞いた通りである。

大逆事件は十五日、被告らに十八日の判決日を通知する。宮廷の動きとして、河村宮内次官が元老山県の密命をおびて、渡辺宮相を訪問、同日小村外相は「逆徒判決証拠説明書」を各国駐在日本公使館に送付した。河村宮内次官は桂首相を訪問して、元老山県の内意を伝達。桂首相は渡辺宮相と判決および恩赦の上奏手続きについて協議した（一六日）。

渡辺宮相は、判決および恩赦の手続きを明治天皇に内奏。河村宮内次官、「閣下御考慮の通り」と小田原古稀庵の元老山県に報告（一七日、拙著『大逆事件の全体像』三一書房、一九九七年六月）。鶴裁判長は幸徳秋水以下二十四名に刑法第七三条を適用して、求刑どおり「死刑」を判決、新田融に懲役一一年、新村善兵衛に懲役八年。桂首相は判決文字をたずさえて参内、明治天皇に上奏。明治天皇より特赦すべきものについての沙汰（一八日）。

桂首相、特赦減刑対策の臨時閣議を開く。明治天皇、死刑四十二名の特赦を裁可、岡部法相、東京監獄の木名瀬典獄に特赦状を交付、東京監獄で伝達式。

岡林寅松　岡本頴一郎　小松丑治　坂本清馬　崎久保誓一　成石勘三郎　佐々木道元　三浦安

太郎　高木顕明　武田九平　飛松与次郎　峰尾節堂の十二名は無期懲役に減刑（一九日）

啄木の十八日の日記は、感情を正直に表白している。〈社に出た〉、今日ほど「頭の昂奮」していた日はなかった。そして「今日ほど、昂奮の後の疲労を感じた日」はなかった。二時半過ぎた頃、「二人だけ生きる〳〵」「あとは皆死刑だ」「あゝ二十四人！」そういう声が耳に入った。「判決が下つてから万歳を叫んだ者があります」と松崎君が渋川氏に報告していた。

啄木は「そのまゝ何も考へなかつた。たゞすぐ家へ帰つて寝たい」と思った。それでも〈定刻〉に帰った。帰って話をしたら、「母の眼に涙」があった。「日本はダメだ」、そんな事を「漠然と考へ乍ら丸谷君を訪ねて」十時ころまで話した。夕刊の一新聞には、「幸徳が法廷で微笑した顔」を〈悪魔の顔〉と書いてあった、と記している。

判決が啄木に与えたもの、誰がこれほどの衝撃を受けとめることができただろう。予審調書の捏造、裁判のあり方、「陳弁書」の内容、事件の真相、明け暮れ考えていた啄木ならではの衝撃であった。

翌日もうっ憤、遣る瀬なさの気持はつづく。朝、『国民新聞』（徳富蘇峰が発行、このころは御用新聞視されていた）を読んでいて急に「涙が出た」。「畜生！　駄目だ！」という言葉を口に出す。御用記者のでたらめな言葉――社会主義は駄目、人類の幸福は強大なる国家の社会政策によってのみ得られる、日本は代々社会政策をやっている国、というような――を鋭い啄木は、社会政策をまだ碌々やっていない後進国の現実を見破っている。

桂太郎総理、大浦兼武農商務相、平田東助内相、小松原英太郎文相の四大臣が待罪書——処罰を待つ——を奉呈したこと、終日臨時閣議が開かれたことなどの通信があったことを啄木は記し、二十日の日記に、昨夜「大命によつて二十四名の死刑囚中十二名だけ無期懲役に減刑された」ことを記している。

形式的な待罪書は却下された。新田と新村善兵衛、無期懲役者は次のように送監された（二〇日～二二日）。

千葉監獄　新田、新村、佐々木、峰尾
秋田監獄　坂本、飛松、崎久保、高木
諫早監獄　岡林、小松、成石（兄）、武田、岡本、三浦

判決から六日目の一月二十四日、死刑執行（管野は二五日）は東京監獄の東北隅の絞首台で行なわれた。

幸徳伝次郎（四〇歳）　新美卯一郎（三二）　奥宮健之（五四）　成石平四郎（二九）　内山愚童（三七）　宮下太吉（三六）　森近運平（三〇）　大石誠之助（四四）　新村忠雄（二四）　松尾卯一太（三二）　古河力作（二七）　管野須賀子（三〇）

大逆事件の処刑は三、四月ころだろうという大審院判事某の談も伝えられていたが（「毎日電報」二一日）、ずい分早かった。国際的に死刑反対運動がおこっていたが、これが拡大して行き

そうなので、早く殺してしまったという見方もあった（森長英三郎『禄亭大石誠之助』岩波書店）。

幸徳、奥宮、内山、大石の死体、落合火葬場へ、森近、古河の死体、東京大学医科大学が約束の解剖を拒絶（二五日）。

在米日本人の同志岩佐作太郎、岡繁樹ら、サンフランシスコで幸徳事件刑死者追悼会をひらく（二五日）。落合火葬場へ森近、古河の死体、さらに松尾、新美、成石平四郎の死体も同火葬場へ（二六日）。同じ日桂首相と西園寺公望政友会総裁、大逆事件の不問と政権授受の密約をかわして、「情意投合」を声明。

奥宮の遺骨、巣鴨の染井墓地に埋葬。内山の遺骨、箱根林泉寺の共同墓地に埋葬（二七日）。植村正久牧師（一八五八—一九二五、国粋主義と対決、日露戦争では主戦論）東京富士見町教会で大石誠之助遺族慰安会を開催（二八日）。宮下、新村忠雄の死体、雑司ケ谷の東京監獄共同墓地に埋葬された（二九日）。

ニューヨーク市ウエブスター・ホールで、幸徳死刑の大きな抗議集会がひらかれ日本領事館に抗議デモ、警官隊と衝突した（二九日）。新村忠雄の遺骨、巣鴨の染井墓地に埋葬、のち屋代町の生連寺墓地に改葬した（三一日）。

二月、幸徳秋水の『基督抹殺論』出版（一日）。新美の遺骨、大江村の新美家墓地に埋葬（一日）。大石の遺骨、新宮の南谷共同墓地に埋葬（二日）。松尾の遺骨、豊水村松尾家の墓地に埋葬（六日）。幸徳の遺骨、中村町（現在四万十市）の正福寺墓地に埋葬、森近の遺骨、高屋町の森近家墓地に埋葬（七日）。大逆事件の刑死者の墓は建立を許されなかった。日米の社会主義者、無政府主義者、サンフランシスコ市ゴールデン・ゲート街のジェファソン・スクエア・ホールで、大逆事件の殉難志士追悼大演説会をひらく（一二日）。宮下の遺骨、甲府光沢寺の宮下家墓側に埋葬（一七日）。成石平四郎の遺骨、請川村の成石家墓地に埋葬（一九日）。国民党の犬養毅（一八五五―一九三二）、政友会の反対により少数否決（二二日）。大逆事件および南北朝正閏論問題の内閣問責決議案を提出。政友会の反対により少数否決（二二日）。堺利彦（枯川）、「忘れ難き一月二十四日夜」を記念して合同茶話会（二一日、三月二四日、四月二六日）をもった。みんなで寄せ書きをしたとき、大杉栄が「春三月縊《くび》り残され花に舞ふ」と短詩を書いている。古河力作の遺骨、市ケ谷道林寺の墓地に埋葬された（三月四日）。

啄木は一月二十二日付平出修宛書簡に、判決日（一月一八日）の衝撃を書き、特別裁判の判決についての弁護士修の感想も是非聞きたいと書き、土岐善麿（哀果）と二人が出版予定の雑誌『樹木と果実』の広告を『スバル』二月号に掲載を頼みながら、雑誌の経済的基礎、何故出版するかの事情、目的など、将来「文壇に表はれたる社会運動の曙光」にしたいこと、そして修の賛成を求めている。

国家権力を評し、権力に抗する青年たちを養うことを眼目にした表面は「文芸雑誌」である。次のような文言もある。「僕は決して宮下やすがの企てを賛成するものでありません。然しへ次の時代〉というものについての一切の思索を禁じようとする帯剣政治家の圧制には、何と思ひかへしても此儘に置くことは出来ないやうに思ひました」（『石川啄木全集』第六巻）。啄木の執念である。修は啄木に頼まれた別紙の広告を二月号『スバル』に掲載している。

翌二十三日（月）、啄木は勤めを休み「幸徳事件関係記録の整理に一日を費やす」。翌日新聞社へ行ってすぐ、「今日から死刑をやつてる」と聞く。「幸徳以下十一名のこと」。「あゝ、何といふ早いことだらう」、そう皆が語り合う。夜、「幸徳事件の経過を書き記すために十二時まで働いた。これは後々への記念のため」であると啄木は記している。

幸徳事件関係の経過、記録は、まさに後々への貴重この上もない記念になった。慧眼である。「日本無政府主義者陰謀事件経過及び附帯現象」である。

啄木は昨日の「死刑囚死体引渡し」、それから落合の火葬場のことの新聞を読む。内山愚童の弟政治が火葬場で金槌で棺を叩き割って兄を確認したことを、「その事が劇しく心を衝いた」と言う。落合火葬場には既述のように内山のほか幸徳ら計九人もの死体が運ばれている。

同日啄木は社の帰途、平出修宅――神田区北神保町二番地――に寄って、幸徳、管野、大石等の獄中の手紙を借りた。平出が明日裁判所へ返却するという「一件書類」を一日延期してもらって、明晩行って見る約束をして帰宅した。

翌日帰宅後、約束通り平出宅に行き、「特別裁判一件書類」を読んだ。〈七千枚十七冊〉、〈一冊の厚さ約二寸乃至三寸〉（六センチ～九センチ）ずつ。十二時までかゝって漸く初めの二冊とそれらから管野すがの分だけ拾い読みした。「頭の中を底から掻き乱されたやうな気持」で帰宅した。

啄木が腹が張る異変に気づいたのは二十七日からであった。二十九日は社を休んだ。阿部康蔵（外国語学校勤務）が来て、「無政府党」のことについて、「学生には同情している者の方が多いようだ」と聞いて安心したり、三十日は出社したが、「大分苦しかつた」ようだが、帰宅後丸谷、並木、又木、矢口らに会い、又木が近く始めようという製版所を「共産的組織」にするという決意を聞いて、「余をして喜ばしめた」と記している。

病名は慢性腹膜炎、二月一日から社を休むことにして、四日入院、この日啄木は高田治作、藤田武治宛の手紙をベッドの上に仰向けに寝て書いている。雑誌『樹木と果実』は死に身でやろうとしていること、入院はしたが三月の発行日には間に合わせること、短歌革新の雑誌だが啄木の主張は、「現代社会組織、政治組織、経済組織及び帯剣政治家どもに対する不平を円滑煽動しよう」と思っていることを打ち明けている。

水をとる下腹の手術（七日）、院内散歩許可（一三日）、少し熱を出す（一四日）、並木へ手紙の返事「――独歩（国木田、一八七一―一九〇八）は霊魂を信じてゐたが予は確固たる唯物論者である」と。余病がないことが判明、一八号室から五号室に移る（一五日）。

啄木はよく新聞を読んでいる。事件関係記事は勿論、時事問題記事には敏感に反応する。南北朝問題で昨日は質問演説をする予定だった藤沢元造という代議士が突然辞表を出し、不得要領な告別演説をして行方不明になった。新聞記事は、「政府の憎むべき迫害の殆ど何処まで及ぶかを想像するに難からしめた」と。啄木は急に気分を壊し、不愉快に昂奮し発熱までしている。入院中の短歌に次のものがある。

藤沢といふ代議士を／弟のごとく思ひて泣いてやりしかな（『創作』三月号）
珍しく、／今日は議会を罵りつつ涙出でたり。／うれしと思ふ（『創作』二月号）

啄木が関心をしめした南北朝正閏論争とは、大逆事件を契機に起こってきた。一口にいえば十四世紀南北朝時代の持明院統（のちの北朝）と大覚寺統（のちの南朝）のどちらを正統とするかについての論争である。また学問の自由にたいする圧迫事件でもある。明治時代、大逆事件で騒然となる以前の学会では、南北両統対立を認めることが常識となっていた。

ところが、大逆事件を契機に、国定歴史教科書が南朝、北朝を対等にあつかっていることへの非難が起こった。南北朝併記の国定歴史教科書は、皇室の尊厳を傷つけ、教育の根底を破壊するものだというのである。それに大逆事件の本体である信州爆裂弾事件の主犯、宮下太吉の読書の中に、『大日本時代史』シリーズの『南北朝』（久米邦武著）があったからともいわれている。

この南北朝正閏問題は、大逆事件の被告処刑の翌二月を中心に、四月ころまで喜田貞吉、三上参次、久米邦武、栢軒学人らに代表される南北朝対立（併立）論者、吉田東伍、浮田和民らに代表される北朝正統論者、穂積八束、井上哲次郎、笹川臨風、黒板勝美、姉崎正治、三浦周行、市村瓚次郎らに代表される南朝正統論者の間に、激しい論争が展開された。鷗外日記にも散見できる。

文部省はこの二月末、国定教科書歴史読本に対する批難に、最も関係が深かったという理由で、教科用図書調査委員（編纂官）喜田貞吉文学博士に休職を命じた。三上参次博士は辞職した。そして、教師用日本歴史巻一の下を修正のため使用禁止にした。

やがて文部省は、北朝の六天皇を削除し、南北朝の呼称を廃したことを通達した。その後、南北朝に関する記事の標題は、「吉野の朝廷」となり、足利尊氏、義詮の死去は「薨」と記さず「死」とするなど決まった。これらが決まる会議には、文部省や教科書調査委員の出席ばかりでなく、政治家、陸軍、海軍などの代表も出席している。

さらに、枢密院でもこの問題をめぐる会議がもたれ、議長山県有朋、総理桂太郎、内相平田東助らも南朝正統を発言している。明治天皇は北朝の系統であるが、この問題については宮中の祭祀その他は両朝併立、皇統は「南朝正統」であるとして決着した。

南北朝正閏問題は、本来は歴史家の間で論争すべき学問上の問題であった。しかし実際には政治的な発言がなされ、政治的な解釈が妥協的に行なわれた。国家権力が介入、容喙し政治の領域で決着をみたのは、明治末期の反動的国家主義とおおいに関係ある。啄木の怒り、興奮もここにあった。

啄木が生きていたこの時期、修身教育が万世一系の天皇中心主義の国家主義的教育の方向へ一層強められた。勿論、歴史教科書も修身教科書と一体となった。国家の教育にたいする支配権の拡大であり、南北朝正閏問題と切り離して考えられない。啄木はこのことを察知していた（拙著『森鷗外と明治国家』三一書房、一九九二年一二月）。

二月六日の大島経男宛書簡では、またもや「現在の社会組織、経済組織、家族制度などをその儘にしておいて、自分だけ一人合理的生活を建設」しようということは、「実験の結果、遂ひに失敗に終らざるを得ませんでした」と自白し、その後社会革命を志し、社会主義的な考え方をするようになっているところへ「大逆事件が起きた」という。

そのとき啄木は、彼等の信条についても、又その「無政府共産」と普通いわゆる「社会主義との区別」などもさっぱり知らなかったが、少年時から革命とか暴動とか反抗とかいうことに「一種の憧憬」をもっていた啄木にとっては、知らず〳〵自分の歩みこんだ一本路の前の方で、先方を歩いた人々が「突然火の中へ飛び込んだ」のを遠くから見たような気持だった。

今度の裁判が、△△△裁判であるということ、啄木は今回の一件書類（紙数七千枚、七・五センチ位の厚さのもの一七冊）の主要なところは読んだし、公判廷のことも秘密に聞きましたし、また幸徳が獄中から弁護士に宛てた「陳弁書」の大論文も写しとった。あの事件は少くも二つの事件を一しょにしてある。

宮下太吉を首領とする管野、新村忠雄、古河力作の四人だけは明白に「七十三条」に当っているが、その他の者の企ては、その性質から騒擾罪であり、然もそれが意志の発動だけで予備行為に入っていないから、まだ「犯罪を構成していない」。そしてこの「両事件」（この場合啄木は〈明科事件、十一月謀議〉のうち一つしか説明していない）の間には何等正確なる連絡の証拠がない。

以上のように、啄木は大逆事件処理直後のこの段階で、大島経男に事件と裁判のこと、大逆事件の被告は四人だけであったこと、他の被告らは騒擾罪、または無罪であることを力説している。それなのに啄木は、「これも恐らく仕方がないこと」でしょうと妥協し、その理由として啄木自身も「理想的民主主義の国でなければ決して裁判が独立しうるものでない」と信じていますから、と記している。そして話題『樹木と果実』に次のように移している。

表面は歌の革新ということを看板にした文学雑誌、本当の意味では「次の時代」「新しき社会」にたいし青年の思想を煽動しようというのが目的だと述べ、二年か三年の後には、政治雑誌にして一方何等かの実行運動——普通選挙、女性解放、ローマ字普及、労働組合——もはじめたい、と遠大な構想を述べ結びを次のように面白く結んでいる。

「またさしあたり文壇の酒色主義や曲学阿世の徒に対する攻撃をやりたいと思ひます。一つ二つ珍無類の面白い趣向もあるのですが、それはまあ申しますまい」。また手紙の最後に「私は出来ることなら」毎日議会へ行ってみて、そして済んでから〈第二十七議会〉という本を書いて〈議会無用論〉〈改造論〉を唱えてやりたいと考えたことがありましたが、〈病院にいては駄目〉です。病院にいなくても、金と時間がなくちゃ駄目です。

十四日付小田島理平治宛では、雑誌『樹木と果実』の企てを述べ、「死身になつてやらうとしてゐる仕事」であり、目的はいつもの啄木の持論「現代の社会組織、経済組織、政治組織乃至いろ〳〵の制度に対する根本批評を青年が進んでやるような」機運をつくりたいと執念を述べている。

日本の軍隊について、毎年徴兵検査を受ける満二十歳の男子の少くとも十分の九までは、皆その検査を一生の大厄と思っている。帝国軍人ということが、既に名誉ではなくて苦痛のことは知られている。立派な建物をもった銀行でも、資本欠乏の事実が暴露されれば、取付にあって破産するほかない。こういう矛盾は今やすべてのことに認められる、と啄木は語る。

だから日本は、漸くその営業方針を変えなければならなくなった。それを変える者はわれ〳〵青年の外にない。われ〳〵はかつてわれ〳〵の好きなロシアの青年のやったように、われ〳〵の手と足を他日その方に延ばしたいと思う。われ〳〵は文学本位の文学から一足踏み出して、「人民の中に行きたい」のですと、持論を述べる。

二十日付安藤正純宛には、病状を知らせた後、退院後のことを考えると、「何だかかう怖ろしくなり」「休みのない戦争」に出かけるような気がする、といい、何年かの後には「屹度今度は肺病にでもかゝつて死ぬことでせう」と悲観的なことを述べ、一年余後の死去を予感しているようでもある。

「どうせ長くない生命だ長ければ長いだけ苦しい生命だ」、そういうことを考えると、「幸徳と菅野《ママ》が肺病だつた」ということをしみ〴〵感じる、と感傷的になっている。それでも思い直したのか、もっとも幸徳、管野と啄木は「全然場合が違う」といい、結論的に「安楽なる生活といふものを将来に期待し得られない人間は、誰しも同じやうな心理状態を経験するらしく」思われる、と述べている。幸徳と管野の主治医は加藤時次郎と大石誠之助であった。大石は管野は「肺結核の初期」、幸徳は「腸間膜結核と診断」している（「大石誠之助第一〇予審調書」）。

人がみな恐れていたく貶《おと》すこと恐れえざりしさびしき心（『精神修養』一二月号）
雄々しくも死を恐れざる人のこと巷にあしき噂する日よ（『精神修養』一二月号）
友も、妻も、悲しと思ふらし／病みても猶、革命のこと口に絶たねば（『新日本』七月号）

啄木の渇望していた『樹木と果実』は三月発行予定を一か月延期した。二十四日の大信田金次郎宛には、「出した上は一生懸命多少の危険を犯しても青年の自由といふ者を主張したい」と思う、と意気軒昂である。

病院生活の啄木は、同室の人々と「社会主義について」語った（二〇日）とあり、二十三日は土岐善麿が来て、クロポトキンの『自伝』を貸してくれた。二十四日の新聞には、「議院で国民党の大逆事件及び教科書事件問責案が秘密会として葬りさられた」ことに関心をしめしている。二十五日〜三月五日ごろまで熱発、六日に肋膜の水をとったが、その後も微熱がつづき、その原因もつきとめないで、十五日午後退院したことは不覚だったようだ。このころの「歌稿ノート」に次のような歌がある。

晴れし日の公園に来てあゆみつゝ我がこのごろの衰へを知る
寝つつ読む本の重さに／つかれたる／手を休めては物を思へり。

啄木退院前後の日記によると、熱のあった日だけでも「一一日、一二日、一三日、一四日、一五日、一六日、一七日、一八日」と毎日である。『樹木と果実』は結局四月一八日印刷所の不誠実もあり、やめることにした。病身の心労は計り知れない。二十日は丸谷と「無政府主義」に関して議論をしている。二十二日には、「毎日平民新聞やその後のあの派の出版物をしらべてゐる」と記される。

啄木のこのころの病状は、昼から熱が上がって夜は七度六分、八分、退院以来四十日にもなるのに、まだ全快しないとはどうしたことか、一番心配していたのは啄木、それに「予の前にはもう饑餓の恐怖が迫りつゝある!」と記される。そんな中で「卜翁の『日露戦争論』を写し出し」「起きては卜翁の論文を写し、寝ては金の事」を考えている。「もう今度の一日には社からの前借も出来さうにない」とも考え、自分を追い詰めていく。

啄木はレフ・ニコラエヴィチ・トルストイの週刊『平民新聞』〇四年八月掲載の「日露戦争論」

を写し始めた日に、トルストイが科学を知らなかった「――否、嫌ったといふのは、蓋し彼をして偉大ならしめた第一の原因であらう、と共に、彼の思想の第一の弱点も亦そこにある」と鋭く寸評している。

啄木は発熱の中で九日間もかけて「日露戦争論」を写し終わり、「これが予の病気になつて以来初めて完成した仕事」であると、寂しさと満足感をとりまぜたように記している。毎日一〇枚（四百字原稿用紙）くらい書きつづけたことになる。トルストイの死後半年、啄木は生きるものの悩みと疑問に答えて貫いたかったのかも知れない。

啄木には林中文庫「日露戦争論」（トルストイ、一一年四月～五月稿）の小編がある。「驚嘆すべき論文」、「彼等我が日本に於ける不幸なる人道擁護者の真情」という表現もある。「日露戦争論」掲載の次号（四〇号、八月一四日）社説「トルストイ翁の非戦論」（幸徳秋水執筆）も読んでいる。

啄木は要するにトルストイ翁は、「戦争の原因を以て個人の堕落に帰す、故に悔改めようと教へて之を救はんと欲す。吾人社会主義者は、戦争の原因を以て経済的競争に帰す、故に経済的競争を廃して之を防遏せんと欲す」とし、ト翁と社会主義者の相和すべからざる相違を宣明せざるを得なかったと述べる。

日本人（民族）の理解浅弱、偏狭、独断的、厭うべき民族と評し、とくに宗教家加藤直士、海老名弾正、御用紙『国民新聞』社長徳富猪一郎、雑誌『時代思潮』のト翁批判を掲げている。

啄木はト翁の「日露戦争論」が掲載されたころ一九歳、啄木は無雑作に「戦争を是認し、且つ好む〈日本人〉であったことを反省する。現在、筆写しての感想、結論として、「今猶決してトルストイ宗の信者」ではない。ト翁のこの論に対して今でも、「偉い。然し行はれない」という外はない、といい、「但しそれは、八年前とは全く違つた意味に於てである」と述べている。

啄木の五月十二日の日記には、今日は多少の異常を覚えて一日殆ど寝て暮らした。「そのかはりクロポトキンの『自伝』を、拘引された処から脱獄して英吉利へ行つたところまで読んだ。妙にいろ〳〵のことが考へられた」。啄木の短歌には、次のようにクロポトキンが登場する。

耳搔けばいと心地よし耳を掻くクロポトキンの書を読みつゝ（『東朝』一〇年八月四日）

ボロオヂンといふ露西亜の名が、／何故ともなく、／幾度も思ひ出さるる日なり（『悲しき玩具』一一年）

寝つつ読む本の重さに／つかれたる／手を休めては、物を思へり。（「歌稿ノート」一一年）

「労働者」「革命」などといふ言葉を／聞きおぼえたる／五歳の子かな。（『悲しき玩具』「歌稿ノート」）

「A LETTER FROM PRISON」（五月稿）は啄木の代表的な大逆事件作品である。『啄木全集』では三〇頁の分量である。評論の最初に、幸徳秋水が獄中から三人の弁護人に出した手紙（「陳弁書」）、の説明がある。判決を下されたかの「事件」——あらゆる意味に於て「重大なる事件」

——の「真相を暗示」するものは、今や実にただこの零砕なる「一篇の〈陳弁書〉あるのみである」と、読者を事件の本質に誘う。

その前に読者を神秘的な世界に導入する。すなわち、初めから終わりまで「全く秘密の裡に審理」され、そうして「遂に予期の如き」（予期！　然り。）〈帝国外務省さへ既に判決以前に於て、彼等の有罪を予断したる言辞を含む裁判手続説明書を、在外外交家及び国内外字新聞社に配布してゐたのである〉。この部分の内容は出色で、啄木の鋭い感覚が事件の捏ち上げを察知したものである。

次の段落は、啄木がいかにして幸徳の獄中の手紙を筆写するに至ったかを記しながら、発信者幸徳に思いを馳せている。それは『平民新聞』（第八号、〇四年一月三日）に幸徳が掲載した「歌牌の娯楽」の結びの部分（六節）を引用し、四か月前に処刑された幸徳を追悼する。引用の最後の文、〝今や此楽しみなし。嗚呼老いけるかな。顧みて憮然之を久しくす〟、につづけて啄木は〝しかし彼は老いなかつたのである。然り。彼は遂に老いなかつたのである〟。と述べているのは、幸徳の思想、主張の新しさを是認し、信頼していて圧巻で、印象的である。

啄木が幸徳を畏敬していたこと、歌牌に関心をもっていたことは、間違いない。これは隠喩のようでもある。「A LETTER FROM PRISON」はこれまでを序文とみて、最後に書いた年月、「H. I」のサインもある。

幸徳の「陳弁書」には次のような前文がある。

磯部先生、花井、今村両君足下。私共の事件の為めに、沢山な御用を抛ち、貴重な時間を潰し、連日御出廷下さる上に、世間から定めて乱臣賊子の弁護をするとて種々の迫害も来ることでせう。諸君が内外に於ける総ての労苦と損害とを考へれば、実に御気の毒に堪へません。夫れにつけても益々諸君の御侠情を感銘し、厚く御礼申し上げます。

扨て頃来の〈公判の模様〉に依りますと、幸徳が暴力革命を起し云々の言葉が、此多数の被告を出した罪案の骨子の一となつて居るにも拘らず、検事調に於ても、予審に於ても、我等無政府主義者が革命に対する見解も、又其運動の性質なども一向明白になつてゐないで、勝手に憶測され、解釈され、附会されて来た為めに、余程事件の真相が誤られはせぬかと危むのです。就ては、一通り其等の点に関する私の考へ及び事実を御参考に供して置きたいと思ひます。(『今村力三郎訴訟記録』第三十巻)

簡にして要を得た丁寧な前文である。

ちなみに、幸徳が今村・花井両弁護士に弁護を依頼したのは、内山愚童が起訴決定して被告二六名となった十月二十七日であった。松室検事総長が全員有罪の「意見書」を横田大審院長に提出したのは、幸徳の弁護依頼後五日で、特別裁判開廷が十二月十日、弁護士の弁護活動四十数日の短日月であった。

啄木は幸徳の前文にも「EDITOR'S NOTES」の注をつけ、説いている。幸徳はこの「陳弁書」を書いてから数日後、弁護人今村の勧めによって、同一のことを彼自ら公判廷に陳述したそうである。このことは弁護人平出修の「大逆事件特別法廷覚書」からもうかがわれる。幸徳が「陳弁書」を書いた十八日、その後の幸徳の供述は二十日、二十二日であった。

EDITOR（啄木）は注で説く、〈乱臣賊子の弁護〉をするのは、〈不埒〉だという意味の〈脅迫的な手紙〉が二三の弁護士（その一人が平出修）の許に届いたのは〈事実で〉ある。そしてそういう意見が無智な階級にのみでなく、〈所謂教養ある人士の間にさえ〉往々にして発見されたのも〈事実〉であると。

啄木は勤務している新聞社の編集局で遭遇した一つの出来事を語る。外電係と社会部に入った若い人たちが〈大逆事件〉の〈裁判〉についての〈座談会〉のような会を開いているようだ。エディター（啄木）は言う。極端に〈頑迷な思想〉は、ごく少数者の頭を支配していた。それはこの事件に対して殆んど何らの〈国民的憎悪〉の発展されなかった事実を見ても明らかだ。〈国民の多数〉は、こういう〈事件〉は〈今日でも〉〈将来でも〉日本に起こるべからざるもの、既に起こったからには、〈法律の通り死刑を宣告〉されなければならないものと考えていた。

〈国民の多数〉は決して〈二十六名に〉〈同情〉していなかったけれど、また〈憎悪の感情〉を持つだけの理由を持っていなかった。〈彼等は普段〉、〈皇室と縁故の薄い生活〉をしているのである。彼等は、この〈事件を重大な事件〉だと感じていたが、〈何故重大であるか〉の本当の意味を〈理解するだけの〉〈知識的準備〉を欠いていた。

この事件は〈死刑の宣告〉、およびそれについで発表される〈減刑〉――すなわち国体の尊厳の犯すべからざることと、〈天皇の宏大なる慈悲〉とを併せ示すことによって、表裏共に〈全く解決される〉ものと考えていたのである。これは〈思想を解せない日本人〉の多数の抱いた〈最も普通的〉な〈且つ精一杯〉の考えであった。

しかしこれに〈満足することの出来ない〉〈三つの種類の人達〉が別に存在していた。〈一は〉思想を解する人々、〈二は〉政府当局者（弾圧側）、〈三は〉時代の推移について多少の理解をもっている教育ある青年である。青年の例として来訪してきた学生、電車の中の学生らの会話などを再現する。

電車の中の一人、〝第一、君、日本の裁判官なんて幸徳より学問が無いんだからなあ。それでゐて裁判するなどは滑稽さ。そこへ持つて来て政府が干渉して、この機会に彼等を全く撲滅しようといふやうな方針でやつたとすれば、もう君、裁判とは言はれんぢやないか〟。〝まあさうだね。それが事実だとすれば〟もう一人が言った。

啄木はつづける。彼等の検挙以来、〈政府〉の〈所謂危険思想撲滅の手段〉があらゆる方面に向って黒い手を延ばした。彼等を知り若しくは文通のあった者、平生から熱心なる〈社会主義者〉と思われていた者の殆どすべては、或いは〈召喚〉され、或いは〈家宅捜索〉され、或いは〈拘引〉された。

或る〈学生の如き〉（例えば早稲田学生橋浦時雄）は、家宅捜索をうけた際に、〈その日記〉にただ一か所〈不敬〉にわたる〈文字〉があったというだけで、数ケ月の間監獄の飯を食わねばならなかった（筆禍事件、不敬罪）。そしてそれらのすべてに〈昼夜角袖が尾行〉した。〈社会主義者〉の〈著述〉は、数年前の発行にかかるものにまで溯って、殆ど一時に何十種となく〈発売を禁止〉された。

このように〈大逆事件〉は、もともと〈社会改造〉の〈理想〉をもっていた人々に対して、最も〈直接影響〉を与えたようだ。〈或者〉は良心に責められつつ遂に〈強権に屈し〉、〈或者は〉いつとなく〈革命的精神を失つて〉他の温和なる手段を考えるようになり（啄木はその例に『心懐語』の著者西川光次郎をあげている）、〈或者〉は全くその〈理想の前途に絶望〉して人生に対する〈興味まで〉も失い（例えば、新聞によるが幸徳の崇拝者であった一人の青年が鉄道自殺を遂げたこと）、そして〈或者〉はこの事件によって一層強権と旧思想とに対する〈憎悪を強めた〉ようだ。〈乱臣賊子〉の弁護をするという意味の脅迫状及び嘆願的の手紙を受取らねばならなかったのである。

国民の〈多数〉は勿論、〈警察官〉も〈裁判官〉も、その他の〈官吏〉も、〈新聞記者〉も、乃至はこの事件の質問演説を試みた〈議員〉までも、〈社会主義と無政府主義〉との〈区別〉すら知らず、従ってこの事件の〈性質〉を〈理解〉することの出来なかったのは、〈笑ふべくまた悲しむべき〉ことであった。

啄木が〈某所〉（弁護士平出修宅）において、秘かに読むを得たこの事件の〈予審決定書〉にさえ、この悲しむべきことは充分に表わされていた。日本の〈予審判事〉の見方に従えば、〈社会主義には〉〈由来硬軟の二派〉あって、その硬派はすなわち〈暴力主義〉、〈暗殺主義〉なのである。

幸徳が此処に〈無政府主義と暗殺主義〉とを混同する誤解に対して極力弁明したということは、極めて〈意味ある〉ことである。蓋しかの二十六名の被告中に〈四名の一致したテロリスト〉、及びそれとは直接の連絡なしに働こうとした〈一名〉が含まれていたことは〈事実〉である。〈後者〉は即ち主として〈皇太子暗殺を企てて〉いたもので、此事件の発覚以前から〈不敬事件〉、〈秘密出版事件〉、〈爆発物取締規則違反事件〉で入獄していた〈内山愚童〉。

前者すなわちこの事件の〈真の骨子〉たる〈天皇暗殺企画者〉〈管野すが〉、〈宮下太吉〉、〈新村忠雄〉、〈古河力作〉であった。〈幸徳〉はこれらの企画を早くから知ってはいたけれど、嘗て一度も〈賛成〉の意を表したことなく、〈指揮〉したことなく、ただ〈放任〉して置いた。これ蓋し彼の地位として当然の事であった。

そして〈幸徳及び他の被告〉（有期懲役に処せられた新田融、新村善兵衛の二人及び奥宮健之を除く）の罪案は、ただこの〈陳弁書〉の後の章に明白に書いてある通りの一時的〈東京市占領の計画〉をしたというだけの事で、しかもそれが単に〈話し合つた〉だけ――〈意志の発動〉だけにとどまって、未だ〈予備行為〉に入っていないから、〈厳正の裁判〉では無論〈無罪〉になるべき〈性質〉のものであった。

それにも拘らず、〈政府〉及び命を受けたる〈裁判官〉は、極力以上相〈連絡なき三箇の罪案〉を打って一丸となし、以て国内における〈無政府主義〉を一挙に撲滅するの機会を作らんと努力し、遂に〈無法〉にもそれに〈成功〉したのである。啄木はこの事をこの事件に関する一切の〈智識〉(一件書類の秘密閲読及び弁護人の一人より聞きたる公判の経過等より得たる)から判断して〈正確〉であると信じている。啄木の事件の認識、判断である。

されば、〈幸徳〉は、主義のためにも、〈多数青年被告〉及び〈自己〉のためにも、又〈歴史の正確〉を期すためにも、必ずこの〈弁明〉をなさねばならなかったのである、と理解する。

一切の暴力を否認する〈無政府主義者〉の中に往々にして〈テロリズム〉の〈発生〉するのは何故であるかという問いに対して、〈クロポトキン〉は大要左の如く〈答え〉ているそうである。曰く、

「熱誠、勇敢な人士は唯言葉のみで満足せず、必ず言語を行為に翻訳しようとする。言語と行為との間には殆ど区別がなくなる。されば暴政抑圧を以て人民に臨み、毫も省みる所なき者に対しては、単に言葉を以てその耳を打つのみに満足されなくなることがある。ましてその言語の使用までも禁ぜられるような場合には、行為を以て言語に代えようとする人々の出て来るのは、実に止むを得ないのである。云々」と。

結局、クロポトキンは、〈言語〉の使用までも〈禁ぜられる〉ような場合には、〈行為を以て言語に代えよう〉とする人々の出て来るのは、〈実に止むを得ない〉のである、と暴力をやむを得

ない場合是認している。啄木の全文引用した幸徳の「陳弁書」によるクロポトキン評は、彼は〈露国の公爵〉で、今年〈六十九歳〉の〈老人〉、世界第一流の〈地質学者〉、〈人格〉は極めて〈高尚〉で、性質は極めて〈温和〉、〈親切〉で、決して〈暴力〉を喜ぶ人ではありません、と言っている。

再々述べている幸徳秋水の「陳弁書」は、『啄木全集』（四巻）では一二頁からなり、四百字原稿にすると約三二枚、内容の小見出しは〈前文〉、〈無政府主義と暗殺〉、〈革命の性質〉、〈所謂革命運動〉、〈直接行動の意義〉、〈欧洲と日本の政策〉、〈一揆暴動と革命〉、〈聞取書及調書の杜撰〉から成る。「陳弁書」は、大逆事件を理解するための〈宝典〉である。今村力三郎（弁護士）の「訴訟記録第三〇巻」には、原文の三弁護人宛「陳弁書」（東京監獄在監人幸徳伝次郎、明治四十三年十二月十八日）をそのまま写した三六枚が収録されていて圧巻であり、筆致は生生しい。

「陳弁書」は、文筆家、思想家幸徳の格調が高い文であり、面目躍如たるものがある。内容、要旨については、拙稿「啄木と大逆事件――一九一一年、書簡、日記から」（『国文学』二〇〇四年一二月号、本章1節）に譲りたい。〈末文〉だけ左に引用する。

以上私の申上げて御参考に供したい考への大体です、何分連日の公判で頭脳が疲れて居る為めに、思想が順序よく纒まりません、加ふるに火のない室で指先が凍つて仕まひ是まで書く中に筆を三度取り落した位ひですから、唯だ冗長になるばかりで、文章も拙く書体も乱れて嘸ぞ御読づらいことでありましやう、どうか御諒恕を願ひます。

兎に角右述べました中に、多少の取るべきあらば更に之を判官、検事諸公の耳目に達したいと存じます。

明治四十三年十二月十八日午後

東京監獄監房にて

幸徳伝次郎

啄木の日記、七月一日に「創作にはてしなき議論の後」（詩）新日本、層雲、文章世界に歌載る。三日に、土岐君来る、夜富田砕花君来る。富田君曰く、〝握りしめたる拳に卓をたゝくもの こゝにあり〟十一時まで語る。一一日に、「夜、森田草平君来り、幸徳のことを語り十一時半に至る」。長詩「はてしなき議論の後」（九編六・一五夜）創作の日付である。

さらに「呼子と口笛」（八編）、「はてしなき議論の後」（六・一五）、「ココアのひと匙」（六・一五）、「激論」（六・一六）、「書斎の午後」（六・一五）、「墓碑銘」（六・一六）、「古びたる鞄をあけて」（六・一六）、「家」（六・二五）、「飛行機」（六・二七）とつづく連作である。

何を読み何を為すべきか、議論、五十年前のロシアの青年、われらの希求するもの　唯一人、握りしめたる拳に卓をたたきて、／ヴナロード！　と叫び出づるものなし／。理想と現実、期待と不安、そして交錯。

ココアのひと匙……テロリストの言葉と行ないとを分離できない心、真面目熱心なる人の常にもつかなしき心。クロポトキン、管野須賀子らが啄木の念頭にあるようだ。

やや遠きものに思ひし、テロリストの悲しき心も――／近づく日あり（『新日本』七月号）

ふがひなき我が日の本の女らを秋風の夜にののしりしかな

「労働者」「革命」などといふ言葉を／聞きおぼえたる／五歳の子かな。（『文章世界』七月号）

友も、妻も、悲しと思ふらし――／病みても噂、／革命のこと口に絶たねば。（『新日本』七月号）

病みてあれば心も弱るらむ／何となく／泣きたきことの数ある日かな（『創作』三月号）

おとなしき家畜のごとき／心となる、／熱やや高き日のたよりなさ。（『悲しき玩具』、『層雲』七月号）

激論……若き経済学者Nとの激論、徹頭徹尾煽動家の言、婦人Kの挙措、議論・議論の連想。

書斎の午後……われはこの国の女を好まず。女性の自由・独立を促し、叱咤している。

墓碑銘……大逆事件の主犯宮下太吉の横顔がちらつく、ちなみに宮下の死体は一月二十九日、新村忠雄とともに雑司が丘の東京監獄共同墓地に埋葬されたが、二月十七日その遺骨は甲府市光沢寺の宮下家墓側に埋葬された。議論家でない行動派、労働者、熟練機械職工、読書家、唯物論者、「われには何時にても起つことを得る準備あり」。

古びたる鞄をあけて……の「わが友」は、やはり友人の文人弁護士平出修をイメージしたもの、「若き女」は管野須賀子のようだ。

家……わが家、安住の地、大逆事件の弾圧のないわが家が欲しい、という願望、それが成就したときの満足、その家にいる自分、家——場所、西洋風の木造家屋、「広き階段とバルコンと明るき書斎——」、すわり心地よき椅子、理想の庭、それらを想像する楽しさ、はかなく悲しい現実。

飛行機……自由に高く飛翔したい願望。

これらの詩は啄木が大逆事件や強権政治から受けた感興、感動、圧迫感などをそのまゝに訴えている長詩である。とくに社会主義の立場から詠んだ「はてしなき議論の後」「ココアのひと匙」「激論」「墓碑銘」などはそれであり、啄木が傾倒したクロポトキンの『ある革命家の手記』を熟読して、半世紀前のロシア・ナロードニキについての感想や印象、同調、羨望をもとにしている。しかも、その将来(日本の現状)とを読み得ている。

『呼子と口笛』一連の詩は、「近代日本詩の星座のうちの最も輝しいものの一つ」(小田切進)といわれ、多くの人から愛唱され、それは今もつづいている。この詩は芸術的にきわめて高い水準に達し、「ハイネやプーシュキンやレールモントフの詩と合い通ずるもの」(小田切進)を示していると見られている。啄木は詩人として、時代精神の最も深淵で、動揺と人間の本性を把握する感覚、そのイメージを持っていた。

啄木の肺結核の発熱はつづいている。七月末妻節子、肺尖加答児《カタル》と診断される。八月初旬、本郷弓町より小石川久堅町七四ノ四六号に引越す。母カツの喀血もあり、八月十日〜九月十四日、旭川にいる妹光子に手伝いを頼む。八月二十六日の宮崎大四郎宛書簡の中で、「目ぼしい本は皆質屋に秋の袷と一しよに入つてゐるし、質屋にもやれない、擦りきれた社会主義の禁売本は、引越の時以来支那鞄の底にそのまゝしまつてあるし、僕は殆んど全く読書することすらない」(『啄木全集』第七巻)とある。

それでも「朝に四種、夕方に郵便で来る三種の新聞だけは」真面目に読んでおり、桂内閣総辞職の号外をみて時事に関心を示しており、三十一日畠山亨宛には、「我が日本に一大変革期の来る蓋《けだ》し遠からざるべきか。この事既に幸徳事件を縁として、二十七議会当時より人心の帰向漸く改まれるに知るべし、今次の西園寺内閣瓦解の時は、即ちまた政界諸勢力の関係に或る進転を見るの時ならむ、而しその時以後に於て隠れたる潮流は漸次地上に流出し来らむ」と「病床ひとり静かに世事を観測して多少の感あり」と言い、「僅かに吾人青年の発言の機会また遠からざるべきを思ふて慰む」と青年に期待を寄せている。九月三日、父一禎再び家出。

一一年十月は、手紙好きの啄木だが、一日に米内山健助(一八八六―一九一四、友人小田島孤舟の弟)宛てに、借金返済が遅れるお詫び状、妹光子宛ての二通のみ、十一月は上司佐藤真一宛一通のみ、十二月は高田治作、土岐善麿、富田砕次郎、吉川一郎、西村真次宛ての四通である。日記は十月四日、十一月二十三日、十二月は六日のみ、うち十一月の発熱を記してある日が九回、その日記の発熱日の平均体温熱は三八度である。

十一月三日、夜、岩手毎日の社説「平民のための文明」を読んで急に岡山君（儀七、筆名不衣、中学時代の友人）に宛てた公開的の手紙が書きたくなり、行火にあたりながら書きかけた。五日にも、夜には少し下ったので（三八度七分の発熱が）、岡山君への手紙を改めて書き出してみた。そして五日後の十日、「この頃予は毎日岡山君へやるべき手紙〈平信〉を書いてゐる。しかしそれが、実に情けなくなる位書けない。これ位根気がなくなつたかと思ふ。夜眠つてゐる時は唸つてゐるさうだ」。とある。

「平信」は四百字約二十枚の原稿になる。ある部分を意訳してみよう。

或晩啄木は神経がたかぶって眠れない。一人で起きた。一時だった。火鉢には火が絶え、鉄瓶には余温もなかった。間もなく妻節子も起きて来た。〝おい、俺はやっぱり駄目だよ〟、叱りつけるような調子で出し抜けに啄木は言った。〝俺はもう書く事なんか止《よ》そう、俺の頭にある考えはみんな書く事の出来ない考えばかりだ。書いて書けない事はないが、書いたって発表することが出来ない〟。

〝そうですねえ〟節子はこう答えた。そうして適当な言葉を出さない時にいつもする通り、眼を急がしくパチ〳〵させていた。〝しかし俺の考えは間違っていない〟。二人は火のない火鉢を中にして、ややしばらく無言のまま相対していた。〝寝よう〟こう言って再び床の中に入った。

しかし今朝になったら、僕の心もまた変った。君（岡山儀七）、僕はやっぱり〈時期を待つ人〉

という悲しい人達の一人である外はない——酒や皮肉にその日〳〵を紛《まぎ》らしたり、一生何事にも全力を注いで働くという事なしに寂しく死んでゆく、意気地のない不平家の一人である外はない。苟《いや》しくも信ずる所があれば、それを言い、それを行うに、若しも男児であれば何の顧慮する所もない筈だ。しかし僕は不幸にして、今の心ある日本人の多くと同じように、それの出来ない一人だった。

こういう諦めは必ずしも今朝に始まった事ではない。今のような思想が頭に宿って以来、既に長い間僕は〈時機を待つ人〉だった。〈今にその時機が来る〉。そう思っては辛くも自分を抑《おさ》えて来た。無論そうして自分を抑える事を卑怯だと思う疚《やま》しさは、常に僕の心にあった。

そしてその疚しさは、博士とか先覚者とか言われる人達の今日主義の意見に接して、それを卑怯だと罵る時でさえも、僕の心を去らなかった。しかし僕には年老《と》った両親があり、妻子がある。何の顧慮もなく僕が僕の所信に従うという事は、それらの人々にとっては、直ぐに悲惨な飢餓の襲来を意味していた。君、僕は平生随分諦められ難い所まで諦めている。

〈意気地のない不平家の一人である外はない〉。〈諦め〉、〈時機を待つ人〉、〈卑怯〉。〈年老《と》つた両親、妻子、飢餓〉〈しかし俺の考へは間違つてゐない〉。それに、発熱による心身の衰弱、飢餓の襲来、原稿発表の狭隘路、それでも思想を堅持すべきか、それとも転向するか、啄木は岐路に立って懊悩し、動揺し躊躇逡巡している。そのような思想の推移を友に告白している。

啄木とほぼ同年輩の荒畑寒村（一八八七—一九八一）は、管野須賀子と結婚した経緯があるが、〇八年六月の赤旗事件で千葉監獄に入獄（〇八年九月〜一〇年二月）していたが、出獄すると五月、拳銃を懐に、管野と幸徳が同棲関係にあったことから、幸徳、管野を湯河原に襲うが果たさないで自殺まではかった。しかし直後の大逆事件勃発に翻意、弾圧の元凶桂首相暗殺を謀って彷徨した。このような体験をもつ寒村は、迫害や主義者の受難について、小説「或る男の影」「逃避者」「夏」などのなかで次のように述べている。

――年以降、〇〇〇〇〇〇〇〇〇〇〇〔社会主義者に対する迫害は〕益々苛察となり、同志は頻頻として獄に投ぜられた。言論に対しても、集会に対しても、また出版に対しても、有《あら》ゆる自由は束縛されて了つた。彼等は職を奪われ、家を追はれ、知己友人からは疎《うと》まれ、そして常に無智な新聞記者の嘲笑の的となつた。――の中獄中で、最後まで看守と一言も言葉を交わさずに寂しく逝いた同志！　獄を出ると共に新領土に赴いたが、そこで発狂して自殺した同志（森岡永治、のちに赤旗事件に連座、出獄後大連に渡り狂死）！（「逃避者」、『荒畑寒村著作集』第七巻、平凡社）

巡査が勤めへ往く、刑事が行く、雇主が警察へ呼び出される。始終警察から、彼女の様子、自分との交通などを聞きに来る。何も知らぬ近処や朋輩に迄も、わざと尋ね廻る。さうだ、過去の十年間、自分達が受けて来た皮肉な、陋劣な迫害を、彼女もまた受けねばならないのだらう。そして揚句《あげく》の果は、お定まりの失業と、貧苦と、心痛と、病気と、それから悲惨な最後か……。（「夏」右同書）

後年、荒畑寒村は、大逆事件再審請求の証人証言のなかで次のように述べている。

何でやられているかわからなかったんですが、しかし、まあ大体、こういうものだろうと想像しておりました。どう考えてもそういうような運動に加わるような人間ではないような人間が、全国的にやられているわけです。殊に私がショックを受けましたのは、大阪の一番よく知っている連中、殊に親しかった連中までがやられているので、これは事件に関係あるなしに拘らず、社会主義者と認められたものはみんなやられるんだ、もう社会主義運動を根絶する一つの陰謀だというふうに考えました。

これでは自分も必ずやられるというような、まあ強迫観念と言いますか、そういうような危機が迫ったというような感じですね。それならむしろこっちから、桂（太郎、当時総理）をやってやるというような考えに一時なったことがあるんです。（荒畑寒村『大逆事件への証言』新泉社、一九七五年一月）

このころの啄木の日記（一二日）、午後に丸谷君が来訪、一緒に夕飯をすませ三時間余も話した。彼は今では〝社会主義は到底実行されない〟と信ずると言い、二人は議論している。啄木は丸谷と何となくこの三四か月間よりも近づいたことを感じた。啄木は彼が〈国家社会主義者たるに止まつた事〉を、彼としては当然のことと思うようになった。丸谷は啄木に〝それでは一つ君の所信を確かめるために根本的な研究をしては〟と言うと啄木は、「僕は資本なしに出来る事なら今でもやつてゐる。しかし本を買う資本がない」と正直に答えているが、啄木は寛大になってきたように思われる。

翌日、高田治作（一八九一―一九五五、筆名紅果、小樽時代交遊があった）宛ての書簡中、「神経衰弱も起つてゐるらしい。夜は毎晩三時までも眠れない」。とあるが、高田の入営について、「悲しむ。——君のためにも、僕の主張の上からも悲しむ。しかし仕方のない事だ。僕は君があゝいふ世界へはいつても、決してその二年間を無益には費やさない人だと信ずる」と、諦めのような理解を示している。

十七日の日記には、「先月からかゝつて写してゐたクロポトキンの『ロシヤの恐怖』を写してしまつたので、製本した」とあり、啄木はその心境を次のように表白している。「何度もくそれを手にとつて眺めながら、予は悲しかつた。こんな事をして暇つぶしをせねばならぬ現在の状態を考へて」。とても寂しい表白に思われる。

『ロシヤの恐怖』について啄木は「平信」の中で、「数限りなき実例と統計を以て、露西亜の監獄や裁判所や警察や租税取立の場合に於ける、官権の横暴と人民の痛苦とが事細かに記述」されてあった。露西亜だけの恐しい、むごたらしい、みじめな事ばかりであった。そして具体的な例を原稿七、八枚書きつらねている。啄木は岡山儀七に何を訴えようとしたのだろう。

啄木は、不幸の自覚はその人を一層不幸にすると言い、「僕は今迄に、何度目を堅く瞑《つぶ》つて、この慗れな島国に生れた事を悔んだか！　この島国の子供騙《だま》しの迷信と、底の見え透《す》いた偽善の中に握りつぶされたやうな長い一生を送るよりは、寧ろ露西亜のような露骨な圧制国に生れて、一思ひに警吏に叩き殺される方が増しだといふ事を考へたか――」。啄木は覇気がなくなったように、諦めたように投げ遣りである。

一九一二年、啄木永眠まで

一月一日　市電ストライキ報道に関心

二一日　佐藤編集長から築地の海軍大学構内にある市立施療院入院をすすめられるが母重態のため延期

二三日　母の末期結核判明

二三日　森田草平、夏目漱石夫人の見舞金持参

二九日　佐藤編集長、社内有志の見舞金持参

三〇日　俥で外出し原稿用紙、クロポトキン『ロシア文学』購入

四月一三日　午前九時三〇分、父一禎、妻節子、若山牧水にみとられながら永眠（享年二七、病名肺結核）。

一五日　土岐哀果の実家（浅草等光寺）で葬儀

啄木にとって一九一〇年は、大逆事件に烈しい衝動を受け、思想上の転機となった。〈韓国併合〉と啄木の活字にならなかった「時代閉塞の現状」は同じころであり、長詩「はてしなき議論の後」は翌年、病苦と貧困の中での絶唱である。大逆事件はいわゆる〈冬の時代〉をもたらしたが、〈普通選挙法案〉がはじめて衆議院を通過した（貴族院で否決）。きわめて不十分であったが

〈工場法〉を成立させ、社会政策立法の基礎がつくられた。

一九一一年の大晦日より元旦の夕刻まで、東京市電の従業員千人余、市営に合併した旧東京鉄道会社の解散手当分配金を不満として、片山潜（一八五九―一九三三、社会運動家、初期労働組合運動の発展に貢献、日本における社会主義運動の先駆者となる）らに指導されて同盟罷業。

啄木は一月二日の日記に、「新聞によると、三一日に始めた市内電車の車掌、運転士のストライキが昨日まで続いて、元日の市中はまるで電車の影を見なかつたといふ事である」と新聞報道を伝え、次のような感想を述べている。

明治四十五年がストライキの中に来たといふ事は私の興味を惹かないわけに行かなかつた。何だかそれが、保守主義者の好かない事のどん〳〵日本に起つて来る前兆のやうで、私の頭は久し振りに一志きり急がしかつた。

と興奮しながら予感を述べている。

啄木にはストライキについて、思い出がある。一九〇一年三月、十六歳の盛岡中学三年のとき、排斥教員のことでストライキに参加。〇六年四月二十一歳、渋民尋常高等小学校の生徒を引率、校長排斥のストライキを指示、指導して免職の辞令を受けている。ストライキについては、特別な感慨を覚えたと思われる。

翌日の日記にも、市中の電車は二日から復旧したと経過を述べ、「『万朝報』によると、市民は皆交通の不便を忍んで罷業者に同情してゐる。それが徳富の『国民新聞』では、市民が皆罷業者の暴状に憤慨してゐる事になつてゐる」と『万朝報』と『国民新聞』の視点の相違をあげ、「小さい事ながら私は面白いと思つた。国民が、団結すれば勝つといふ事、多数は力なりといふ事を知つて来るのは、オオルド・ニッポンの眼からは無論危険極まる事と見えるに違ひない」と批評家の眼を失わないで、明るい展望とともに真理を説いている。

岩崎正、藤田武治宛ての年賀の挨拶に、〝今も猶やまひ癒えずと告げてやる文さへ書かず深きかなしみに〟と認める啄木である。九日の杉村広太郎宛てには、「あの事件を分水嶺にして段々と変つて来たこの国の社会情調の姿を思ひ浮べると、私はいつも自分では結論する事の出来ない深い考への底に突き落されます」と、大逆事件の悪夢を引きずっている。

啄木は杉村とは大逆事件をめぐって共通な理解をもっていた。啄木は友人の文人弁護士平出修から幸徳の「陳弁書」を借り、筆写し、それを杉村に貸している。その全文を引用して「A LETTER FROM PRISON」まで書いている。また啄木は一月末日に杉村宛てお見舞いをいただいたお礼状の中で、「止さうか止すまいかと何度も考へた末にたうく昨日本を一冊買ひました。クロポトキンの『Russian Literature』。これは病気になる前から欲しいくと思つてゐた本の一つ」と言っている。

さらに三十日の日記でも、「非常な冒険を犯すやうな心」で「俥にのつて」、「神楽坂の相馬屋まで」「原稿紙」を買いに出かけた。帰りかけに或る本屋からクロポトキンの『ロシア文学』を〈二円五十銭〉で買ったと記している。寒さについて、寒いには寒かったが、別に何のこともなかった、とも記している。熱に侵されて衰弱し、気力だけでもっている病人が、原稿用紙や思想本を購入に行くその意気、行動——啄木は微動だにぶれていない。

数日後（七日）啄木は「私はやつぱり熱になやまされた。とう〳〵今日も何も書けぬらしい、こなひだ買つた本さへ読むことが出来ない」とある。肺結核の末期症状とたたかうのが精一杯のようだ。

母カツ死去の半月ほど前の二月二十日、その最後の日記には、「日記をつけなかつた事十二日に及んだ」、につづいて、

その間私は毎日毎日熱のために苦しめられてゐた。三十九度まで上つた事さへあつた。さうして薬をのむと汗が出るために、からだはひどく疲れてしまつて、立つて歩くと膝がフラ〳〵する。

この年、東京で憲政擁護会第一回大会開催、各地で増師反対護憲大会開催、翌年（大正二年）、護憲運動の群衆が議会へデモ、政府系新聞社・警察署を襲撃した。大阪・神戸・広島・京都などに騒擾波及、第三次桂内閣は五三日間で総辞職した（大正政変）。

啄木は東京市電のストライキに関心をもち、「何だかそれが保守主義者の好かない事のどん〳〵日本に起つて来る前兆」のようにとらえて興奮したが、事態は啄木の予想のようになって来た。

護憲運動の前後から、ひろく自由主義・民主主義の意識が高まり、いわゆる大正デモクラシー

の思想が形成されてくる。東京市電のストライキはその息吹で、啄木の飛翔のときは直ぐそこまで来ていた。啄木の標榜する〝平民の中へ……〟、〝明日の考察〟は啄木の胸に根強く生きつづけ宿望され、期待された。

最後に朝日新聞「折々のうた」欄（二〇〇四年一〇月一七日）から借用してこの稿を終わりたい。

石川はえらかつたな、と
おちつけば、
しみじみと思ふなり、今も。
土岐善麿（一八八五—一九八〇）

『街上不平』（一九一五年）所収。善麿は浅草の真宗大谷派等光寺に生まれた。石川啄木より一歳年上の親友だった。啄木と共同で社会思想雑誌『樹木と果実』を創刊しようとしたが、啄木の発病で発刊を中止。病床の啄木のためその第二歌集『悲しき玩具』刊行に尽力したが、生前には間にあわなかった。没後等光寺で葬儀を執行、その後も遺族の生活を助け篤《あつ》い友情を示した。一周忌追悼も自家で主催、『啄木遺稿』も刊行。没後数年の歌。

（書き下ろし）

二　森鷗外

1　大逆事件と鷗外――官僚鷗外と文学者鷗外

(1) 政府高官鷗外

鷗外が日露戦争から凱旋したのは、四十四歳の一九〇六（明治三九）年一月である。鷗外は与謝野鉄幹歌集『相聞』の序で、日露戦中の『うた日記』の詩は、胸の中にうっ積する感情を漏すためにつくったと述べている。彼の文学作品がカタルシスに由来する一証左である。

戦地で第二軍軍医部長として鷗外が考えたことは、陸軍軍医総監、陸軍省医務局長の上司、小池正直との確執をどう解決するかということであった。関東総督府軍医部長の親友賀古鶴所との戦地での手紙はそれを物語っている。鷗外が小池の後のポストをつよく意識していたからである。権力の座につくことを嫌わなかったし、昇進や栄典に関心をもち、自己顕示欲のつよい鷗外である。

小池との角逐を解決する唯一の道は、山県有朋を引き入れた短歌会を創立し、鷗外と賀古が会の幹事として牛耳ることである。すでに鷗外・賀古の親友井上通泰が山県の短歌の宗匠になっているので、賀古が井上を口説く、井上が山県にもちかける。鷗外と親しい佐々木信綱もメンバーにし、他のメンバーは？　などの賀古・鷗外の相談は最終的に、鷗外が賀古の遼陽の宿舎に泊まった一九〇五年十二月七日と考えられる。常磐会の青写真である。

権勢家山県を後楯にした、小池正直・石黒忠悳ラインの掣肘である。鷗外の処世、『舞姫』以来の山県への視線を、権力への接近に変えたのである。

常磐会の成立は凱旋後四か月の六月であり、毎月一回で十五年つづき、日記に出席が連綿と記載され、山県のブレインの一人として情報を提供することになる。鷗外の短歌革新の情熱は、古典的格調を重んじる常磐会で満たされない。自邸での観潮楼歌会はカタルシス的なものなのか、山県への接近は成功した。

鷗外が小池の後を襲ったのは、常磐会成立から約一年半後であった。小池は円滑に引き継いではいないが、政府高官鷗外は誕生した。政治家志望でもあった鷗外にとって、中将相当官の陸軍軍医総監、陸軍省医務局長は、能吏の素質をもった高級官僚として、最高官職の衛生行政家として適任であった。しかし、医務局長八年五か月間には、上司との衝突や軍部の腐敗・横暴や派閥の中で苦渋があり、大逆事件との遭遇がある。

(2)　大逆事件における官僚鷗外の側面

赤旗事件直後に西園寺内閣は総辞職し、第二次桂内閣が成立する。山県の社会主義取締りの意を受け、文芸検閲、思想取締りの総元締は内相の平田東助、文相の小松原英太郎であり、二人は山県・桂に忠実に仕えた腹心のブレインである。鷗外はこの二人と親しく、平田の息子の結婚披露に招かれる間柄であり、小松原とはドイツ留学以来の知人であり、招宴に頻繁に出席している。

文部省に教科用図書調査委員会を設置し、小学校用の修身・歴史・国語など、国定教科書の審議にあたるようになったのは、一九〇八年九月で、鷗外は修身教科書主査委員となった。陸軍の代表として、いわば国民の思想統制の任務を課せられていたのだ。日記からだけでも、会議に三十数回も出席し、第二期第三期国定修身教科書にかかわった。

修身教科書調査委員には、鷗外と共にドイツ留学した、君権絶対主義者の穂積八束、国家主義者の井上哲次郎らもいて、山県の意を受けていた。第一期が近代性をもっていたのに、第二期が反動的な儒教主義に代置されたのは、彼等と無縁ではない。鷗外も家や秩序、軍人勅諭、教育勅語を遵守した明治人であり、自称「洋行帰りの保守主義者」(「妄想」)といっている。

しかし鷗外は、洋学者でもあり、穂積や井上の持論にそのまま追随したとは考えられない。政府高官として、官僚組織の中で公と私、守旧と近代——儒学と洋学——という二元的相剋に生きる鷗外がいた筈だ。会議内容は非公開の性質をもち、秘密事項に類した。

鷗外は約十二年間主査委員として、文部省の教科書会議に出席している。国家にたいして忠誠であったこと、日本的家父長制の論理に忠実であったこと、また、鷗外における「公」と「私」、

「国家」と「個人」との截然たる二元性なども知られているところだ。

社会政策に関心をもっていた鷗外が、工場法案特別調査委員になったのは大逆事件前年の末である。陸軍と中央衛生会の代表である。この法案制定の背景は、社会主義勢力を削減する意図、女工の結核蔓延から陸軍歩兵を集めることの困難という国防軍備上の問題、亡国病結核の防止など、鷗外にすべて関係する。

勿論、建て前は健全な労働力の確保という生産政策的見地である。結論的には、日露戦争後のいわば帝国主義政策の基礎を確立するための、政策の一環に工場法は位置しており、大逆事件の弾圧ともかかわってくる。

工場法は日本最初の労働者保護法であり、社会政策法である。鷗外はドイツ留学の若い時それをみてきている。官僚、軍医、衛生行政官の微妙な立場の鷗外ではあるが、「貧富の差から生ずる衝突は社会問題」(「大塩平八郎」)とみており、工場法を社会政策の視点からみたものと考えられる。大逆事件を社会政策との関連でみた作品の一つが「大塩平八郎」であり、幸徳秋水の仮託を平八郎とみるなら、幸徳が社会政策を立てなかったことを批判している。

鷗外は大逆事件の前年、寺内陸相と社会政策について語っている。親密な寺内としかも日曜日に官邸を訪ねてであることは、陸軍大臣と医務局長の立場からすれば、健全な歩兵を確保する、国防軍備上の社会政策――工場法制定――と無関係ではあるまい。

大逆事件の大検挙の嵐が吹き荒びはじめた五月末、寺内陸相は韓国統監を兼任する。即時「よろこびを言ひにゆく」鷗外、六月十一日「寺内大臣の宴会にゆく」鷗外、七月十五日は総督の離任式、「午餐を饗せられ」午後「総督を新橋に送りまつる」鷗外。官報に「朝鮮併合」が発表されたのは八月三十日で、鷗外は日記に記載する。そして九月二日「朝鮮を併合せられしを祝しに参内」する鷗外、翌日は京城の寺内に手紙を書く鷗外。官僚鷗外の側面である。

大逆事件大検挙の真最中の七月、平田内相が桂首相に「社会主義に対する愚見」を提出する。社会主義思想を「魔想」とみて、その対策意見である。朝鮮総督府が設置され、朝鮮の政治結社に解散命令が出された数日前、元老山県から極秘の「意見書」が渡辺宮相を通して天皇に出される。「社会破壊主義論」と考えられている。その立論は、社会主義を抑圧するには社会政策だとしている。

社会政策の重視は、日露戦争後の慢性的な不況、社会不安のためであるが、為政者にとっては大逆事件の衝撃もあったことは歴然だ。

この「社会破壊主義論」には、平田内相から桂首相、そして元老山県に提出された「社会主義に対する愚見」が、とくに教育の部門などに採用されている。神崎清氏の研究によれば、「社会破壊主義論」は穂積八束の執筆と認定されている。

穂積が鷗外と賀古が幹事の常磐会にも出席する山県の腹心のブレインであり、後述する「永錫会」のメンバーであることを考え合わせると、同じメンバーの平田内相の「社会主義に対する愚見」、それを一部とり入れたとみえる山県の「社会破壊主義論」は、鷗外もかかわっている「永錫会」でともに話し合われた結果のものと考えられる。

鷗外の社会主義研究が、山県への献策と緊密に結びついている以上、平田・山県の意見書は、「永錫会」とそのメンバーの鷗外と切り離して考えることはできない。官僚鷗外の存在は、大逆事件の渦中で大きなものだ。

鷗外が気の置けない禅僧の友玉水俊虎に、大逆事件被告を「彼匪徒」と呼んだ手紙を書いているのは、玉水とは学問上の交際であるが、官僚の側面ではなかろうか。十一月中旬の無政府党員にたいする官僚鷗外の本心を吐露したものであろう。「彼匪徒」が読書家であることを認め、読書家のための宗教――禅宗の重要さを言っている。

十二月の特別裁判の開廷日、『毎日電報』記者猪俣達也が、鷗外が後方の高等官傍聴席にいたという証言は事実と思われる。神崎清氏は肯定、森長英三郎氏は否定はしていないが疑問をもたれている。

猪俣は、東京地方裁判所長鈴木喜三郎をはじめ、軍服姿の鷗外を発見したと言っており、弁護士沢田薫が猪俣に鷗外の傍聴を予言したように、とも言っているところから、注意して鷗外をみたことが判る。ベテラン記者猪俣が、軍服姿で独特の風貌――人並はずれた大きな顔――の鷗外を見誤るとは考えられない。鷗外の「永錫会」への出席、事件への関心、官僚の側面からみれば、鷗外の特別裁判傍聴は不思議ではない。

四日後、鷗外は事件弁護士平出修に弁護論を示教している。世界の社会主義、無政府主義の発生、変遷、現状の概説で、平出も約四か月周到な準備をしていたので、既知のものが相当あったと思われる。

これ以前、鷗外は平出から大審院の「訴訟記録」の複写を受け取っている。平出は鷗外の示教以前から、思想論でいくことを決め勉強していたし、妻に語った言葉の中に「鷗外先生のいうことも自分の考えと変わらない」とあることや、鷗外が平出の弁論を絶賛していることなどから、平出弁論の功績は平出修自身に帰すべきだと考える。

大逆事件を契機に問題となった南北朝正閏論争も、本来は歴史家の間で論争すべき学問上の問題であった。しかし実際には、政治的な発言がなされ、政治的な解釈が妥協的に行われた。国家権力が介入し政治の領域で結着をみたのは、明治末期の反動的国家主義とおおいに関係ある。

元老山県、首相桂をはじめ、鷗外の友人井上通泰、賀古、市村瓚次郎、穂積らすべて南朝正統論者である。官僚、陸軍、修身教科書主査委員、歴史家鷗外の立場はここでも微妙である。後年の『帝謚考』「元号考」をみる限り、鷗外は南北朝対立——併立——論ではなく、北朝を重視してはいないが、北朝より南朝を重視しているように考えられる。

大逆事件の大量処刑と直結する恩賜財団済生会設立に鷗外は評議委員として奔走する。顧問山県、会長桂、副会長平田東助らに尽力する。社会政策の急設であり、鷗外にとって大逆事件の贖罪的な行動とも解釈できよう。

陸軍省医務局長としての鷗外は、この機に済生会病院を陸軍軍医の臨床実習の施設になるよう、内務省や大学方面にも働きかけて、力を竭した。大逆事件にかかわった体制側の一人としての鷗外の、不安な情勢への対策でもあった。「病人は幸徳さまとソッと云ひ」の川柳は言い得ている。

(3) 鷗外と「永錫会」の存在

大逆事件は、十月二十七日に、五か月前に逮捕した内山愚童の記訴をようやく苦労して決定し、被告人二十六名とした。この二日後の鷗外日記に有名な左の記事がみえる。

平田内相東助、小松原文相英太郎、穂積教授八束、井上通泰、賀古鶴所と椿山荘に会す。晩餐を饗せらる。

山県と六人のブレインのこの会合は時期が時期だけにただごとではない。穂積は兄の陳重と共に、サンフランシスコを中心とする在留日本人の社会主義運動、また天皇暗殺の不敬文書を山県に取次ぎ、山県を震憾させて、桂内閣の社会主義弾圧を誘因、激化させた人物である。既述したように山県が天皇に提出した「社会破壊主義論」の執筆者と目されてもいる。

また穂積は、南北朝正閏問題では、執拗、強硬に南朝正統論を主張したことでも知られる。さらに鷗外が国定修身教科書主査委員の調査委員でもある。君権絶対主義者で東大の憲法学者であるばかりか、家父長権の強大な明治民法を施行させた法学者、勅選貴族議員、帝室制度調査局御用係でもあった。

井上通泰は柳田国男の実兄、開業医であるが、宮内省御歌所寄人で山県の短歌の宗匠をしていた。賀古と共に鷗外を山県に接近させた鷗外の親友であることはすでに述べた。

この七人の会合は何のための集りであったのか、鷗外日記には勿論直接の記述は見当たらない。しかし、日記を手繰っていくと、一週間ほど前の二十二日に、賀古が鷗外のところに来て「永錫会」のことを話し、鷗外もこの二十九日の会合には臨席することになった、という記述から、椿山荘の七人のこの会合は、「永錫会」という会合であることが判明する。

鷗外日記をさらに溯って読んでいくと、七か月以前の三月七日、鷗外が東京印刷株式会社に、「永錫会」趣意書を印刷することを頼んでいる。鷗外が趣意書を書いたことも考えられる。次は三月十五日、「賀古鶴所来て永錫会の事を相談す」などの記事が見え始める。とにかく「永錫会」が、大逆事件の起きた年、一九一〇年の三月初旬に成立したことは、間違いない。

「永錫会」についての史料は未発見であり、十月二十九日の椿山荘での七人の会合を、「永錫会」との関連で述べたものは管見ではない。「永錫会」が何を目的とする会なのか、この時期を登場人物から考えれば、明らかに社会運動、社会主義思想に対する対策を練るための会であったことは想像に難くない。第二次桂内閣では、周知のように山県の命で、社会主義やその基礎ともいえる労働運動への取締り、弾圧の強化が内相平田、文相小松原を中心に実施してきたが、そのため、「永錫会」は秘密裡にできた山県の私的な一諮問機関と考えられる。

鷗外日記の同年十一月十四日、二十二日などの記事から、「永錫会」への出席など、取りまとめ役は桂内閣の法制局長官の安広伴一郎であったことが判る。安広は山県の知嚢、または懐刀といわれた人物で、山県と桂の連絡係でもあった。安広は中央衛生会委員もやっているので、鷗外が山県に親近する以前の一八九七年以前に知り合う機会もあった。「小倉日記」には、安広が小倉出身であるところから、安広の父や弟の記事が安広との関連で散見でき、鷗外は安広と旧知の間柄であったようだ。鷗外が「永錫会」のことで安広を訪問していることも日記から判明するが、親友賀古が「永錫会」と深く関わっていたことも、「賀古鶴所を招きて、永錫会の事を語る。賀古は明日安広と会見せんとす」(一一月二二日) などの記事から知ることができる。「永錫会」の存在、この会のメンバー、鷗外のこの会との関わりは、大逆事件と鷗外の関係をより密接に示唆していることになる。鷗外が何のために社会主義思想の研究をしていたのかも暗示してくれる。既述の平田内相が桂首相に提出した「社会主義に対する愚見」や、山県から天皇への「社会破壊主義論」も、「永錫会」と切り離しては考えられないし、鷗外の社会主義研究と直結しているように考えられる。

勿論、「永錫会」では、大逆事件の対策ばかりではなく、思想統制の国定教科書の内容、社会政策の工場法、済生会病院のことも、韓国併合のことも、その他諸々の帝国主義政策や時事問題が話し合われ、決められたであろうことが容易に想像できるのである。

(4) 大逆事件と文学者鷗外の側面

大逆事件と官僚鷗外の側面に比べ、文学者の側面は先学の研究が多い。

大逆事件の前年、社会主義思想とは直接関係ないが、鷗外の作品で政府の検閲や取締り上問題となったのは「魔睡」と「ヰタ・セクスアリス」である。鷗外が被害者になった貴重な体験である。前者は主人公の奥さんに魔睡術をかけ、自由にしたかも知れない医学博士のモデルが、宮内省御用掛の医者との関連、そのモラルが問題になり、首相桂から風俗壊乱のかどで注意された。後者は掲載の『スバル』が発禁となり、内務省警保局長が陸軍省に来て次官石本に伝え、鷗外は人間関係が軋轢していた石本から厳しく戒告されている。

大逆事件は八月二十一日、東京の小林検事正・武富・小山検事らが大阪に出張して、移動捜査本部を編成した。この日鷗外は、官吏、記者、文士の対話からなる「ファスチェス」を脱稿した。『太陽』八月号の東京控訴院判事今村恭太郎の「官憲と文芸」に反応し、批判することを目標に書かれている。今村説の間違いや危険性を理解させようとし、政府の文芸検閲、取締りの方針やその標準に批判的である。

「ファスチェス」では、鷗外が政府の文芸取締りや言論弾圧政策に批判的で危惧の念を抱いていたことが判り、鷗外の大逆事件にたいするこの時期の、文学者としての間接的な反応とも考えられる。

十月二十九日、鷗外も出席した山県ブレインの会合のころは、「沈黙の塔」を書き上げている。九月中旬から十月初旬にかけて『朝日新聞』紙上に連載された「危険なる洋書」の中で、鷗外もその危険な洋書の紹介者・宣伝者として名指しで告発され、誹謗的に書かれていることへの反論を、インド西岸マラバア・ヒルにあるパアシイ族の沈黙の塔の話に仮託したものだ。

寓意小説の形式をとって、思想や出版物を取締られる側から、その弾圧に対する主張や抵抗が表現されている。やはり鷗外が大逆事件をパアシイ族のマラバア・ヒルの沈黙の塔に象徴し、形象化した小説であろう。「沈黙の塔」には多くの評があるが、少なくとも表面的・結果的には、一九一〇年秋の閉塞状況にたいする戦闘的啓蒙の発言というべきであろう。自己弁護、攻撃、防禦は内面的なものである。

翌月の「食堂」も大逆事件の反応を示した作品である。社会主義思想取締りに関する特集を組んだ『太陽』十一月号を批判する形で、政府の極端な弾圧や処分に注意を促すような形式をとっている。衒的学的な作品でもあり、「沈黙の塔」でみせた批判は弱まり、自己弁明、回避の影が濃い。篠原義彦氏はこの作品を山県の椿山荘での会合と関連づけ、「鷗外の体験が象嵌された作品ではなかろうか」（『森鷗外の世界』桜楓社、一九八三年二月）と鋭く分析され示唆的である。

大逆事件の特別裁判が結審したころ、鷗外は「南総里見八犬伝の序」を書き上げ、「馬琴日記鈔の後序」を書いた。八犬伝は当時風俗を壊乱する書とされ、弾圧される寸前までいったが、今は風教《ママ》を維持する書となっているので、馬琴も安心してよい、と書き、「君は明治四十何年に生まれないで、幸福であった。安んじて好く、君の真価は動かない」などと、馬琴を羨貌しながら、馬琴時代の出版取締りと大逆事件下のそれを、馬琴と自分を対置して感慨を記している。鷗外の忿懣や逃避が感じられる。

大逆事件大量処刑の三か月後、鷗外は「文芸談片」と題し「文芸の主義」を書く。政府の社会主義関係の書物を、安寧秩序を紊乱するものとして取締ったことへの、鷗外の慷慨、批判がこめられている。文学者としての虚構の形式でなく、疑懼を忌憚なく述べた芸術観である。鷗外の良識であり、文学者の面目を感じる。

また鷗外は、政府の文芸委員会の結成に尽力し、一九一一年から一三年にかけて、文芸委員会を、権威ある文芸発展の理想的な機関にしようと、文学者と官僚という異質の立場で苦悩した形跡がうかがわれる。

大逆事件との関連作品「大塩平八郎」は、大逆事件当時の政治、思想弾圧、官僚批判とも無関係ではない。平八郎の乱を社会問題ととらえ、社会政策のない平八郎を批判している。鷗外には原因はどうあれ、秩序への反抗は許せなく、ここが鷗外の大逆事件観や幸徳評にもつらなる。平八郎個人の無私な個性、実践主義的陽明学からの真髄はうかがえない、歴史離れの作品である。

文学者鷗外は、思想や学問の自由、芸術の尊重、表現の自由を希求していた。しかし、官僚鷗外は、体制、国家、軍隊やその秩序の維持を標榜する立場をとっていた。大逆事件をめぐっての鷗外の姿勢や反応には、以上みてきたように、文学者と官僚と相反する二面の相剋がうかがわれる。この意味で大逆事件は、鷗外の微妙な立場や人間性を、政治や時代の背景とともに、ときに屈折させながら照射している。鷗外の生きる姿勢を焙出しているようでもある。

（『大逆事件ニュース』第三一号）

2　鷗外の山県有朋への接近――常磐会をめぐって

はじめに

森鷗外に関する研究は夥しくある。しかし、その殆どは、鷗外の文学作品の分析、評を通した文学者鷗外、医学者鷗外、または衛生学者鷗外を論じたものである。(1) 一八六八（明治元）年に七歳であった鷗外は、まさに明治国家の発展とともに、近代化を歩んでいる。鷗外は八一（明治一四）年大学卒業の二十歳から、一九一六（大正五）年退職する五十五歳まで、約三十五年間官職にあった。

陸軍を去る直前は陸軍軍医総監・陸軍省医務局長という現役の陸軍軍医としては、唯一最高の地位を占めており、日本歴史上の文学者では、源家三代将軍源実朝につぐ高位高官の官僚であったことも否定出来ない。また、鷗外が権力の座に近づくことを嫌わなかった人であり、一面決して昇進や栄典に無頓着であり得ない官吏の心理に支配せられた人であったことは、すでに指摘(2)されている。

官僚鷗外の側面を考える場合、元老山県有朋の知遇を得る契機となった一九〇六（明治三九）年六月成立の歌会常磐会を逸することは出来ない。森鷗外と常磐会について、一九八五年の『文芸用語の基礎知識』で田中実氏は、「森鷗外を選者の一人とした山県有朋中心の歌会を言う(3)」と述べるが、鷗外は会員で会の幹事ではあっても選者ではない。また大岡信氏はやはり八五年の十一月三十日の『朝日新聞』で、鷗外の短歌を紹介しながら「鷗外は漢詩、詩、訳詩、短歌、俳句と一通りすべての詩形を試みている。（中略）常磐会歌会や観潮楼歌会なども主催している」[4]と記述しているが、常磐会を主催した、と言い切れるか甚だ疑問である。

官僚鷗外を考察するには、常磐会は避けられない関門であるともいえる。本稿ではこうした視点から、歌会常磐会の発意者をめぐって辞典、研究書、年表、また森鷗外の年譜をはじめ、常磐会の選者井上通泰、佐々木信綱らの年譜にはどのように記され、どのように分類出来るのか。各種の学説の起因はどこにあるのか。それは森鷗外とどのように関係しているのか。常磐会の発意者は結局は誰なのか。何故そのようになったのかなどを検討し、官僚森鷗外を考える糸口を見出そうと試みたものである。

(1) 森鷗外と常磐会

森鷗外が日露戦争から凱旋した一九〇六年、翌七年の日記は、『鷗外全集』にも収録されていない。そのため、両年のことは、鷗外自身が大雑把に記した「自紀材料」と、残されている書簡から補足するほかない。その「自紀材料」。〇六年六月十日に、

小出粲、大口鯛二、佐々木信綱、井上通泰、賀古鶴所と常磐に会す[5]

と記され、日本橋区浜町一丁目の料亭常磐において、詩の形式を研究する常磐会の相談が行な

われたことが判明する。
鷗外が凱旋した一月十二日から、この六月十日までの五か月間に、常磐会創立に直接関係ある記事は「自紀材料」[6]には記されていないが、常磐会の選者になる井上通泰とは凱旋半月後の一月二十八日に、[7]同じく選者になる佐々木信綱とは凱旋当日の一月十二日、[8]また三月十一日、四月八日に、[9]また鷗外より遅れて四月四日に凱旋した、常磐会の幹事になる親友賀古鶴所とも面会している。[10]
しかし井上、佐々木、賀古等との面会で、常磐会創立の下相談をしたか否か、憶測の域を出ず判明しないが、話し合ったであろうと推察され、また話し合いの時間があったことは間違いない。
六月十日参会者の横顔をみてみよう。
小出粲（一八三三―一九〇八）は、鷗外より二十九歳年長、早くも七七（明治一〇）年に三条西季知の推薦で御歌所に出仕、以来三十年間御歌所の歌人として異彩を放っていた。[11]梔園と号し、当時宮中御歌所の主事であり、この年十二月に勅任待遇となっている。[12]山県有朋の歌の指導者であった。[13]「自紀材料」〇七年三月十九日に、「始て小出粲を訪ふ」[14]とあるが、「鷗外日記」翌年四月十七日のところには、「朝小出粲の十五日にみまかりしを聞きて往きて弔う」[15]とある。
大口鯛二（一八六四―一九二〇）は、鷗外の二歳年下、和歌を伊東祐命と高崎正風に師事、小出粲が勅任待遇になった年月に、大口は御歌所寄人となっている。[16]
佐々木信綱は当時三十五歳、鷗外の十歳年下、鷗外が『めざまし草』を出した一八九六（明治二九）年から親交があり、当時は東大の講師をしていた。鷗外の「書簡集」には佐々木信綱宛が六十通収録されており、(17)親交のほどが知られる。常磐会創立が決定した翌六月十一日にも、佐々木信綱は鷗外を訪ねている。(18)

井上通泰は、佐々木信綱とともに、『万葉集』の研究家として知られており、鷗外より四歳年下の当時四十一歳、東大医学部の後輩でもある。鷗外が八九（明治二二）年八月に訳詩集『於母影』を発行したときの執筆者の一人で、鷗外とはその時以来の交遊がある。(19)井上通泰は眼科医院を開業、短歌を通して山県有朋と交流があり、桂園派の宗匠として一九〇五年から山県の師匠(20)であった。

この間の事情は左の様に説明される。

明治三十七年、通泰は子規没後の日本新聞歌壇を担当して自らの歌学を駆使しつつ「城南荘歌話」を連載した。これが評判がよく、歌好きの山県有朋も関心をもった。かくして三十八年暮から、乞われて通泰は時折山県邸に出向き歌書講義をするようになる。ここに常磐会の遠因が生じた。(21)

井上通泰は〇七年八月、寄人を命ぜられ勅任官待遇を受けることになった。井上が御歌所に入ることが出来たのは山県有朋の斡旋によるが、(22)明治天皇がかねて井上の「城南荘歌話」に対して関心を示された結果であった、という説もある。鷗外は常磐会創立が決定した六日後の六月十七日、井上を訪問している。(23)井上通泰には歌集のほかに多くの歴史地理書があり、(24)民俗学者柳田国男の実兄であることは知られている。鷗外の井上通泰宛書簡が「書簡集」に六通、[25]また井上の鷗外宛書簡五十六通も保管されている。[26]

賀古鶴所は鷗外より七歳年長だが、鷗外とは東大医学部同級以来の親友である。「余ハ少年ノ時ヨリ老死ニ至ルマデ一切秘密無ク交際シタル友ハ賀古鶴所ナリコ、ニ死ニ臨ンテ賀古鶴所君ノ一筆ヲ煩ハス」[27]の鷗外の最後の遺言は周知である。[28]

賀古鶴所は、一八八八（明治二一）年山県有朋の欧州巡遊に随行して以来、山県有朋とは交際があった。中野重治氏に「鷗外を鷗外としたものは誰であるか、この問におれだと答え得るものは、山県（有朋）、石黒（忠悳）をのけてほかにあるまい」[29]の有名な言葉があるが、鷗外と賀古鶴所の関係を考えれば、鷗外を鷗外とした者は、山県・石黒間に深く介在した賀古鶴所かも知れない。[30]賀古鶴所は弟桃次が東大医学部で井上通泰と同級の関係もあって、早くから井上とも親しかった。[31]

ちなみに、一九一〇年十一月、鷗外が四十八歳のとき、雑誌『新潮』が執筆者井上通泰、小山内薫、賀古鶴所、与謝野寛、内田魯庵ら十人から、森鷗外についての質問、公人として、明治の文芸に対して如何なる功績ありや、文芸に対する態度など十条を決めて手記を収録したことがある。井上通泰と賀古鶴所の二人を除く八人は、鷗外のことを「鷗外氏」、「先生」「鷗外君」「鷗外さん」「森先生」などと呼んでいるが、二人は「森」と呼棄てにしている。[32]森鷗外をめぐる井上通泰・賀古鶴所の親密な関係を察知することが出来る。

以上、一九〇六年六月十日、常磐会創立の下相談参会者と森鷗外との関係の概略である。以後、常磐会は第一回が九月二十三日、第二回十月十四日というように、毎月一回、会合場所は賀古鶴所邸、山県有朋の新々亭・椿山荘・新椿山荘・古稀庵などで、会催期間は一九二二年二月九日までの十五年半、一八五回におよんでいる。(33)

会則によれば、会員は山県有朋と四人の選者——はじめは小出粲・井上通泰・大口鯛二・佐々木信綱、のちに病没などによって、鎌田正夫・池辺義象ら——で、多いときも五人を越えなかった。それに森鷗外・賀古鶴所の二幹事の七名から成っていた。(34)

常磐会の選歌および選者詠草を集めて、『常磐会詠草』初編(一九〇九年)から第五編(一九一七年)まで刊行され、第五編は一七年六月の第百三十回で終わっている。(35)選者佐々木信綱によれば、鷗外は「第一回から最終の会まで、幹事として必ず出席された。欠席されたのは僅かに四五回ぐらいであらう」(36)と述べている。「自紀材料」に常磐会に関する直接の記事がみえるのは、一九〇六年は前述の六月十日だけであり、次は翌年一月二十日「始て椿山荘にゆく。常磐会なり」(37)の記述である。以後、一九〇七年の「自紀材料」とその後の「鷗外日記」には、表(一)で示したように連綿として記載されており、鷗外が常磐会を重視していたことの証左である。

表（一）　常磐会開催年月日と『鷗外日記』の記載有無

年	月日	有無
一九〇六	9・23	無
明治39	10・28	無
	11・25	無
	12・16	無
一九〇七	1・20	有
明治40	2・17	無
	3・18	有
	4・21	有
	5・19	有
	6・16	有
	7・21	有
	8・18	有
	9・15	有
	10・20	無
	11・17	有
	12・15	有
一九〇八	1・26	有
	2・16	有
	3・15	無
	4・19	有
	5・17	有
	6・21	有
	7・19	有
	8・16	無
	9・20	有
	10・18	無
	11・15	無
	12・13	有
一九〇九	1・24	有
	2・21	有
	3・21	有
一九〇九	4・18	有
	5・16	無
	6・20	有
	7・18	有
	8・15	有
	9・19	有
	10・17	有
	11・21	無
	12・19	有
一九一〇	1・23	有
明治43	2・20	無
	3・20	無
	4・17	無
	5・15	有
	6・19	有
	7・17	無
	8・21	有
	9・18	有
	10・16	有
	11・20	無
	12・18	有
一九一一	1・22	有
	2・19	無
	3・19	有
	4・16	有
	5・21	有
	6・18	有
	7・16	無
	8・20	有
	9・17	有
	10・15	有
一九一一	11・19	有
	12・17	無
一九一二	1・28	有
	2・25	無
	3・17	無
	4・21	有
	5・19	有
	6・16	有
	7・21	有
大正1	9・20	無
	10・20	有
	11・	無
	12・15	有
一九一三	1・26	有
大正2	2・16	有
	3・	無
	4・27	有
	5・	無
	6・15	有
	7・	無
	8・	無
	9・21	有
	10・19	有
	11・16	有
	12・21	有
一九一四	3・1	無
大正4	2・	無
	3・15	有
	4・	無
	5・	無
	6・21	有
一九一四	7・19	有
	8・16	有
	9・	無
	10・18	有
	11・	無
	12・	無
一九一五	1・24	有

年	月日	有無
	2・21	有
	3・	無
	4・18	有
	5・16	有
	6・20	有
	7・18	有
	8・15	有
	9・19	有
	10・17	有
	11・	無
	12・19	有
一九一六 大正5	1・	無
	2・20	有
	3・	無
	4・	無
	5・21	有
	6・	無
	7・16	有
	8・20	有
	9・17	有
	10・	無
	11・19	有
	12・17	有
一九一七 大正6	1・28	有
	2・18	有
	3・	無
	4・22	有
	5・20	有
	6・17	有
	7・15	有
	8・26	有
	9・16	有
	10・21	有
	11・18	有
	12・16	有
一九一八 大正7	1・27	有
	2・17	有
	3・17	有
	4・21	有
	5・	無
	6・16	有
	7・21	有
	8・18	有
	9・15	有
	10・20	有
	11・	無
	12・15	無
一九一九 大正8	1・	無
	2・	無
	3・	無
	4・	無
	5・18	有
	6・15	有
	7・20	有
一九一九 大正8	8・17	有
	9・21	有
	10・30	有
	11・	無
	12・21	有
一九二〇	1・25	無
大正9	2・	無
	3・	無
	4・18	有
	5・23	有
	6・20	有
	7・18	有
	8・	無
	9・	無
	10・17	有
	11・21	無
	12・19	有
一九二一 大正10	1・23	有
	2・	無
	3・	無
	4・	無
	5・15	有
	6・19	有
	7・	無
	8・	無
	9・18	有
	10・16	有
	11・	無
	12・	無
一九二二 大正11	1・	無
	2・19	有

表（二）常盤会の発意者を森鷗外・賀古鶴所とみる辞典・研究書・年譜など

編著者名	本の題名	発行所	発行年月	記述頁
伊藤　嘉夫　他六名	和歌文学大辞典	明治書院	一九六二・11	747
久松　潜一　他四名	現代日本文学大辞典	明治書院	六五・11	749
森　潤三郎	鷗外　森林太郎	丸井書店	四二・4	162
唐木　順三	全集　二巻	筑摩書房	六七・7	360
伊藤　整	日本文壇史　一三巻	講談社	六五・8	5,7
生松　敬三	森　鷗外	東大出版会	五八・9	169
竹盛　天雄	森鷗外評伝	新潮社	八五・2	36
新小説	文豪鷗外森林太郎特集号	春陽堂	二二・9	15
古川　清彦	森鷗外と山県有朋	立教大学	六四・11	17
福田清人・河合靖峯	森　鷗外	清水書院	六六・10	100
長谷川　泉	続森鷗外論考	明治書院	六七・12	25
渋川　驍	森鷗外（現代日本文学大系 7）	筑摩書房	七一・4	374
蒲生　芳郎	森　鷗外	春秋社	七四・4	104
瀬沼　茂樹	明治文学研究	法政大学出版局	七四・5	157
柳田　国男	南天荘集	三国書房	四三・8	560
森　鷗外	『全集　三八』	岩波書店	七五・6	553
真継　伸彦	夏目漱石　森鷗外	中央公論社	七四・9	512
三好　行雄	近代文学注釈大系　森鷗外	有精堂	六六・1	393

竹盛 天雄	日本文学アルバム 森鷗外	新潮社	一九八五・2	106
谷崎潤一郎 他六名	日本の文学 森鷗外（一）	中央公論社	六六・1	552
山崎 一穎（年譜）	文芸読本 森鷗外	河出書房新社	八四・7	383
野田宇太郎	森鷗外集 現代文豪名作集	河出書房	五三・5	471
木下杢太郎 他六名	鷗外全集著作編 二四	岩波書店	五四・3	22
稲垣 達郎	森鷗外 近代文学鑑賞講座	角川書店	六〇・1	260
木俣 修 他四名	森鷗外付録年譜	明治書院	六五・4	9
野田宇太郎	森鷗外 年譜	河出書房新社	六七・3	382
長谷川 泉	日本文学全集 7 年譜	河出書房新社	六九・3	348
新潮社編集部	新潮日本文学 1	新潮社	七一・8	585
鈴木 恵子	森鷗外略年譜	桜楓社	七二・5	202
長谷川 泉	人と文学シリーズ 年譜	学習研究社	七九・12	229
伊藤 整 他四名	森鷗外集	講談社	八〇・9	470
磯貝 英夫	森鷗外 近代作家年譜集成	学燈社	八三・4	19
磯貝 英夫	鑑賞 日本現代文学 1	角川書店	八一・8	447
山崎 一穎	森鷗外 年譜	新典社	九一・11	327
吉野 俊彦	鷗外・啄木・荷風	ネスコ	九四・3	253
日本の名著42	夏目漱石・森鷗外	中央公論社	七四・9	512
山崎 一穎	作家と作品 年譜	有精堂	八五・1	192
	新潮日本文学アルバム 一	新潮社	八五・7	106

表（三）常磐会の発意者を山県有朋とみる辞典・研究書・年譜など

編著者名	本の題名	発行所	発行年月	記述頁
藤　村　作	日本文学大辞典　五	新潮社	一九五一・1	237
下中　邦彦	大辞典　一九巻　下	平凡社	三六・11	2955
小田切　進	日本近代文学大辞典　四	講談社	七七・11	301
井上　通泰	現代短歌全集　二	改造社	三〇・7	183
福永　武彦	新潮日本文学 1	新潮社	七一・8	568
昭和女子大研究室	近代文学研究叢書 20	昭和女子大	六三・11	209
日本文学研究資料刊行会	日本文学研究資料叢書	有精堂	七〇・1	125
広島　一雄	日本文学案内　近代編	朝日出版社	七七・9	25
井上　通泰	歌人としての含雪公	博文館	二二・2	75
松原　純一	賀古鶴所と鷗外	文学散歩の会	六二・11	33
森　銑三	鷗外断片	岩波書店	七二・11	159
山極　圭司	鷗外と社会主義	学燈社	七三・8	172
吉田　精一	鷗外・漱石	桜楓社	八一・3	42
伊藤　整	近代日本の文学	読売新聞社	六七・7	10
高崎　親章	歌人としての含雪公	東京日々新聞	一九・3	
佐々木信綱	現代短歌全集　三	改造社	三〇・2	419
小林　秀雄	現代日本文学館　一	文芸春秋社	六七・12	471
野田宇太郎・吉田精一	近代作家研究アルバム	筑摩書房	六四・10	307
竹　柏　会	佐々木信綱文集		五六・1	437
唐木　順三	明治文学全集 27	筑摩書房	六七・2	463

吉田　精一	森鷗外全集　別巻	筑摩書房	一九七一・11	328
中野　重治	鷗外　その側面	筑摩書房	七二・2	293
森鷗外記念会	鷗外　賀古鶴所略年譜		六六	105
山崎　国紀	鷗外森林太郎	人文書院	九二・12	138
山崎　一穎	森鷗外	新典社	九一・11	185, 327
長谷川　泉	作家の自伝2　森鷗外	日本図書センター	九四・10	214
新村　出	広辞苑	岩波書店	五五・10	1538

表（四）常磐会の発意者を森鷗外とする文学年表・人物年表・年譜など

編著者名	本の題名	発行所	発行年月	記述頁
市古　貞次	日本文学年表	桜楓社	一九七六・6	287
竹盛　天雄	日本文学13　森鷗外	学生社	七七・2	251
唐木　順三	森鷗外集　明治文学全集27	筑摩書房	六五・2	512
森鷗外記念会	鷗外　一号		六五・10	101
竹盛　天雄	現代日本文学大系7	筑摩書房	六九・8	455
高橋　義孝	日本文学全集5　森鷗外集	集英社	七三・7	467
景山　直治	鷗外と文学入門	古川書房	八五・3	194
稲垣　達郎	森鷗外必携	学燈社	六八・2	364
杉森　久英	森鷗外	福村書店	五二・3	132
渋川　驍	森鷗外	筑摩書房	六四・8	29
磯貝　英夫	森鷗外　鑑賞日本現代文学	角川書店	八一・8	21
シンポジウム	日本文学13『森鷗外』	学生社	七七・2	251

表（五）常磐会の発意者を森鷗外その他複数とする辞典・研究書・年譜など

編著者名	本の題名	発行所	発行年月	記述頁
小田切 進	日本近代文学大辞典 四	講談社	一九七七・11	155
伊藤 整 他七名	日本文学小辞典	新潮社	六八・1	116
三好行雄・浅井 清	近代日本文学小辞典	有斐閣	八一・2	22
久松潜一・吉田精一	近代日本文学辞典	東京堂	五四・5	712
徳富猪一郎	公爵山県有朋伝 下巻	山県公記念事業会	三三・2	1162
長谷川 泉	森鷗外の断層投影像	至文堂	五四・5	266
竹盛 天雄	シンポジウム 日本文学13	学生社	七七・2	261
浜崎 美景	森鷗外周辺	文泉堂書店	六七・5	序文
久松 潜一 他四名	現代日本文学大年表	明治書院	六八・5	352
岩波書店編集部	近代日本総合年表		六八・11	187
小田切 進	日本近代文学略年表	講談社	八四・6	1758
石崎 等 他四名	近代文学年表	双文社	八四・4	39
	森鷗外研究	長谷川書店	四七・9	265
唐木 順三	森鷗外集（明治文学全集27）	筑摩書房	五三・11	444
山室 静	評伝 森鷗外	実業之日本社	六〇・2	274
唐木 順三	森鷗外読本	学習研究社	五九・5	346
森 於菟・小堀杏奴	森鷗外 小説全集 八	宝文館	五七・6	203
中野 重治	森鷗外研究	新潮社	五七・10	297
高橋 義孝	森鷗外 現代作家論全集	五月書房	五七・11	364
福田清人・河合靖峯	森鷗外	清水書院	五六・10	195
河村 敬吉	森鷗外の研究	清水弘文堂	五九・3	281
	筑摩現代文学大系 四	筑摩書房	七一・1	488
高橋 義孝	森鷗外	原文社	七一・4	264
	ザ鷗外	第三書館	八五・9	493
森 於菟	森鷗外	養徳社	四九・1	371

(2) 常磐会の発意者をめぐる各種の学説

(1) 常磐会の発意者を森鷗外・賀古鶴所とみるもの　常磐会の発意者を森鷗外、賀古鶴所と記している辞典、研究書、年譜などを列挙すれば、表(二)のようになる。

その記述は、森鷗外・賀古鶴所の勧めによって設立[38]、主唱により[39]、企てをはじめ世話人となって[40]、発起人となり[41]、二氏の勧告に基づき[42]、会を興し[43]、または結成[44]した、などとなっている。

(2) 常磐会の発意者を山県有朋とみる学説　常磐会の発意者を山県有朋と記している辞典、研究書、年譜などは表(三)のようになる。その記述は、山県有朋の意を受け、森林太郎・賀古鶴所の二人が肝煎となって起こした和歌の団体[45]、山県公発意の下に[46]、井上通泰、賀古鶴所、森鷗外と謀って[47]、発起人として[48]、山県公の依頼で[49]、などとなっている。

(3) 常磐会の発意者を森鷗外とする学説　常磐会の発意者を森鷗外とする文学年表、人物年表、年譜などは表(四)のようになる。その記述は、鷗外常磐会を創立[50]、おこす[51]、結成[52]、はじめた[53]、などと表現されている

(4) 常磐会の発意者を森鷗外その他複数とする学説　常磐会の発意者を森鷗外その他複数とする辞典、研究書、年表、年譜などは、表(五)のようになる。その記述は、井上通泰は森鷗外、賀古鶴所、佐々木信綱らと常磐会を興し[54]、起こした[55]、計って[56]、らの発議で[57]、発起して[58]、成立[59]、創立[60]、結成した[61]、などと記述している。

（3）常磐会発意者についての二人の史料

（1）選者井上通泰の証言と史料　井上通泰は、常磐会の発足から閉会まで約十五年間、終始選者の一人であった。しかも、『常磐会詠草』五編の編者でもある。すでにみてきたように、山県有朋の和歌の師匠であり、森鷗外とも親友で「森」と呼び捨てにする関係である。その井上通泰が、常磐会の発意者についてどのように発言、または記述しているのか、史料を年代順に抄記し考えてみたい。

i　『常磐会詠草』初編付録記事と「森君」

和綴本の『常磐会詠草』初編は〇六（明治三九）年九月二十三日の常磐会第一回席題「萩」「星」「露」から、〇九年二月二十一日の第三十回席題「鴨」「霰」「箒」までの詠草選歌が収録されている。編者は井上通泰、発行者田中増蔵、発売元歌学書院、発行は〇九年四月二十日、定価は七十銭となっている。常磐会発足後二年半、井上が四十二歳のときである。

この本の巻末付録に「常磐会の沿革並に会則　井上通泰先生談話　宮内猪之熊筆記」と記された、九頁にまたがっている三千字ほどの文が収録されている。常磐会の発意者に関する部分を中心に次に抄記する。

明治三十九年六月十日の夜、森林太郎、賀古鶴所の二氏が小出粲、大口鯛二、佐々木信綱の三氏と余とを浜町一丁目なる酒楼常磐に招きて明治の時代に相当なる歌調を研究する為に一会を起こさん事を勧められた。余はかねて小出翁と共に現時の歌風に極端なる旧派と極端なる新派とあり、その両端の間に又あまたの派があつて後進の嚮ふ所に迷ふべき事を嘆いて何とかせずばなるまいなど云ひ合つた事もある事であるから無論森、賀古二氏の勧告に応じた。
大口、佐々木二氏も異論が無かったから、即座に森、賀古二氏が幹事となり小出、佐々木三氏と余とが選者となつて一会を起こす事に定まつた。其後賀古氏から話のついでに此事を山県公に申し上げた所が、公爵も非常に喜ばれて力を添へらるる事を約せられた。

そこで会名を付ける段になつて森氏がむつかしい名を付けるよりは常磐で出来た会であるから常磐会と付けたらばよからうと云はれたのでそれにきまつた。（中略）終に臨んで余は選者を代表して謹んで山県公爵閣下と森・賀古の二氏とが本会の創立以来一方ならず力を尽くされた事を謝し又余等の先輩なる小出翁の卒去を弔する。(62)（以下略）（明治四十二年三月十七日）

なお、この筆記者宮内猪之熊は井上通泰の門人である。(63)

井上通泰は右の口述から半年後の同年九月、『中央公論』の森鷗外論に二千五百字ほどの「森君」を談話筆記で掲載している。その中で常磐会に触れて、次のように語っている。

一昨年の五月頃から森、賀古両君の発議で、互に極端と極端とがあつて容易に適従する所を知らぬから、皆がその所信通に作をし、持寄つて互に相談し合つたら宜かろうぢやないかといひ、斯くして又常盤《ママ》会なるものが出来、我々が選者となり、森君と賀古君とが幹事とな

つた。(64)

右の「森君」の最初の「一昨年の五月頃」というのは、記載誌の発行年月から想定して、井上が口述したのが一九〇九年の七月か八月であろう。その時からみれば、一昨年の五月は〇七年の五月ということになる。しかし既にみたように、常磐会の公式の発足が〇六年九月であるから、正しくは一昨年五月頃というのは、「〇六年の五月頃」ということになる。「一昨年」は「一昨々年」の誤植か、談話筆記者の聴き違いか、井上通泰の勘違いかのいずれかになるであろう。

ii 『現代短歌全集』の「後記」と「自筆年譜」

井上通泰は一九三〇年七月、著作代表として小出粲、大口鯛二、山県有朋らの短歌を集めた『現代短歌全集』第二巻を改造社から発行した。この「後記」には「昭和五年五月二十七日口述」となっているが、井上通泰が山県有朋に面会することになった経過、最初に面会した時の忌憚ない作歌意見、譬喩、和歌旧派の批判などを述べた次に、常磐会について次のように述べている。

（前略）又翌三十九年の六月に森林太郎・賀古鶴所の二氏が小出粲・大口鯛二・佐々木信綱の三氏と余とを招いて明治時代に相当なる歌調を研究する為に一会を起さん事を勧められた。小出粲と余とはかねて其志あり、佐々木・大口二氏にも異論が無かつたから即座に森・賀古二氏が幹事となり余等四人が選者となつて山県公の援助の下に常磐会と称する一会を起す事になつた。(65)（後略）

右の口述は、先述の『常磐会詠草』の「常磐会沿革並に会則」の談話とほぼ同じである。

井上通泰の死は、右の「後記」口述後約十一年の四一（昭和一六）年八月十五日である。実弟柳田国男は、二年後の三周忌に、兄の短歌約二千六百首を集めた『南天荘集』を発行している。「南天荘」とは井上通泰の家号である。この歌集の年譜には、「南天荘先生自伝所載（昭和五年二月以降書継）」と明記され、自筆年譜、「〇六年（四十一歳）」のところには次のように記述されている。

（前略）六月森林太郎・賀古鶴所二氏の勧告に基づきて山県有朋公の援助の下に小出粲・大口鯛二・佐々木信綱三氏と共に常磐会を起して明治時代に相当なる歌調を研究せしむことを期す。(66)

iii 『太陽』の「歌人としての含雪公」

森鷗外の所属する陸軍の長老であり、政界の元老として、官僚政治の保守につとめ、絶大な権力を握った山県有朋の死は、二二（大正一一）年二月一日であった。当日の「鷗外日記」には、「午時小雨。参寮。弔問山県氏第、訪湯原元一於一橋仮舎」(67)と、とにかく表面的には簡潔であり、そして早くも半月ほど後の十九日には「（前略）。赴常磐会于賀古鶴所家。議廃会」(68)となる。

山県の死に関して雑誌『太陽』では、早速二月に「山県有朋追悼特集号」を組んでいる。執筆者数は「山県公の生涯とその功業」に十三人、「山県公の私的生活」に五人、「政治家としての山県公」に三人、「山県公の死と政界」に二人というように多い。その中に井上通泰が「歌人としての含雪公」と題し、三頁三千字ほど書いている。常磐会の発意者に関する部分を抄記すると次のようになる。

（前略）而して公が如何に、時代に順応した新しい歌を翹望されたかといふ事を最も顕著に語るものは、常磐会の創立である。恰度明治三十九年の事で、〝どうも現代の歌壇を見るに、極端な新派と極端な旧派とが有り、其の間に又大小幾つもの派があつて、後進は其の何れに就ていいものか全く選択に困る有様である。であるから現代の大家が寄合つて相談の上、歌壇の灯明台となり、さうして正しい方向を定めて貰ふ事にしたい〟といふ公の希望でもつて、森林太郎、賀古鶴所の両君が幹事となり、小出粲、佐々木信綱、大口鯛二の三君と私と四人が選者となり、それに公爵を加へ、都合七人が会員となつて、此の会が生まれたのである。（中略）。此の会は今に続いて居る。(69)

（2）選者佐々木信綱の証言と史料

i 『明治文学の片影』・「大口鯛二集付記」・「自筆年譜」

十五年余にわたる常磐会の選者は、発足当時は小出粲・大口鯛二・佐々木信綱・井上通泰の四人であったが、その後の物故者の補欠として鎌田正夫、須川信行、池辺義象、金子元臣の計八人であった。(70) その佐々木信綱が六十二歳の三四年十月、中央公論社から『明治文学の片影』を出版している。

この書は、一八九四年十一月に没した中野逍遥から、三四（昭和九）年七月に没した内藤湖南まで、百人の追憶を佐々木信綱宛の手紙などを掲載しながら語っている。

執筆時期は発行年月直前とは限らず、「森鷗外博士」[71]では鷗外の死後二日、谷中斎場に葬を送る前夜の、二二年七月十一日であるように、掲載人物の没年直後のものもあり、それらを蒐集したものである。その「山県含雪公」のところで、「山県公は、維新の頃すでに人々に膾炙した名歌をよまれて、武人の歌人なることは世に周知の事である」[72]、と記したのにつづいて次のように述べている。

また常磐会を興されて、賀古鶴所、森林太郎二君が幹事となり、百数十回継続した事は、常磐会詠草に詳しいから省略する。[73]

右の「山県含雪公」を書いた年月は、一一年二月二日の、山県有朋死去の直後ではないかと考えられる。

佐々木信綱は三〇年七月、井上通泰が著作代表になって、改造社から発行した前記『現代短歌全集』、一二巻の六月に執筆した「大口鯛二集」付記には、次のように記述している。

山県含雪公が、井上通泰博士、賀古鶴所氏、森鷗外博士と謀つて常磐会を開かるるに及び、自分も選者の一人として、大口翁と多年席をともにした。今翁の集を編むに当つて、ありし日の交遊を思ふことが深い。[74]

右の付記掲載の『現代短歌全集』の著作代表が、既述のように、常磐会の発意者を森鷗外・賀古鶴所とみて、証言している井上通泰であるだけに複雑であるが、このことについては後に言及する。同じ三〇年の二月に発行された「佐々木信綱集」の『現代短歌全集』、三巻末の自筆と考えられる「年譜」にも、左のように記載されている。

明治三十九年（三十五歳）（前略）九月、山県公の発意により常磐会起る。小出粲、井上通泰氏、大口鯛二氏と共に選者となる。賀古鶴所、森林太郎二氏幹事たり。[75]

ii 『作歌八十二年』、『明治大正昭和の人々』、「常磐会回顧」

佐々木信綱は、一九五三年十月、朝日新聞社から『ある老歌人の思ひ出』を出版したが、山県有朋・井上通泰、また常磐会に関する記事はない。しかし、それより約六年後の五九年五月、米寿の祝賀会に配本された毎日新聞社発行の『作歌八十二年』は、編年式の自伝で、その〇六年三十五歳のところには、常磐会の発意者について次のように記述している。

賀古鶴所君に招かれて、浜町の常盤《ママ》[76]にゆくと、小出粲、井上通泰、大口鯛二、森鷗外君らがおられた。〃実は山県公が歌の研究会を催したいといわれる。自分と森君とが幹事に、岡山高蔭君が書記を勤め、公と自分とがひと月おきに開くから〃との熱心な話。第一回は小石川の新々亭で開かれた。

公は〃自分は維新の初めから歌を詠んで近藤芳樹翁に学び、今は小出君にみてもらっておるが、より一層この道をきわめたく思っての会である。自分は、行灯のもとに山家集をよむという風の歌はよまないが、時世の移りかわりは何の道にもあるから……。来月よりは一月おきに椿山荘で、八月は小田原の古稀庵で催したい。（中略）。〃浜町の常盤《ママ》で初めの打合せの会が開かれたので、森君が常盤《ママ》と名づけられた。[77]

佐々木信綱は翌六一年一月、新樹社から『明治大正昭和の人々』を発行した。この本の「山県有朋」の項で常磐会に関し、次のように記述している。

含雪山県有朋公は、明治維新の際に、かの「夏も身にしむ越の山風」という名高い歌を詠まれた武人中の歌人である。晩年に常磐会を催された。小出粲翁、井上通泰氏、大口鯛二氏と自分とが選者で、賀古鶴所氏、森鷗外博士が幹事、岡山高蔭君が書記の役をつとめられた。[78]

さらに佐々木信綱は、『明治大正昭和の人々』を発行した翌二月、「常磐会回顧」を『文学』に掲載した。二頁、二千五百字ほどの短文である。九十歳の時である。最初に「常磐会がどうして起ったかということは、『常磐会詠草』初編付録の井上通泰君の文章（常磐会の沿革並に会則）に出ておるのと、自分の記憶とはいささかたがいがあるようにおもう[79]」と断わり、次のように記述する。

明治三十九年六月の初め、賀古さんが来られて、〃この十日に浜町の常磐で夕飯をさしあげたい。皆知っている人ばかりだ、来給え〃といわれた。（中略）。食後に賀古さんは、〃今日の会は実は山県公のお頼みである。公は、はやく維新の際にも、西南の役にも名高い歌を詠まれておられるが、この間、森君と二人でお招かれした時のお話に、自分は若い時は同国の近藤芳樹翁についた。

その没後小出粲君についている。ところが近頃の歌は変ってきた。歌よみのすぐれた人々を集めて夕飯をあげて食後ゆっくり歌の話を聞きたい。隔月くらいに二人が幹事となって会を開いてほしいとの公のお頼みであるから〟といわれた。

翌七月の半、折から椿山荘は修理中とのことで、小石川江戸川端の新々亭というに行くと、皆そろった時、公が出られて、〝今日は暑いから袴だけで失敬する。今日のあつまりは賀古からお話をしたと思うが、自分はいま現に小出君についている。

しかるに、近頃は色々の歌があって、「行灯のもとに山家集を読む」というような歌は自分のよむ風とはちがうが、そういうのも今の歌であろうから、色々の歌の話を遠慮なく話してほしい〟といわれ、(中略)。その夜は一同が何の心おきなく、おそくまで語りあった。(80)

次は佐々木信綱の直接の史料ではないが、傍証としてあげる。

古川清彦氏が五九年、当時常磐会会員中唯一人の生存者であった、八十九歳の佐々木信綱に、常磐会の発意者について書面で問い合わせをされたところ、佐々木信綱の同年十二月二十日付返書に、『常磐会詠草』初編付録の井上通泰の「常磐会の沿革並に会則」の冒頭について、「其後賀古氏から云々はあやまり居候、井上君いかであやまりかかれけむといぶかしく候(81)」と記されていたので、翌六〇年夏、新間進一氏と伺って佐々木信綱に質問すると、やはり文章に誤りがあって、常磐会は山県有朋の発意によるものと明言されたという。[82] 古川清彦氏は、これ以前は常磐会の発意者は森鷗外・賀古鶴所の説をとっておられたが、以後は山県有朋とされている。[83]

（3） 井上・佐々木二人の証言と史料の検討

i 井上通泰関係史料

井上通泰の前掲『常磐会詠草』の初編の付録記事、「常磐会の沿革並に会則」を読むと次のことが判明する。

①小出・大口・佐々木・井上の四人を常磐に招き、一会を起こすことを勧めたのは鷗外・賀古の二人であったこと。

②森・賀古二人の勧告に誰も異論がなく、歌会をもつことが決まったこと。

③森・賀古の二人が幹事となり、他の四人が選者になったこと。

④一九〇六年六月十日のこの会以後、月日は判明しないが、ついでの折に賀古から山県に趣旨を話し、山県の援助を得ることが出来るようになったこと。

右の「常磐会の沿革並に会則」の記事が、常磐会の発意者を森鷗外・賀古鶴所であった、とする史料になっていることの証左は、定本ともいえる『鷗外全集』でこれを採択、抄記していることで判る。[84]

しかし④の原文「其後賀古氏から話のついでに此事を山県公爵に申し上げた所が」は、表現が適切であろうか。「ついで」は「あることを行なうのにちょうどよい機会。また、あることを行なっているとき、それといっしょに他のことを行なうこと」（小学館『国語大辞典』）とあって、重要な話でもないので、ある機会を利用して、とも解釈されるし、山県にたいして失礼な言辞にならないだろうか。作意的な感じを受ける表現である。

井上通泰はこの後約五か月の「森君」でも、「常磐会は森・賀古両君の発議」と明言している。三〇年の『現代短歌全集』一二巻の「後記」でも、①歌調研究の一会を起こすことを勧めたのは森・賀古であったこと。②山県の援助の下に常磐会が発足したこと。の二点で「常磐会の沿革並に会則」とほぼ同じである。

ただ④の部分が省略されているが、森・賀古二人の発意者を否定するものではない。この「後記」は山県有朋死後、また常磐会閉会後約八年、井上通泰が六十四歳のときである。また、自筆原稿と考えられる「年譜」にも、「二氏の勧告に基づきて山県有朋の援助の下に」と明確にしている。以上、井上通泰の三史料では、常磐会の発意者を明瞭に森鷗外・賀古鶴所の二人としている。

ところが、山県有朋追悼号の『太陽』に掲載の「歌人としての含雪公」では、「公の希望でもって」、森・賀古の両君が幹事となり、との記述になっている。

山県が希望したのは歌会であって、森・賀古が幹事になることでないことは前文から判読出来る。山県が作歌に熱心であったこと、新しい歌会を望んでいたらしいことは、井上の『現代短歌全集』二巻の「後記」[85]からも察知され、井上通泰も望んでいたことは、「常磐会の沿革並に会則」で、「小出翁と余とはかねて其志あり」[86]と証言していることからも判明する。

当時、宮中顧問官御歌所寄人、井上通泰の『太陽』誌上での「公の希望でもって……この会が生れた」[87]という表現も、厳密に解釈すれば、「山県公の発意で歌会が生れた」とイコールではない。仮りに山県の希望で常磐会が生れたとしても、発意者はそれ以前の山県以外の他者であっても矛盾しない。

山県有朋の希望を実現させるように、画策出来る人物として考えられるのは、山県の短歌の宗匠としての井上通泰、と共に短歌をふくめ、山県の相談役の立場にあった賀古鶴所である。この二人がクローズアップしてくる。井上と賀古、井上と鷗外、賀古と鷗外の関係についてはすでに述べた。

歌会常磐会の発意者は、山県有朋の希望を容認しながら、実証出来る確かな史料はないが、無理な推論ではなく、最初は賀古鶴所、そして井上通泰、その後、森鷗外を直接に引き入れたのは、井上の賛成のなかで、やはり賀古鶴所であろう。何故か、また鷗外に魚心有れば水心の心境が横溢としていたかどうか、などについてはまとめで述べたい。

井上通泰が「常磐会の沿革並に会則」と「歌人としての含雪公」[88]で、常磐会発意者についての表現を微妙に変えているのは、記憶力抜群といわれるだけに、井上の記憶違いとは考えられないし、山県有朋の追悼号という性格上、山県に花をもたせる、というような細心の配慮からであろうか。

井上通泰の常磐会の発意者についての四つの史料のうち、三つが口述となっている。他にも二六年六月に、『南天荘歌話』を古典全集刊行会から出版しているが、その「跋」も「南天荘先生口授　松島重筆記」となっている。口述筆記といえども、自らの手による執筆と少しも変らないと考えられる。しかし何故か、を解く鍵のようなものがみつかったので註記してみた(89)。

ii　佐々木信綱関係史料

佐々木信綱は井上通泰とは異なり、常磐会の発意者は山県有朋と、終始述べている。既述のように、『明治文学の片影』のなかの「山県含雪公」は、山県の死の直後に書かれたものと推察されるが(90)、「山県公が興されて」という表現につづいて、「『常磐会の詠草』に詳しいから省略する」とある。

このことは、井上通泰の「常磐会の沿革並に会則」を当然読んだことを意味し、読んだなら常磐会の発意者は森・賀古になっているので、疑問をもたれるはずなのに、それには全く触れないで省略している。矛盾を感じるが、六歳年長の井上通泰に遠慮したのであろうか。

「山県含雪公」につづいて「森鷗外博士」を掲載しているが、この文には常磐会の発意者についての記事はない。しかし常磐会について、「明治三十九年六月に第一回が開かれて、本年二月百八十五回を最後として長くつづいた歌会であるが、博士は第一回から最後まで、幹事として必ず出席された（欠席されたのは僅に四五回ぐらいであろう）[91]と記述している。

けれども六月の下相談を第一回とすると、百八十八回となって、定説百八十五回という矛盾が生じ、正式に席題を決め歌会として発足した九月二十三日を第一回と数えるべきであろう。また森鷗外の常磐会欠席は、表（一）に掲げた「鷗外日記」から判明するだけでも十七回であり、これ以上になることは確実である。[92]

佐々木信綱は、「大口鯛二集」付記や「自筆年譜」でも、常磐会の発意者は山県有朋であることを明快に述べている。『作歌八十二年』中の、〇六年六月十日の会合における賀古鶴所の説明描写も、五十四年も経過しているのに鮮明である。山県有朋が発言したという「八月は小田原の古稀庵で催したい」、も希望であったことが判明する。

というのは、「鷗外日記」によれば、古稀庵での八月の常磐会開催は、〇九年、一一年、一四年、一七・一八・一九年の六回である。他に無記名五回、椿山荘二回、賀古鶴所邸、柳橋深川亭各一回となっているからである。[93]

六一年一月刊の『明治大正昭和の人々』の「山県有朋」でも、「その第一回の会合が八月に江戸川の新々亭で開かれた。話は前後するが、前の月の末に賀古さんが自分のもとを訪はれて、何日に浜町の常磐に必ず来るやうにとの話、[94]（以下略）」と記述している。第一回を八月にしているが九月に、賀古が会合に誘いに来たのは七月ではなく五月末か六月初めに訂正すべきである。

同年二月の『文学』誌上での「常磐会回顧」でも、二年ほど前の『作歌八十二年』でも、常磐会の発意者は山県有朋で一致している。「回顧」では、賀古鶴所が佐々木を六月十日の会合に誘ったのは六月初めで、七月半ばの会合は、山県有朋が出席して新々亭で、第一回は賀古の家で九月に、十月は椿山荘の西洋館の二階、第三回賀古邸、第四回椿山荘、毎年七月は小田原の古稀庵で催された、[95]と記述している。

右の記事を補足訂正すれば、「山県有朋」で述べている第一回の会が、「八月に新々亭で[96]」では、七月半ばということになり、第一回ではないが山県有朋も出席した最初の顔合わせということになる。このことは常磐会の沿革上記録するに値する重要な会合で、当然に記されるべきものなのに、佐々木信綱以外、井上通泰も証言していなく、鷗外の「自紀材料」にも記してない。いわんや、六月十日以前に賀古鶴所と山県邸に行き、常磐会幹事が内定したことは、をやである。

井上通泰や森鷗外が記録することを躊躇する何かが、不都合な何かがあったのであろうか。佐々木信綱は、六月十日の会合で賀古鶴所が、〝今日の会は実は山県公のお頼みである[97]〟と発言したと記述し、七月半ばの新々亭で山県が、「今日のあつまりは賀古からお話をしたと思うが[98]」と言ったと証言している。しかも、佐々木信綱は、『作歌八十二年』でも同じ意味のことを述べている。

常磐会の発意者を考える場合、佐々木のこの証言は大切な指標であるのに、井上通泰も森鷗外も意図的に記述してなく、この重要な部分を欠落させた真因は奈辺にあるのだろうか。何を意味するのであろうか。何かの意図、結論的にいえば、森鷗外を賀古鶴所とともに常磐会の発意者、幹事にすることではなかったろうか。それは何故なのか、ついては次の章で考察してみたい。

佐々木信綱の「常磐回顧」と鷗外の「自紀材料」を比較しながら考えると、「回顧」では第二回十月二十八日が「椿山荘の西洋館の二階」、第四回十二月十六日が「椿山荘」であるが、「自紀材料」では〇七年一月二十日の第五回を、「始て椿山荘にゆく。常磐会なり」(99)と記している。

鷗外には十月の第二回常磐会詠草が十五首、第四回詠草が十九首収録されているが、(100)この月は欠席したのであろうか。それとも、十月の椿山荘西洋館を椿山荘とみなかったのか、佐々木が第四回椿山荘を、第五回椿山荘と勘違いしているのか、収集した史料では判明しない。

また、山県有朋の「八月は古稀庵で」催したいという希望は、実現しなかったことはすでにみた。「常磐会回顧」では、「毎年七月は小田原の古稀庵で催された」(101)とある。しかし「鷗外日記」によれば、七月に小田原古稀庵と明記したものは一回もない。賀古邸が五回、無記五回、椿山荘三回、新々亭二回である。

ちなみに、「鷗外日記」で十五年六か月間の常磐会中に、古稀庵で開催したとするもの七回、常磐会とは明記していないが、鷗外が古稀庵に行ったのは七回、行く予定であったのが一回である。(102)

以上、常磐会の成立、発意者をめぐっての井上通泰、佐々木信綱二人の基本史料を検討してみた。(103)しかしいくつかの疑問が払拭されたわけではない。細心周密、沈着、緻密といわれる森鷗外が、(104)また短歌革新の情熱に燃えていた鷗外が、何故、短歌革新運動とはほど遠い歌会常磐会に、幹事、会員として入会したのであろうか。こうした疑問を次に考えてみたい。

（4）遼陽における鷗外、賀古鶴所の秘策と常磐会の成立

森鷗外と詩歌については、「すぐれた訳詩群を含んだいわゆる新体の詩から、短歌、俳句、戯曲の体を借りた長詩、漢詩に至るまで、鷗外は、〈詩〉の形式をとるものはほとんどすべて試みている。こうした詩形式に関する貪欲さは、近代の文学者の中でも他に例を見ないにちがいない」(105)という評さえある。

森鷗外が日露戦時の出征中に詠んだ『うた日記』の内容は、詩六十七、訳詩十、短歌三百三十三、旋頭歌四、俳句百三十二であり(106)、短歌の占める比重が高い(107)。また親しんで読んだものに『万葉集』『心の華』『明星』『古今集』『海潮音』などがあり(108)、出征中の書簡をみても、親友賀古鶴所宛三十三通のうち、二十二通は短歌の応酬や添削批評を加えたものである。妹小金井きみ子宛十三通のうち十二通、佐々木信綱宛六通のうち四通なども短歌に関するものであり、長男於菟宛三十八通のうち三十二通は、葉書であるが短歌が記されている(109)。

賀古鶴所宛〇五年七月十二日付には、「兄も新派でも起さんとせらる、にあらずや(110)」、同年十一月十五日付には、歌を詠んだ後に「新派の冷笑にあふべく候(111)」などと明らかに新派を意識している言葉がみえる。

きみ子宛では、同年七月二十八日付で、「秘新派長短歌研究成績報告書」と題し、与謝野晶

子・鉄幹、蒲原有明、島崎藤村、薄田泣菫、前田林外、岩野泡鳴、石川啄木、平野万里らの歌を批評し、「そこで御相談だが、われわれも一つ奮発して新詩連以上の新しい事をやりたいものだ」(112)と気負っているように記したり、八月初めには、「㊙何をか絢爛の筆といふ」と題し、与謝野晶子の歌を分析したり(113)、十月十一日付では、歌論を展開したりしている。(114)

以上のことから、森鷗外が常磐会成立直前に新しい形式の短歌について、つよい関心をもっていたことは確かである。出征時のカタルシスもあっただろう。

次に、森鷗外が一八九八(明治三一)年より陸軍省医務局長をしている上司の小池正直としっくりいっていなかった事実がある。小池正直は鷗外・賀古鶴所と東大医学部の同期生である。

鷗外は一八九九年六月、小池局長のもとで近衛師団軍医部長兼軍医学校長から第十二師団軍医部長に左遷され、三年近く小倉に転勤を命ぜられ、辞職の決心をしたことがあるが、賀古鶴所の切諫によって翻えした事実(115)や、また最近、日露戦争で満洲軍に総軍医部が新設された際、予期に反して鷗外が部長に任命されず、小池正直の兼任となった、という鷗外自身には屈辱的事態に直面していた。(116)

これと関連して、関東総督府軍医部長の賀古鶴所宛、〇五年五月三十日付には、「僕ノ行キ道ハ二アルノミ」(117)として、いざという時は軍服を脱ぐこと、次はうたれながら彊くなることを短歌に託しており、八月二十九日付では、小池正直が鷗外の第二軍軍医部を視察にくることから、防衛の方法のないことを述べた後に、むかし猿ありていかなる矢先をも避けたるが下手の猟師をおそれたといふ。そは矢がいづくにとぶかわからぬ故避けがたしとなり。殿様は其猟師に候[118]

と小池を揶揄的に批判している。

十月四日付には、小池が視察の結果として、鷗外の第二軍軍医部の評価を第三と低くしたことの不満を述べ、

此頃東京より医務局長更迭並善後策といふやうなる事を真面目に申越候人も有之候。しかし疵《キズ》だらけにしたものを後継者にもせられまじくむつかしき話に候。どうともするがよいと中外なく候[119]

と記述したり、十一月一日付には、「池坊が其後まだ何も小うるさい事をいって来ないが小言の種が尽きたのかしらん[120]」の文言があったり、同月二十四日付には、「勿論今少シ天気模様ハ見テ居ル積ニ候。さりとて大シタ色気アルニハアラズ。死ヌトキハ綺麗ニ死ニタイ位ノ考ニ候[121]」などの感懐を賀古鶴所だけに吐露している。

そして、いよいよ半月後の十二月七日には、古城堡から旅順見学に出向いた鷗外は、まるで計画的であったかのように、賀古鶴所のところに一泊している[122]。この一泊は、語らいの内容が判明しないだけに、残された手紙などよりもはるかに重要であると考えられる。

前の日清戦終結を期に、陸軍省医務局長が石黒忠悳から石阪惟寛に交代していること[123]、小池正直の軍医総監、陸軍省医務局長の期間が、一八九八年八月から七年半にもなっていること[124]、鷗外

が日露戦中に進級すべき順番であったのになっていないこと、[125]凱旋後、小池局長にどう対処すべきかの切迫した深刻な問題、新しい短歌、関連しての井上通泰・佐々木信綱らの消息など、無論、手紙以上に腹蔵なく語り合われたであろうことは、容易に想像される。

新しい短歌運動を起こすにはどうすべきか、短歌会創設の話になっても、二人の最近の文通内容から当然である。短歌会を通して、鷗外を山県有朋に近づける方策が、この夜相談されても不思議ではない。否、相談の絶好のチャンスである。鷗外と賀古鶴所が常磐会の幹事になる近因は、〇五年十二月七日、遼陽におけるこの夜の二人の語らいにあったのではないだろうか。私はそのように考察する。

賀古にはこの夜に、山県有朋、井上通泰、[126]佐々木信綱らを含む、短歌会（常磐会）の青写真は出来ていたものと推察される。豪放磊落、侠気ある人物といわれる賀古鶴所であるが、[127]この夜、心中の青写真まで語ったかどうかは想像の域をでない。しかし鷗外は察知し、「一切秘密無ク交際」[128]している唯一の親友に委任したものと考えられる。

この夜以後、鷗外から賀古宛の書簡は四日後の十一日、[129]十九日、[130]二十日、[131]二十二日、[132]二十四日、[133]他に月日不詳だがこの時期のものが二通[134]と頻繁であり、もはや、十二月七日賀古に会う以前のように、小池批判はない。

鷗外は翌〇六年一月十二日東京に凱旋、賀古鶴所への書簡は一月二十六日、[135]二月二十二日、[136]二十八日、[137]とつづいている。賀古鶴所の凱旋は「自紀材料」同年四月四日「賀古鶴所還る」[138]によって判明する。

鷗外が井上通泰と会ったのは、「自紀材料」では凱旋後半月の一月二十八日であり(139)、関東総督府の賀古への東京からの最後の書簡、井上通泰に会ってから一か月後の二月二十八日付には、「井上に其後逢はす近日逢はんと存居候(140)」と記している。「其後」とは「自紀材料」に記述した一月二十八日のことか、それとも二月に入って会った「其後」なのか判明しないが、意味深長である。

賀古から一月二十八日以後、または二十八日以前に、井上通泰宛に、短歌会（常磐会）に関する書簡が発信されていることも充分考えられるからである。勿論、賀古と山県有朋とのこれまでの間柄から、賀古は山県に近況報告とともに、山県が関心をもっている短歌について、また関連する短歌会の計画に関しての書簡を、発信したであろうことも突飛な想像ではない。
○六年四月四日に凱旋した賀古鶴所が、鷗外や昨年末から山県の短歌の師匠になっていて親密な井上通泰と、短歌会企画についての、具体的な相談をする時間は充分にあった筈である。
五月に入ると、山県に近い賀古と井上は、歌会創立の承認と援助の約束を山県から得た。既に引用した井上通泰の「歌人としての含雪公」、佐々木信綱の『作歌八十二年』の文言から首肯出来る。そして同じ五月中に、井上通泰の「森君」にあったように、「五月頃から森、賀古両君の発議で」という態勢が整う。

五月末か六月初め、佐々木信綱の「常磐会回顧」や井上通泰の「常磐会の沿革並に会則」でみたように、賀古が佐々木を、井上が小出粲を誘う。そして六月十日以前に、「常磐会回顧」に記述されたように、賀古と鷗外が山県に招かれる形で幹事が決まっている。鷗外が山県有朋と直接に身近に面会した最初であろう。

次が六月十日、鷗外が自ら記した、記さざるを得なかった「小出粲、大口鯛二、佐々木信綱、井上通泰、賀古鶴所と常磐に会す(141)」となる。遼陽における賀古と鷗外の語らいから半年後であり、常磐会の公的な成立である。

井上通泰の「常磐会の沿革並に会則」では、この六月十日以後に、賀古が山県の同意と支援を得たことになっているが、これは賀古と鷗外を発意者、幹事として公認し、山県の諒解のもとに、事前の画策を隠蔽し、正当化するための声明であったと考えられる。

この声明について、佐々木信綱の異見があり、この異見から真実の舞台裏をみることが出来た。佐々木が終始常磐会の発意者を山県有朋にしている根拠は、賀古の六月十日の発言と七月半ばの山県の発言からである。

しかし佐々木は、山県の発言が賀古の、または井上から影響を受けた結果のものであったことを考えていなかったようである。佐々木信綱史料からみてきたように、山県の言は、山県自身が歌会の発意者であることの表現はない。受け身の発言であり、賀古の代弁のようである。

常磐会設立の計画に直接かかわっていない六月十日の参会者は、大口鯛二、佐々木信綱である。以上の経過から、常磐会の創立、鷗外を幹事にすえた主要人物は、賀古鶴所であると考えられ、遼陽での青写真の実行者であった。そのよき協力者となったのが井上通泰である。

軍医総監、陸軍省医務局長は中将相当の軍医としては最高の地位である。そこに居座る小池正直と鷗外との積年の角逐が表面化され[142]、賀古鶴所からみれば緊急に解決しなければならない問題であり、それに老獪な石黒忠悳や権謀家小池正直らに、賀古・鷗外ともにつよい反感をもっていたこと[143]、賀古が鷗外の現在と将来を誰よりも親身に案じており、活路を模索していたこと、こうした唯一の打開策として、山県と接触が出来、石黒・小池らが容喙出来ない歌会常磐会の創立を考えたものと思われる。

右のことを裏付けるように、賀古鶴所は、六月十日の会合に消極的な佐々木信綱を説得しており[144]、六月十日以前に鷗外を同道して山県に面会させており、六月十日の常磐の会を取り仕切っている。さらに新々亭の七月の会合でも、山県か「今日のあつまりは賀古からお話をしたと思うが[145]」、と主役に仕立てられており、九月の第一回会合を自宅で開催しており、「鷗外日記」をみても、以後隔月くらいに自宅を会場に提供している。

以上が常磐会の発意者は誰だったのか、なぜ発意したのか、についての私の結論である。

おわりに

古川清彦氏は、石川啄木が〇八年九月五日、観潮楼歌会に出席した当日の日記に、鷗外が「俳句の会も起したいが、山県公の常磐会があるので、とても今の所ヒマがない[146]」と言って居られたと記してあることから、「山県公の常磐会」の表現に注目された。[147]

しかし、発意者が賀古鶴所であっても、権勢家の山県有朋が援助し出席している常磐会を、「賀古がやっている」、または「賀古と私がやっている」とは、鷗外の立場上、または性格的にも第三者には言わないであろうと想像される。

森鷗外の立場として、権勢家山県有朋に接近出来、小池正直や石黒忠悳を牽制、掣肘出来るならば……、苦境を脱する活路であるならば……と、賀古鶴所の提案を否定しなかったであろうことは、すでにみた賀古への書簡からも推察することが出来る。鷗外に魚心のあったことを認めざるを得ない。

しかし、井上通泰に「洋学者中の国学者、洋学者中の保守主義者[148]」といわれる鷗外ではあるが、新しい短歌の革新とは異なる常磐会創設に率先したとは考えられない。このことは、常磐会と並行して自宅での観潮楼会を設営していることでもうかがわれるが、観潮楼会と鷗外については次稿で考察したい。

常磐会に政治性があったか否か、を論究することは、本稿の趣旨からは逸脱するので評論は別稿に述べたいが、「常磐会は山県に奉仕した歌会だった[149]」という見解もある。

常磐会の創設は、鷗外と山県有朋との歌の上の交際が始まったばかりでなく、「軍医森林太郎をより政治的な場所へ押し出す役目を次第にするようになった[150]」ことや、「鷗外や賀古にとって（井上も別の意味で）この官・政・軍にわたる大勢力者に接触の機会がふえたことは、なにかにつけて好都合であったろう」[151]こと、「山県は和歌を国民思想の淵源と見、これに応じた鷗外は、山県との接近によって社会的立場を確実に有利にした[152]」という解釈や表現などを一概に否定することは出来ない。

○九年一月二十日の『東京日々新聞』に、

消息通の伝ふる処では、鷗外氏は山県公の信任厚く陸軍省の医務局長に栄進したのも公の引であると。鷗外氏が山県公と結び付たのは氏の主宰せる常磐会といふ歌の会に山県公も会員の一人となり折々の歌会にも出席する処から親近するを得たので氏と公は和歌の友である

云々

も、飛躍もあるが無視出来ない。

常磐会を通して、鷗外が山県有朋に直接個人的に、また賀古鶴所を仲介にして、いくつかのことを依頼していることは周知であるが[153]、鷗外と山県の関係を考える資料を二三紹介して筆をおきたい。

一つは佐々木信綱が鷗外を訪問した時、書類を訳していた鷗外に、それは何ですかと問うと、「山公《さんこう》（賀古さんや森さんはいつも山県公を山公と呼んでおられた）からのお頼まれで、共産党に関する書類であるが、訳して明日さし出すので[154]」といわれた。

次は小泉信三が慶応で助手になったころ、講師の一人で、鷗外宅へ出入りしていた小山内薫が、「鷗外先生は山県公に社会主義について講義しているそうです[155]」と語っていることである。

関連して、鷗外が情報政治家の側面がつよい山県有朋に、社会主義取り締まりに貢献していることを察知出来る史料があることである。大逆事件の一九一〇年、鷗外の日記に散見出来る「永錫会」[156]の存在である。二月に賀古鶴所から「永錫会」の相談、十月は椿山荘で「永錫会」の内相談、十一月は「永錫会」のまとめ役安広伴一郎（法制局長官）を訪問、賀古を招いて「永錫会」を語っている。

例えば十月二十九日の日記、

平田内相東助、小松原文相英太郎、穂積教授八束、井上通泰、賀古鶴所と椿山荘に会す。晩餐を饗せらる。

の計七人、山県ブレーンの会合も「永錫会」である。平田東助が七月に、桂太郎首相に提出した「社会主義に対する愚見」、さらに山県有朋から九月に、宮内大臣をへて明治天皇に提出された極秘の意見書、「社会破壊主義論」なども「永錫会」で話し合われ、まとめられた公算が大きい。

（『鷗外』第七五号改題）

註

（1）しかし石田頼房『森鷗外の都市論とその時代』（日本経済評論社、一九九九年六月）のような題名の本もある。

（2）例えば小泉信三「山県有朋と森鷗外」（『文芸春秋』一九六五年五月号）八一〜八二頁
（3）至文堂、一九八五年四月、四九三頁
（4）『朝日新聞』同日付「折々のうた」欄
（5）『鷗外全集』35（岩波書店、一九七五年一月）四八頁
（6）同右書　四五頁
（7）森於菟「明治三十九年一月十二日日記」（小堀杏奴『晩年の父』岩波書店、一九八一年九月）一七六頁
（8）註（5）同書　四六頁
（9）同右書　四七頁
（10）同右書　四六頁
（11）佐々木信綱『明治文学の片影』（中央公論社、一九三四年一〇月）七六頁
（12）「小出粲年譜」（改造社『現代短歌全集』2、一九三〇年七月）一二七頁
（13）佐々木信綱「常磐会回顧」（岩波書店『文学』一九六一年二月）三七頁
（14）『鷗外全集』35　五二頁
（15）註（5）同書　四〇〇頁
（16）「大口鯛二年譜」註（12）同書　一八七頁
（17）『鷗外全集』36　六四九頁

(18) 註(14)同書　四八頁
(19) 井上通泰自身一九一〇年一一月の『新潮』紙上で「私は森と二十数年間の友人で極く懇意にして居る。最初森に会ったのは自分の同級生の賀古(中村註・鶴所の弟の桃次)が親友であったので、森が洋行して帰りたてに、千住の本宅を初めて訪ねて会った」。(『鷗外全集』月報8)
(20) 「井上通泰年譜」(『南天荘集』三国書房、一九四三年八月)五五五頁
(21) 浜崎美景「井上通泰と鷗外」(至文堂『森鷗外の断層撮影像』一九八四年四月)二六五頁
(22) 昭和女子大学近代文学研究室『近代文学研究叢書』47(一九七八年五月)二〇二頁
(23) 註(14)同書　四八頁
(24) 例えば『播磨風土記新考』(大岡書店、一九三一)『肥前風土記新』(巧人社、一九三五)『上代歴史地理新考　東山道』(三省堂、一九四三)など。ちなみに井上通泰著者カードが国会図書館に二七枚ある。
(25) 註(17)同書　六四七頁
(26) 文京区立鷗外記念本郷図書館蔵
(27) 『鷗外全集』38　一一二頁
(28) 賀古鶴所は一〇年一一月号『新潮』紙上で「私は普通の人々とは違ひ、森が十二、三の未だぶっかぶり小僧の時からの親友である。余り接近し過ぎて居るので、却って何う云う人物かと云ふことを撮《つま》んで言ひ難い」とも述べている。(『鷗外全集』月報8)

(29)中野重治『鷗外　その側面』（筑摩書房、一九七二年二月）

(30)賀古鶴所と森鷗外の関係については、拙稿「森鷗外――その不透明な部分」（拙著『大逆事件と知識人』三一書房、一九八一年一二月）付録参照

(31)井上通泰『南天荘次筆』（弘文荘、一九三六年六月）三三一頁の「賀古桃治君を憶ふ」には「令兄鶴所君は余より十歳長じて居られるが兄弟のやうに親しかった」とある。

(32)『鷗外全集』「月報」8・9・10号（一九七二年六・七・八月）他に森銑三「鷗外断片」（岩波『文学』一九七二年一一月）一五六頁

(33)註(11)同書　一八一頁　註(13)同書　三七・三八頁

(34)井上通泰「常磐会の沿革並に会則」（歌学書院『常磐会詠草』初編付録）

(35)井上通泰編『常磐会詠草』初編～第五編（歌学書院聚精堂、一九〇九～一九一七年一二月）ちなみに『鷗外全集』19巻「常磐会詠草」によれば三一九首が収録されている。

(36)註(33)同書　一九六頁

(37)註(5)同書　五〇頁

(38)広田栄太郎「常磐会」（明治書院『和歌文学大辞典』一九六二年一一月）七四七頁。この辞典の監修者六名中に佐々木信綱がいることは注意される。

(39)『唐木順三全集』（筑摩書房、一九六七年七月）三六〇頁

(40)伊藤整『日本文壇史』12（講談社、一九六五年八月）五・七頁

(41) 生松敬三『森鷗外』(東京大学出版会。一九五八年九月) 一六九頁
(42) 井上通泰『南天荘集』(三国書房、一九四三年八月) 五六〇頁
(43) 『鷗外全集』38巻　五五三頁
(44) 真継伸彦編『夏目漱石・森鷗外』(中央公論社、一九七四年九月) 五一二頁
(45) 尾上八郎「常磐会」(新潮社『日本文学大辞典』5、一九五一年一月) 二三七頁
(46) 『大辞典』(平凡社、一九七四年六月復刻) 二九五五頁
(47) 佐々木信綱「大口鯛二集」付記(改造社『現代短歌全集』2、一九三〇年七月) 一八三頁
(48) 福永武彦「解説」(『新潮日本文学1　森鷗外集』一九七一年八月) 五六八頁
(49) 昭和女子大学近代文学研究室『近代文学研究叢書』20(一九六三年一一月) 二〇九頁
(50) 市古貞次編『日本文学年表』(桜楓社、一九七六年六月) 二八七頁
(51) 『シンポジウム日本文学13　森鷗外』(学生社、一九七七年二月) 二五一頁
(52) 唐木順三『森鷗外集』(筑摩書房、明治文学全集27、一九六五年二月) 五一二頁
(53) 竹盛天雄編「年譜」(筑摩書房、現代日本文学大系7『森鷗外集』一九六九年八月) 四五五頁
(54) 山田昭全「井上通泰」(講談社『日本近代文学大辞典』四、一九七七年一一月) 一五五頁
(55) 高橋義孝「森鷗外」(新潮社『日本文学小辞典』一九六八年一月) 一一六頁
(56) 成瀬正勝「森鷗外」(東京堂『近代日本文学辞典』一九五四年五月) 七一二頁
(57) 註(51) 同書　二六一頁

(58) 山室静『森鷗外』(実業之日本社、一九六〇年二月)二七四頁
(59) 註(51)同書 二六一頁
(60)『現代日本文学大年表』(明治書院、一九六八年五月)三五二・三五六頁
(61)『近代日本総合年表』(岩波書店、一九六八年一一月)一八七頁
(62)『常磐会詠草』初編は「編者井上通泰」となっているため、通泰の印があり、付録の「常磐会の沿革並に会則」六八丁から始まる。井上の口述は発行の約一か月前である。
(63) 浜崎美景『森鷗外周辺』(文泉堂書店、一九七六年五月)七九頁
(64)(一九〇九年九月)八九頁
(65) 三四〇・三四一頁
(66)(三国書房、一九四三年八月)五六〇頁
(67)『鷗外全集』35、八三三頁
(68) 同右書 八三四頁
(69)(28巻3号、博文館、一九二二年二月)七三〜七五頁
(70) 古川清彦「森鷗外と常磐会」(『森鷗外』有精堂、一九七〇年一月)一二五頁
(71)(一九三四年一〇月)一八二頁
(72) 同右書 一八一頁
(73) 同書 同頁

(74) 同書　一八三頁

(75) 同書　四一九頁

(76) 高橋正「雨声会の経緯と大町桂月」一（『日本文学研究』21号、一九八三年一二月）一二三頁には、「常盤屋」は「常磐屋」が正しいと記されている。

(77) 一〇一・一〇二頁

(78) 二二七頁

(79) 同　三七頁

(80) 同右書　同頁

(81) 註(70)同書　一二八頁

(82) 同右書　同頁

(83) 古川清彦「森鷗外と山県有朋」（立大『日本文学』一九六四年一一月）一七頁と、古川清彦「常磐会」（講談社『日本近代文学大辞典』一九七七年一一月）三〇一頁の相違

(84)『鷗外全集』19　六五五頁

(85) 同右書　三三八頁

(86) 註(62)『常磐会詠草』初編付録

(87)（博文館『太陽』28巻3号、一九二二年二月）七三〜七五頁

(88) 井上通泰に師事した森銑三は次のように述べている。「先生の記憶力は恐ろしかった。（中略）父

約斎翁は実に記憶がよくて、先生の母君も細事を実によく記憶せられてゐた人だったといふ。先生達兄弟の記憶力は、親譲りだったのである。先生自身も、〝おれ達の学問も半分は親のお蔭なのだ。自慢などせられたものではないよ〟などともいはれた」（中央公論社『森銑三著作集』12巻、一九七一年一一月）四五二頁

(89) 同右書　四五四頁の文を引用する。「先生の不得意なものに書があった。〝字だけは御歌所の誰にもかなはぬ〟と、頭から兜を脱いでゐられた。先年『週刊朝日』か『サンデー毎日』かに、〈余と書〉といふやうな題の随筆を一回書かれたことがある。賀古鶴所博士だつたらうか、〝君が歌を書いたのを見ると、草書の活字が列んだやうだ〟と冷やかされたことがある、といふ、一字一字が離れてゐるのである。始めて御歌所の寄人に召された時、歌を二首書いて出す慣例になつてゐたのを、先生は片仮名で書いて出した。その時〝片仮名の歌を出した人は初めてだ〟といはれたさうである」。

(90)『明治文学の片影』（中央公論社、一九三四年一〇月）一三一頁

(91) 同右書　一九六頁

(92) 坂本秀次氏は「『たづその』からみた常磐会」で鷗外の出席一一八・欠席六七とあげている（『鷗外』26号、四一頁）が、出典は『たづその』であろうか。

(93)「鷗外日記」より集計

(94)（新樹社、一九五一年一月）二二七頁

(95)（岩波書店『文学』一九五一年二月）三七・三八頁
(96)『明治大正昭和の人々』（新樹社、一九五一年一月）二二七頁
(97)「常磐会回顧」（岩波書店『文学』一九六一年二月）三七頁
(98)同右書　同頁
(99)『鷗外全集』35、五〇頁
(100)森鷗外「常磐会詠草」（『鷗外全集』19巻、一九七三年五月）五二七・五三〇頁
(101)註（97）同書　三八頁
(102)「鷗外日記」より
(103)佐々木信綱『明治大正昭和の人々』二二六頁
(104)松原純一「賀古鶴所と鷗外」（『文学散歩』16号、一九六二年一二月）三六頁
(105)北川透「鷗外詩の問題」（学燈社『国文学』一九七三年八月）八〇頁
(106)『鷗外全集』19　一〇三〜三四〇頁
(107)ちなみに同右書には、沙羅の木（訳詩）、（我百首）、短歌、俳句、漢詩など詩歌の類が収録され、これだけでも相当な量である。
(108)『鷗外全集』36　書簡集、一六二一〜二九三頁
(109)同右全集　36
(110)同右全集　二二三六頁

(111)同右全集　二八〇頁
(112)同書　二四一～二四三頁
(113)同書　二四七頁
(114)同書　二六七・二六八頁
(115)森潤三郎『鷗外森林太郎』(丸井書店、一九四二年)
(116)吉野俊彦『鷗外百話』(徳間書店、一九八六年一一月)一三九頁
(117)註(108)同書　二二五頁
(118)同右書　同頁
(119)同書　二六四頁
(120)同書　二七六頁
(121)同　36巻　二八二頁
(122)同右書　二八五頁
(123)矢島膽山「鷗外先生の追憶」(『明星』四巻三、一九二三年九月)三二七頁
(124)吉野俊彦『豊熟の時代』(ＰＨＰ研究所、一九八一年三月)七〇頁
(125)註(123)同書　同頁
(126)松原純一「賀古鶴所と鷗外」(『文学散歩』16号、一九六二年一二月)三六頁
(127)小泉信三『文芸春秋』(一九六五年五月)八二頁

(128)「鷗外の遺言」『鷗外全集』38　一一二頁
(129)『鷗外全集』36　二八五頁
(130)同右書　二八七頁
(131)同書　二八八頁
(132)同　二八九頁
(133)同　二九〇頁
(134)同　二九三頁
(135)同　二九五頁
(136)同　二九六頁
(137)同書　同頁
(138)『鷗外全集』35　四六頁
(139)同右書　四五頁
(140)同全集36　二九六頁
(141)同全集35　四八頁
(142)註(123)同書　同頁
(143)また生方敏郎は「石黒男爵と云ふ古狸で野太鼓の評判ある男の下に立働いて」(『早稲田文学』一九一三年四月)とも言っている。

(144)佐々木信綱の「常磐会回顧」三七頁には、佐々木は腹具合が悪かった、とある。
(145)同右書　同頁
(146)『石川啄木全集』5（筑摩書房、一九七八年四月）三二六頁
(147)古川清彦「森鷗外と常磐会」（『森鷗外』有精堂、一九七〇年三月）一一八頁
(148)井上通泰「森君」（『中央公論』一九〇九年九月）八九頁
(149)坂本秀次「『たづその』からみた常磐会」（『鷗外』26、一九八〇年一月）三八頁
(150)伊藤整『日本文壇史』12（講談社、一九七一年八月）八頁
(151)松原純一「賀古鶴所と鷗外」（『文学散歩』16号、一九六二年一二月）三三頁
(152)田中実「常磐会」（至文堂『文芸用語の基礎知識』、一九八五年四月）四九三頁
(153)『鷗外全集』35　四〇三、四〇五〜四一〇、四六四頁
(154)佐々木信綱「常磐会回顧」（岩波書店『文学』一九六一年二月）三八頁
(155)小泉信三「山県有朋と森鷗外」（『文芸春秋』一九六五年五月）八二頁
(156)「永錫会」については拙著『森鷗外と明治国家』（三一書房、一九九二年一二月）一九一〜一九五頁参照。永錫会の「錫」のルビが「じょう」とミスプリントされている。「しゃく」に訂正しておきたい。

三　夏目漱石

1　漱石の大逆事件前奏――片言隻句から

漱石第一高等中学生、一八八九年五月ころ、校長木下広次後援のもと、国家主義を標榜する学生結社が成立、漱石も入会を請われるが拒絶。しかも漱石は創立大会で拒絶のための演説をし、その理由を語っている。

国家は大切かも知れないが、「さう朝から晩迄国家々々」いって、あたかも国家に取り付かれたような真似は、「到底我々に出来る話でない」。常住座臥国家の事以外を考えてならないという人はあるかも知れないが、「さう間断なく一つ事を考へてゐる人は事実あり得ない」、「事実出来ない事を恰も国家の為にする如くに装ふのは偽りである」（『漱石全集』16）。漱石は国家であれ何であれ、強制ということを非常に嫌った人である。

漱石の断片には、「日本ノ昔ノ道徳ハsubordinationガヨク出来て居る君臣、父子、夫婦　是は社会を統一シテ器械的に働かす為に尤も必要である　今はダメ」（『全集』19）とある。

大日本帝国憲法発布、紀元節、天長節の成立、御真影を小学校に下して拝ませ、忠君愛国の志気を涵養させる「文部省通牒」も出され、「教育に関する勅語」も発布、すべての学校でその奉読が行われた。まさに天皇制や国家主義教育の枠組みができたころの漱石の抵抗であった。漱石には「忠君愛国ハ都合ノイヽ仮面である」（『全集』19）という断片もある。

漱石は二十六歳の四月分家し、北海道後志国岩内郡吹上町十七番地浅岡仁三郎方に移籍、北海道平民として一戸を創立。移籍した事情についてはいろいろ言われているが、当時大学生の徴兵猶予は二十六歳までと規定されていたので、期限切れを目前にした徴兵忌避と考えられる。移籍はある人の好意、また父直克（七十六歳）の配慮も考えられる。しかし漱石本人の意志が先決であったろう。漱石が移籍地を訪問した形跡はない。

一八九〇年六月、哲学論文「老子の哲学」を、十月、論文「文壇に於ける平等主義の代表者『ウオルト・ホイットマン』の詩について」を発表。親友米山保三郎とヘーゲルや東洋の哲学について議論を重ねている。漱石の思想形成にとって、老子、ホイットマン、ヘーゲルらの影響は見逃せず、作品の中でも活きている。

七月東大を卒業、大学院に入る。夏から九五年三月末にかけて、狩野亨吉との交際が濃密である。狩野亨吉（一八六五―一九四二）は漱石より二歳年長、東大数学科を八八年、哲学科を九一年卒業、大学院生。「数論派哲学大意」「志筑忠雄の星気説」などを発表していた。のち漱石に要請されて五高教授（教頭）。一高校長八年、京都帝国大学初代文科大学長。ロンドンより帰国の漱石を一高におよび、京大にも要請した間柄である。

狩野は国家社会主義の立場に立つ本多利明（一七四三―一八二〇）、封建制批判の思想家安藤昌益（一七〇三―六二）らの事歴の発見者、紹介者として知られ、反体制、反戦主義者、唯物論者として生きている。

狩野は京大を教職員人事についての文部当局の干渉に抗して辞任、以後官途につくことを拒絶、古物商を生業としている。一九一三年、皇太子（後の昭和天皇）の輔導掛という仕事が東宮大夫の浜尾新、勅選貴族議員の山川健次郎らによってもたらされた。しかし狩野は「危険思想の持ち主だから」（青江舜二郎『狩野亨吉の生涯』明治書院、一九七四年一一月）と固辞している。

ちなみに、漱石の葬儀の弔詞は狩野が書き、友人総代である。なお、狩野は岩波茂雄に依頼されて『漱石全集』表題揮毫をしている。漱石にとって狩野亨吉の感化は計り知れないものがあると考えられる。例えば、漱石は教職をやめ朝日新聞社に入社する直前、狩野を頼って京都に遊んでいるが、教え子野上豊一郎への手紙の中で、狩野について次のような表現をしている。

（前略）世の中はみな博士とか教授とかを左も有難きもの、様に申し居候。小生にも教授になれと申候。教授になつて席末に列するの名誉なるは言ふ迄もなく候。教授は皆エラキ男のみと存候。然しエラカラざる僕の如キは殆ど彼らの末席にさへ列するの資格なかるべきかと存じ、思ひ切つて野に下り候。（中略）

京へは参り候。（中略）京都には狩野といふ友人有之候。あれは学長なれども学長や教授や博士抔よりも種類の違ふたエライ人に候。あの人に逢ふために候。わざ〳〵京へ参り候。（後略、『全集』23）

とあり、狩野は漱石のまさに畏友である。狩野の人格、思想の片鱗は、例えば作品『吾輩は猫である』の主人公苦沙弥先生、『三四郎』の広田先生、『それから』の主人公代助、『門』の主人公宗助らにみられる。これからみる漱石の社会主義者的発想は、狩野亨吉に負うているように考えられる。

漱石二十九歳、愛媛県尋常中学校（松山中学）で講義中、参謀肩章をつけたいかめしい軍服姿の将軍がふんぞり返って姿をみせた。校長がお供をしている。漱石は形式的な挨拶だけで無視して講義をつづけていた。この将軍はのちの元帥上原勇作、陸軍閥の大御所（半藤一利『漱石先生ぞなもし』文藝春秋、一九九二年九月）。日清戦争直後から軍人風が猛烈に吹きはじめたころのことである。また、漱石は松山連隊の凱旋を迎えたこともあり、のちの厭戦小説「趣味の遺伝」に活かされている。

漱石三十歳から三十七歳にかけての七年間、五高に在籍（うちロンドン留学二年余）。熊本には光淋寺町を少し西に行くと、山崎練兵場があって、毎年六月、そこで招魂祭が行われていた。五高では当日授業を休み、背嚢を負い鉄砲をかつぎ、先生に引率されて参拝するのが例となっていた。漱石は赴任間もなくであったが、これを聞くと承知しない。

「我々の学校は主務省の直轄だから、授業を一日棒に振るに忍びない、無論参拝はせねばならぬが、それなら自由参拝としたがよからう」と主張し、とう〳〵その主張が通ったので、喜んだのは学生達だ。重い鉄砲をかつがないでよい、参拝も自由だ、夏目先生はやはりえらい——とこの青年教授の人気は高まるばかりであった。それでも、教授の間にも、誰一人、反感を抱くものはなかったという（浜崎曲汀「熊本時代の夏目漱石」）。漱石の本領である。

松山中学や五高、そして一高、東大などでの祝賀式などでは、両陛下万歳を三唱する機会が多かった。漱石の「万歳」について芥川龍之介は、芥川が初めて漱石の家を訪ねたとき、漱石が他の客に「自分はまだ生涯に三度しか万歳を唱へたことはない」と言って、「最初は……、二度目は……、三度目は……」と克明に数え上げるのを聞いたと伝えている（芥川龍之介「漱石山房の冬」）。漱石は滅多に万歳をしなかったことがわかる。

漱石は日清戦争中もその後も中国を蔑視しなかったであろうことは、一九〇一年三月十五日のロンドン日記からも推察できる。

日本人ヲ観テ支那人ト云ハレルト厭ガルハ如何、支那人ハ日本人ヨリモ遥カニ名誉アル国民ナリ、只不幸ニシテ目下不振ノ有様ニ沈淪セルナリ、心アル人ハ日本人ト呼バルヽヨリモ支那人ト云ハルヽヲ名誉トスベキナリ、仮令然ラザルニモセヨ日本ハ今迄ドレ程支那ノ厄介ニナリシカ、少シハ考ヘテ見ルガヨカラウ、西洋人ハヤヽトモスルト御世辞ニ支那人ハ嫌ダガ日本人ハ好ダト云フ之ヲ聞キ嬉シガルハ世話ニナツタ隣人ノ悪口ヲ面白イト思ツテ自分方ガ景気ガヨイト云フ御世辞ヲ有難ガル軽薄ナ根性ナリ（『全集』19）

殆どの日本人が脱亜入欧思想になっていたころである。漱石のロンドン留学は今から百年前、ビクトリア朝時代の最後の数か月と、エドワード朝の最初の一年で、ボーア戦争にみるように、帝国主義政策。イギリスの海外派兵陸海軍の総数は約三十七万人。漱石は日記や手紙の中で、日本の前途を、現代日本の開化を心配し憂え、ヨーロッパ列強に蚕食されている中国に思いを馳せている。例えば現代日本の開化について日記に、

（前略）日本ハ三十年前ニ覚メタリト云フ然レドモ半鐘ノ声デ急ニ飛ビ起キタルナリ其覚メタルハ本当ノ覚メタルニアラズ狼狽シツヽアルナリ只西洋カラ吸収スルニ急ニシテ消化スルニ暇ナキナリ、文学モ政治モ商業モ皆然ラン日本ハ真ニ目ガ醒ネバダメダ（後略、『全集』19）

ヨーロッパ列強についても、

英人ハ天下一ノ強国ト思ヘリ仏人モ天下一ノ強国ト思ヘリ独乙人モシカ思ヘリ彼等ハ過去ニ歴史アルコトヲ忘レツヽアルナリ羅馬ハ亡ビタリ希臘モ亡ビタリ今ノ英国仏国独乙ハ亡ブルノ期ナキカ（後略、『全集』19）

と。それでは日本はどうすればよいのか、「現今ニ播く種は？」と日本を考える。

ちなみに、内村鑑三（一八六一―一九三〇）がアメリカで、支那人と間違えられて憤然と食ってかかったように（平川祐弘『夏日漱石――非西洋の苦闘』新潮社、一九七六年八月）、日本人がとにかく外国で支那人とみられることを厭がったのである。日本国内においても、かつて鎖国時代に聖人の国に向けられた敬意は、とくに日清戦争後、中国の弱体が露呈されるとともに、一転し

て侮蔑の風潮に変わっていった。

漱石は一九〇八年「処女作追懐談」を発表。自分の経歴を語りながら、ロンドンで研究の壁に直面していたこと、そこへ池田菊苗（一八六四―一九三六）がドイツから来て漱石の下宿へ同宿したこと、

池田君は理学者だけれども話してみると偉い哲学者であつたには驚いた。大分議論をやつて大分やられた事を今に記憶してゐる。倫敦で池田君に逢つたのは自分にはたいへんな利益であつた。御陰で幽霊の様な文学をやめて、もつと組織だつたどつしりした研究をやらうと思ひ始めた。（『全集』25）

とあり、『文学論』『文学評論』の構想がまとまってきたことを意味する。池田は「味の素」の発明者として名高い。池田の長男池田醇一は、父菊苗が社会主義者であったこと、三男の池田兼六は、菊苗が学生時代に『資本論』第一巻を読んだが、論旨が父の思想と余り違うので、最後まで読まなかったことを伝えている（荒正人『漱石研究年表』集英社、一九七四年一〇月）。池田菊苗は漱石に開眼の契機を与えた人物である。

池田の帰国後、漱石が岳父中根重一への手紙の中で、壮大な著述構想を述べていることはよく知られているが、「マルクス」に言及しているのもこの手紙の中で、

（前略）カールマークスの所論の如きは単に純粋な理屈としても欠点有之べくとは存候へども今日の世界に此説の出づるは当然の事と存候（後略、『全集』22）

と記されている。この前段は、ヨーロッパ文明の失敗は、明らかに貧富の懸隔がひどいことに原因があることを漱石がいい、日本もこのようにならないかと案じている。漱石はこの手紙を書いた一九〇二年三月の時点で、「マルクスの所論」は、「単に純粋の理屈」としても、「欠点有之」とは思うが、今日の世界に「此説の出づるは当然の事」と考えていたことがわかる。

マルクスの所論の欠点――それが単に純粋の理屈としても――を知っていた漱石は、マルクス所論を相当に理解していたとみるべきであろう。マルクスの所論を否定しているのではなくて、是認に傾いていたこと、少なくともマルクス所論のでてくる必然性は是認し、この受容に傾いていたことは確かのようである。この時期の日本では、週刊『平民新聞』が発刊される一年八か月前であった。

漱石はマルクスの『資本論』を日露戦争前に読んだ極めて少数の一人、但し、第一巻だけであった（『漱石研究年表』、岩上順一『漱石入門』中央公論社、一九五九年一二月など）と推定もされているが、読んだという確証はない。漱石の蔵書中に『資本論』英訳はあるが、漱石のよくやる書込みやアンダーラインなどは認められていないことから、マルクス所論言及は「関係文献からの間接的知識によると考えた方が自然」（藤尾健剛「漱石とクロージャーとマルクス」）ともいわれている。

漱石蔵書の『資本論』には、漱石がよく古本を購入したロンドンのチャリング・クロス通りのミラー・アンド・ギルという書店のラベルが貼付され（角野喜六『漱石のロンドン』荒竹出版、一九八二年五月）ていることから、池田菊苗と議論していたころ買い求めたものかも知れない。クロージャー（一八四九―一九二二）の著書も蔵書中にあり、その影響も考えられている。とにかく漱石は『資本論』に関心をもち、社会主義に相当な注意をそそいでいたことは確かだ。

やはり留学時、日英同盟がロンドンで調印。漱石の考えは、「斯の如き事に騒ぎ候は恰も貧人が富家と縁組を取結びたる喜しさの余り鐘太鼓を叩きて村中かけ廻る様なものにも候はん」（『全集』22）であり、こんなことで大騒ぎしたり、満足するようでは心配だといい、結局、イギリスがロシア・ドイツ・フランスと深刻に対立し、「光栄ある孤立」政策に修正を加えざるを得なくなったことを見通している。漱石は日本が「極東の憲兵」といわれることや、イギリスのように帝国主義国になることを望んでいなかった。作品『虞美人草』の中でも日英同盟に言及している。日英同盟は日露の開戦の道を決定的なものにしたばかりでなく、極東における日本の帝国主義的行動が他の列強の支持なしには不可能であることを示していた。

次の日記は、漱石の戦争観の一端を示している。

えい子が二三日前八つ位の学校友達を連れてきた。其子が御辞儀をするから、へい入らっしゃいと云った。あとから二人遊んでゐる所へ行って、あなたの御父さんは何をして入らっしゃるのと聞いたら御父さんは日露戦争に出て死んだのとたゞ一口答へた。余はあとを云ふ気にならなかった。何だか非常に痛ましい気がした。（『全集』20）

えい子は三女、このとき九歳。清国の領事館に勤めていた外交官橋口貢宛てには、「戦争は悲惨です」（『全集』24）と書いている。

一九〇六年一月発表した小説『趣味の遺伝』は厭戦小説であり、一九〇八年の新聞小説『三四郎』の中では、

一体戦争は何の為にするものだか解らない。後で景気でも好くなればだが、大事な子は殺される、物価は高くなる。こんな馬鹿げたものはない。世の好い時分に出稼ぎなど丶云ふものはなかった。みんな戦争の御陰だ。（『全集』5）

と、新聞小説という制約の中で、これだけのことを言っている。講演「私の個人主義」の中でも、国家の倫理は個人の倫理より下等だ、と言っている。また、弟子の野間真綱が日本海海戦の直後、東郷平八郎大将を褒めたのにたいし、「傑くない」と評している（野間真綱「追想」）。

やはり野間真綱に同年次のような手紙を書いている。

小生例の如く毎日を消光人間は皆姑息手段で毎日を送って居る。是を思ふと河上肇など丶云ふ人は感心のものだ。あの位な決心がなくては豪傑とは云はれない。人はあれを精神病とい ふが精神病なら其病気の所が感心だ（『全集』22）。

河上肇（一八七九―一九四六）は人道的社会主義論を展開していたが、突然擱筆し、一切の教職も辞して、伊藤証信の精神修養団体「無我苑」に入り、絶対的非利己主義を主張した。しかし無我苑を去り、読売新聞記者となった。漱石はこのような河上の生き方をみていた。

このころ漱石は次のような断片を書いている。

○昔は御上の御威光なら何でもできた世の中なり〔抹消〕
○今は御上の御威光でも出来ぬことは出来ぬ世の中なり〔抹消〕
○次には御上の御威光だから出来ぬと云ふ時代が来るべし。威光を笠に着て無理を押し通す程個人を侮辱したることなければなり。個人と個人の間なら忍ぶべき事も御上の威光となると誰も屈従するものなきに至るべし。是パーソナリチーの世なればなり。今日文明の大勢なればなり。明治の照（昭）代に御上の御威光を笠に着て多勢をたのみにして事を成さんとするものはカゴに乗って気車よりも早く走らんと焦心するが如し。〔抹消〕（中略）
○天子威光なりとも家庭に立ち入りて故なきに夫婦を離間するを許さず。故なきに親子の情合を殺ぐを許さず。
もし天子の威光なりとて之に盲従する夫あらば之に盲従する妻あらば、是人格を棄てたるものなり。夫たり妻たり。子たるの資格なきものなり。（中略）天之を罰するは此迫害を受けたる人の手を借りて罰せしめざる可らず。是公の道なり。
照々として千古にわたりて一糸一毫もかゆべからざる道なり（『全集』19）

これも一九〇六年のこと、東京市電運賃値上げ反対運動が起こった。日本社会党は六月から反対運動を開始した。八月十二日、漱石は友人深田康算に次のような手紙を書いた。

（前略）電車の値上げ（反対）には行列に加らざるも賛成なれば、一向差し支無之候。小生もある点に於て社界《ママ》主義故堺枯川氏と同列に加はりと新聞に出ても毫も驚ろく事無之候ことに近来は何事をも予期し居候。新聞位に何が出ても驚ろく事無之候。都下の新聞に一度に漱石が気狂になつたと出れば小生は反つてうれしく覚え候。(『全集』22)

この手紙は深田康算が漱石へ、『都新聞』八月十一日の五面「電車賃値上反対行列」の切り抜きを送ってきたことへの礼状である。切り抜き記事は約七百字からなり、日本社会党の有志者の値上反対デモ行進の内容である。参加者は「堺枯川、森近運平、野沢重吉、菊江正義氏外四名と堺氏の妻君夏目(漱石)氏の妻君是に加り総勢十六人」とあり、漱石の代理として鏡子が参加したことがわかる。出発時刻、出発地点、参加者の装束、「電車に乗らぬ同盟」のチラシ撒布、行列の前後に数名ずつの角袖巡査計七名、行進の行程、休憩・昼食の様子など、九十数年前の貴重な資料である。

なお、同新聞六面には、デモしながら配布した「日本社会党の檄文」(電車に乗らぬ同盟)の全文が掲げてある。このとき漱石四十歳、鏡子は三十歳、二歳から八歳までの四女の母親であった。

この二か月ほど前、幸徳秋水が神田錦輝館の日本社会党演説会で、議会主義か直接行動かの問題を提示したことは周知だ。またちなみに、漱石は前年十月末、堺利彦から、フリードリッヒ・エンゲルスの肖像写真のある平民社絵葉書に、『吾輩は猫である』を読んだ感想が記された内容のものを送られている。幸徳秋水、堺利彦らは、思想家のまえに文学者でもあった。漱石には「同時代ノ人カラ尊敬サレルノハ容易ナコトデアル」の断片がある。

一 皇族ニ生レ、バヨイ　二 華族ニ生レ、バヨイ　三 金持ニ生レ、バヨイ　四 権勢家ニ生レ、バヨイ　是等ニナレバスグ尊敬サレルノデアル。然シ百年ノ後ニハ誰モ之ヲ尊敬スル者ハナイ。是等ト同等ニ尊敬サレル様デハ到底後世ニ尊敬サレル訳ガナイ（『全集』19）

また大逆事件前年七月末の日記には、

（前略）文科大学にて神話を課目に入れんとするの議を起す。総長浜尾新「神話」の神の字が国体に関係ある由にて抗議を申し込む。明治四十二年の東京大学総長の頭脳の程度は此位にて勤まるものと知るべし（『全集』20）。

とあって、漱石の神話観の一端と、神の字と国体を結びつける東大総長批判である。大逆事件も国体と結びつけられることになる。

（『大逆事件の真実をあきらかにする会ニュース』第三九号）

2　漱石の大逆事件後奏

漱石は一九〇九年六月二十七日から十月十四日まで全百十回にわたって、「それから」を東京・大阪の両『朝日新聞』に連載、その九月十二日の七十八回では、主人公長井代助の友人平岡常次郎が代助に向かって、現代的滑稽の標本として、社会主義者幸徳秋水を政府がどんなに恐れているかということを次のように話している。

幸徳秋水の家の前と後に巡査が二三人宛昼夜張番をしてゐる。一時は天幕を張つて、其中から覗つてゐた。秋水が外出すると、巡査が後を付ける。万一見失ひでもしやうものなら非常な事件になる。今本郷に現はれた、今神田へ来たと、夫から夫へと電話が掛つて東京市中大騒ぎである。新宿警察署では秋水一人の為に月々百円使つてゐる（『値段史年表』によれば、当時白米一円五六銭、大工の手間賃一円）。同じ仲間の飴屋が大道で飴細工を拵へてゐると、白服の巡査が、飴の前へ鼻を出して、邪魔になつて仕方がない。

東京朝日新聞社（以下東朝社と略）で漱石と懇意な杉村楚人冠（本名広太郎、筆名は他に縦横、一八七二―一九四五）は、漱石の「それから」が掲載される二十日ほど前、『東京朝日新聞』（以下『東朝』と略）に「幸徳秋水を襲ふ」を掲載している。楚人冠が友人幸徳の平民社を訪ねた記録である。巡査の詰所、昼夜の別なく見張、尾行、天幕、飴売りの邪魔、探偵に注意人物として始終尾行された書店の親父が探偵と仲良くなったこと、幸徳の語ったことなども記している。

東京中の注意人物には特に天皇が外出するとき、厳重にその挙動を監視することになって必ず一二名宛の巡査を一人一人につける。幸徳は笑って、「皇室に危害を加へる恐れがあるとでも思つてゐるのだらうが誰がそんな馬鹿な真似をするもんか」と言っている。幸徳と楚人冠は無政府党のことを話す。

日本における社会主義的運動の萌芽の年代、社会主義研究会の内容、週刊『平民新聞』のこと、現在は片山潜の『社会新聞』を中心とした社会民主主義と幸徳の『自由思想』を機関とした無政府共産主義の二派ばかりで、これらも同志の堺、西川、大杉、山川など赤旗事件で入牢、警視庁の厳重な取締りのために、「運動らしい運動も」出来ていない現実。

日本の無政府主義は、幸徳が初めて米国からもたらしたが、大分多くの人に毛嫌いされたのは、無政府主義といい、アナーキズムという名がいかにも殺伐に聞こえるのと、実際またイタリア、ロシアなどの無政府党は殆ど暗殺強盗を専門の事業としてでもいるかのようなのと、それやこれやであった。その後、主義の性質が「追々了解されたのと」、今一つ「外界の圧迫に対する大同団結の必要」に迫られたのと両方で同志はだいぶ幸徳と行動を共にすることになって来たという。

幸徳と楚人冠は以上のような話から、社会主義と無政府主義の異同優劣などについて「問答もすれば議論」もして見た、楚人冠は「が併し僕は今夫を一々此に書いて東朝社の前に天幕を立てられるのを待つ勇気はない」と記し、最後に尾行にあったその様をリアルに書いている。さらに楚人冠は冗談まじりに幸徳に、「君も桑港辺で死んでゐたら今頃はえらいものに祭り上げられて居たらう」と言っている。

「幸徳秋水を襲ふ」は六月七日、八日ともに四百字原稿用紙各四枚で計八枚ほど、幸徳に好意的にユーモアたっぷりに記している。普通新聞にこれだけのことを掲載したのは、楚人冠の警視庁批判とともに社会主義の啓蒙でもある。楚人冠は週刊『平民新聞』の寄稿家であり、十二号に「予は如何にして社会主義者となりし乎」も書いている。漱石より四年早く東朝社に入り、漱石と親交をもったその一端を次のように語っている。

その頃の夏目君は小説を書いてゐるばかりで、社へはあまり出て来なかつた。一週一回水曜日の編集会議には必ず出て来たが、会議の席ではにこにこと笑ひながら人の言ふ事を聞いてゐるばかりで、自分はあまり何もいはなかつた。言へば必ず思ひがけぬ警告をすまして言ふので、その度毎に皆は笑つた。だから物数はいはぬが、夏目君が会議に出ると、何となく賑やかになった。会議が終つてそのまま別れてしまふのは惜しいやうな気がして、私はよく交詢社の午餐に誘ひ出した。誘ったら必ず気軽に一緒に来てくれた。（『楚人冠全集』13所収）

二人の関係から、漱石は楚人冠の「幸徳秋水を襲ふ」の記事を「それから」に活用したのである。漱石も社会主義や幸徳に関心をもち、楚人冠と語っていたのである。「それから」で幸徳秋水に言及した翌日、同じ東朝に連載「東京の女」（十六）には、「社会主義の女——菅《ママ》野須賀子女史訪問記」が、管野の写真、須賀子と自筆署名の短歌、

虫すくふ胸を抱きて三尺の
　鉄窓に見る初夏の雲

とともに五面の二段をぬいて掲載されている。これは記者松崎天民が楚人冠から紹介状をもらって幸徳・管野を訪問した千五百字からなる記事である。

松崎は幸徳の印象を、「穏かで然も力ある話の調子、実は初対面で惚れて了つた、今の内閣が

一人の幸徳秋水に付するに、巡査数名を以てする所因も判つた、成る程山椒は小粒でも、ヒリ、と来るわい」と好意的に記し理解している。管野は『自由思想』が新聞紙法違反に問われ、東京監獄未決監から釈放されて十日ほど後だった。管野は語っている。

肺病と脳病とで、多くは病監で過しました、赤旗事件以来二度目の入獄ですから、顔馴染もありましたが、雑房では四畳半に十四五人も一所で、八六の蚊帳に重なり合つて寝るのですから、随分種々の喧嘩なども有りました、気の毒なは女監の取締をして居る女で、朝八時から翌日の八時まで働き詰め、夫れで薄給なんですから立つ瀬は有りません、社会主義の婦人は、東京市内だけで十名位は御座いませう、最少し婦人の社会主義者が出ますと、婦人問題など妾どもの方から唱道して、面白い運動が出来やうと存じます、社会主義の方は今の良妻賢母主義とは全然正反対なんですから……

狭い雑房での女囚の待遇のひどさ、管野はそれよりも、女監の取締りをしている女性の勤務時間、待遇の悪さを松崎記者に訴え、女性問題を唱道する女性社会主義者の出現をつよく希望している。このような人権、労働問題を主張する管野に、松崎は筋金入りの社会主義者を見ただろうし、感動したであろう。

松崎もここで尾行された実態を記している。彼はこの訪問記の最後を、

社会主義はそんなに恐い者かと、可笑しくなる

肺を病でも、巡査に尾行されても、社会主義のためには、死んでも宜いと云ふのが須賀子

女史だ、現代女性気質の一面として、此の事実は何者の威力を以てするも、到底否む事が出
来ぬでないか
見張の巡査も笑顔をして居たよ

と、管野の本質を見抜き、好意的に、警視庁を揶揄的に結んでいる。漱石も東朝の作家として楚人冠や松崎の記事は当然読んでいる。松崎天民は、大逆事件処刑直後、やはり東朝に「凄愴たる火葬場　ほか」を記載した記者として知られる。信州明科で宮下太吉の爆裂弾事件発覚、宮下、新村忠雄、古河力作ら五人が逮捕されたのは八か月ほど後である。

大逆事件の検挙がはじまると、東京各新聞社は、東京地方裁判所検事局より、この事件の犯罪に関する一切の事の記事差止命令を受けた。各新聞社は皆この命令によって、初めてこの事件の発生を知った。漱石も例外ではない。命令はやがて全国の新聞社に通達された。

したがって例えば、六月一日発行『やまと新聞』夕刊には、一面に三段ぬきの大見出しで、「●社会主義者一網打盡されんとす　▲幸徳秋水捕へらる！　▲一類大陰謀の露顕？」とあってもその説明文は「事件の内容に至りては固より知るに由なしと雖も……」とあって、或種の社会主義的陰謀、策地源、その関係範囲など、推量的に記されているに過ぎない。三日以後になると、例えば次の東朝の見出しにみるようになる。

六月三日　幸徳秋水は湯河原で逮捕　変節漢と睨まれて同志から付け狙はれたる　五日　幸徳は無政府主義者の中心人物　警視庁某課長と秘密に会見し改悛を誓ひて警戒を解かれたる

「幸徳秋水一味不軌の大陰謀」過激党全滅の大検挙開始　九日　無政府党の一味の素性　和歌山県で逮捕された大石らの素性　十三日　検挙の主義者宮下太吉の姉も喚問

これら自社の新聞記事を、漱石は胃潰瘍の痛みに堪えながらじっくりと読んだ。真偽を判別しながら、ときには唖然としたり、また憮然としたり、権力の横暴に憤りを覚えたりしながら。大逆事件の不拡大を小林検事正が声明した翌日、漱石は六月五日の事件関係記事を読み、有松警保局長の事件不拡大を声明したのを知ってから、連載中の「門」を脱稿した。

漱石の日記によると、六日、九日、十三日と長与胃腸病院行き、胃潰瘍と判明、十八日に入院、四十四日後の七月三十一日退院。この間多くの友人、知人、弟子らが見舞いに来ている。漱石入院の二日後、司法省の首脳会議で事件の拡大方針を決定したようだ。杉村楚人冠が見舞いに来たのはこの前日であり、七月十日にも面会に来ている。新宮の峯尾節堂、崎久保誓一、高木顕明、成石勘三郎、平四郎らの起訴決定のころである。

入院期間中の見舞客は延べ約百七十人余、一日平均四人。大逆事件につよい関心を示した池辺三山、桐生悠々、木下杢太郎、石川啄木らも漱石を見舞い語っている。啄木は漱石より約二年遅く東朝社に入った。同郷の編集長佐藤真一（北江）の世話で校正係となった。佐藤真一は若いころ自由民権家であった。漱石の東朝連載小説「それから」「門」などは啄木の校正した時期である。啄木入社八か月後、漱石主宰の文芸欄が出来たので、啄木は漱石の多くの評論も読み、ここに寄稿もしている。

啄木は入社の翌年四月に『二葉亭全集』編集にかかわり、七月一日長与病院の漱石を訪問、病気見舞と二葉亭の原稿「けふり」について指導を受け、五日再度漱石を訪問、資料として『ツルゲーネフ全集』の一部を借りている。九月中旬東朝に朝日歌壇が設けられ、啄木が選者に抜擢された。これは渋川玄耳(柳次郎)の厚意や楚人冠の同意があったからであり、漱石とは関係ない。啄木の「四十三年中重要記事」の中に、「時々訪ね呉れたる人に木下杢太郎君あり。夏目氏と知りたると、二葉亭全集の事を以て内田貢氏としば〳〵会見」(『全集』6)とある。

木下杢太郎(太田正雄)や内田魯庵とは大逆事件について語ったと思われるが、漱石とは事件については直截には語っていないようだ。しかし友人森田草平を通して間接にはおおいに語っている。例えば一九一一年七月十一日の啄木の日記には「夜森田草平君来り、幸徳のことを語り十一時半に至る」(『全集』6)とある。

「思想上に於ては重大なる年なりき。予はこの年に於て予の性格、趣味、傾向を統一すべき一鎖鑰を発見したり。社会主義問題これなり。予は特にこの問題について思考し、読書し、談話すること多かりき」(同前全集)の一人は森田草平であり、草平は漱石と幸徳事件について啄木の語ったことなどを話している。「たゞ為政者の抑圧非理を極め、予をしてこれを発表する能はざらしめたり」とは、「所謂今度の事」「時代閉塞の現状」などが東朝に掲載されなかったことを言っているようだ。漱石は病苦の啄木に最後まで温かい手を差し延べている。啄木の大逆事件の発想に共鳴していたのかも知れない。

漱石は長与病院に四十四日間入院、大逆事件は十五名の起訴が決定していた。漱石はこれらの経過を知悉していたであろう。八月六日、漱石は転地療養のため修善寺温泉菊屋旅館に赴く。松根東洋城の勧めからであった。

二十四日「胃部に膨満感」、朝五百グラムの大吐血（寒天状の血塊）、脳貧血、三十分人事不省になる。修善寺で六十六日間の療養生活。この間大逆事件は熊本の松尾卯一太、新美卯一郎、佐々木道元、飛松与次郎の四名と坂本清馬の起訴が決定。東京の小林検事正、武富検事、小山検事らが大阪に出張して、移動捜査本部を編成し、大阪の武田九平、岡本頴一郎、三浦安太郎の三名の起訴を決定し、さらに神戸の岡林寅松、小松丑治の二名を起訴決定し、内山愚童も漱石の長与病院再入院直後に起訴が決まり、事件の被告人は二十六名となっていた。

見舞客は東朝で数回も「夏目漱石氏の病状」を報じたことや危篤の電報などにより数え切れない。杉村楚人冠に関していえば九月七日、二十四日、十月十日と三度、一泊宿りで見舞っている。九月十日の朝、漱石が新聞をもって来るように云うと、『東朝』の「文芸欄」の紙面だけをもってくる。森成麟造医師から新聞を読んではいけないといわれる（小宮豊隆「修善寺日記」）。

漱石に新聞を読ませない理由として、漱石の愛読者でもあった長与病院長の長与弥吉が病気であり、重態、死去（九月五日）などを漱石に秘していたからという。修善寺で漱石を診た森成医師、杉本副院長の診察は、長与院長の好意の結果であった。漱石が院長の死去を知ったのは、修善寺から再び長与病院に入院した翌日（十月十二日）であった。この日の日記に「逝く人に留まる人に来る雁」を詠んでいる。

漱石の恢復期に鏡子が一番弱ったのは、新聞を見せろ、見せないの喧嘩であったという（森田草平『漱石先生と私』下）。例えば九月十一日、小宮豊隆に新聞を見せるように云うと、応じない。癇癪を起こす。小宮豊隆は、病室から出て行く。看護婦を頼んで野上豊一郎に新聞を届けさせる（前掲『修善寺日記』）。

仮りに大逆事件のその後や今後を、杉村楚人冠と語り合ったとしても、漱石は作家としても習慣上も、せめて自社の新聞は読みたかったであろう。漱石の喀血以来、世間の出来事のために頭を刺激されてはいけない、という医者の意見によって、周囲の人は新聞も見せなければ出来事も知らせなかった。しかし見舞っている野上豊一郎（白川）の「修善寺より」の九月九日のところに、

然るに此間或る工学士が見舞いに来て一夜泊つて帰つた。その朝外の人の気が付いた時は工学士は既に病室に行つて先生を相手にペラ〱話してゐた。わざと秘にしてあった梅博士の死んだ事もすつかり喋べつて了つたそうだ。此上長与さんの死んだ事まで喋べられては大変だと云ふので病室から呼び出したそうだ。（『ホト、ギス』同年一〇月）

とある。「世間の出来事」といえば、大逆事件や日韓併合ニュースは、大きな出来事である。多くの遠地から見えた見舞客に箝口令を敷くわけにはいかず、出来事についても話されたろうし、意見の交換から交感はあったものと思われ、漱石は事件についての思索を深めたものと考えられ

る。野上豊一郎は七日にみえて十三日に帰京している。

見舞いに来て三週間も滞在した坂元雪鳥（三郎）には、詳しい「漱石先生の病気」「修善寺日記」があるが、後者の八月二十八日――漱石が大吐血で人事不省から四日後でありながら――「夜隣室に当直す。日韓併合の顚末をお話する」とある。韓国併合に関する日韓条約調印は、この六日前の二十二日、韓国の国号を朝鮮と改めたのはこの翌二十九日であった。漱石の関心が判る。

二日後の三十日には、見舞いに来ていた安倍能成が漱石に日韓併合について尋ねているが、漱石がどう答えたかの記録はない。これより数年前、一九〇七年七月十九日付小宮豊隆宛書簡で漱石は、大韓帝国皇帝高宗が日本より強制されて譲位の詔勅を発布したことについて、

然し朝鮮の王様は非常に気の毒なものだ。世の中に朝鮮の王様に同情してゐるものは僕ばかりだらう。あれで朝鮮が滅亡する端緒を開いては祖先へ申訳がない。実に気の毒だ。（『漱石全集』26）

と述べている。また満鉄の招待による満州・朝鮮の旅行帰国直後の『東朝』（一九〇九年十月十八日）紙上の満韓視察談で日本人との比較で「之に反して支那人や朝鮮人を見ると甚だ気の毒になります」（「満韓の文明」）と漱石は語っている。日本国家は帝国主義政策に狂奔し、中国進出、韓国の植民地化が政治の至上目的となっていた。国民は脱亜入欧思想に洗脳されていたときの漱石の発言である。

漱石の発言は弱く、植民地主義、侵略主義の韓国併合に激しく抵抗したのは少数の社会主義者だけであった。それにしても漱石の満韓旅行は、植民地支配への認識を欠いたという説もあるが、果たしてそうなのか。漱石はロンドン留学時、早くもイギリスの帝国主義政策を批判している。脱亜入欧といえば、敗戦から半世紀余の二十一世紀の現代でも、多かれ少なかれ私たちの意識は脱亜入欧化しているのではないだろうか。

漱石は十月十一日修善寺からそのまま再び長与病院に入院し、翌年二月二十六日まで百三十八日間病院生活をつづける。この間の大逆事件は、松室検事総長と有松警保局長の相談で、予審終結のさい、新聞雑誌の報道を抑制するための「警告事項」を事前に通牒、これは十一月九日、東京の新聞社の責任者を大審院に招集して押しつけ、違反者の厳罰を言明している。さらに松室は、全員有罪の「意見書」を横田大審院長に提出している。

十一月八日には小村外相、河村司法次官から送付された「検事総長のとりきめた公表事項」に基づき、各国駐在日本大使・領事に訓令、二日後、東京監獄の被告に、接見・通信の禁止をようやく解除、五日後に被告に公判開始日を通知。二十二日には、幸徳秋水らの処刑に反対する抗議運動が全米とヨーロッパに波及。十二月十日に特別裁判開廷（傍聴禁止、非公開）、被告の供述はつづき、証人申請を全部却下、検事論告、検事総長の全員死刑求刑、弁護人の弁論を経て年末の二十九日閉廷となった。

漱石は長与病院で一九一一年の正月を祝う。一月十八日大逆事件判決で二十四名に死刑、二名に有期刑――十九日、十二名は無期懲役に減刑――。この日の「坂元雪鳥日記」に、「夜夏目先生へ今日の記事詳細を認む」とある。坂元は漱石の教え子で東朝記者として漱石に師事していた。この夜は雪、事件の判決を伝える号外売りの声を、漱石も聞き号外を手にしたであろう。一月二十日付坂元宛漱石の手紙には、冒頭に「無事御安着結構に候」（『全集』23）とあるのは、坂元からの手紙、事件関係新聞資料を受け取った礼のようだ。

漱石は長与病院退院一週間前の十九日、東朝で漱石ら五人を文学博士に推薦することを知る。二十日留守宅に文部省（差出人は漱石と予備門の同級生、専門学務局長福原鐐二郎）から文学博士号授与の通知を配達され、二十一日午前十時に出席されたいとある。翌二十一日、鏡子は入院中で出席出来ないことを文部省に連絡。文部省からは使いの者が来て、学位記を置いて行く。漱石は福原宛に、

小生は今日までたゞの夏目なにがしとして世を渡つて参りましたし、是から先も矢張たゞの夏目なにがしで暮したい希望を持つて居ります。従つて私は博士の学位を頂きたくないのであります。

と辞退を申し入れる。辞退は諒承されなく、文部省と四月半ばまで折衝して物別れとなった。漱石は「死骸となって棄てられた博士号」（『中央新聞』三月七日）の中で、「文部省は人の自由意思をも尊重しなければならぬ」、「一体前例々々と云って人の自由意思を蹂躪するのは甚だ感服出来ない」などという。

四月十一日の「学位問題について」（『全集』26）の中では、「学位を与へるのは命令であるとか、与へられた者は之を受けべき義務があるとか云ふのは俗論であり、屁理窟である」と述べている。十五日の「博士問題の成行」（『東朝』）では次のようにいう。

博士制度は学問奨励の具として、政府から見れば有効に違いない。しかし一国の学者を挙げてみんな博士になろうと学問をするような気風を養成したり、またそう思われるほどに極端な傾向を帯びて、学者が行動するのは、「国家から見ても弊害の多いのは知れてゐる」。博士でなければ学者でないように、世間を思わせるほど博士に価値を賦与したならば、

学問は少数の博士の専有物となつて、僅かな学者的貴族が学権を掌握し尽すに至ると共に、選に洩れたる他は全く一般から閑却されるの結果として、厭ふべき弊害の続出せん事を余は切に憂ふるものである。（中略）

従つて余の博士を辞退したのは徹頭徹尾主義の問題である。此事件の成行を公けにすると共に、余は此一句丈を最後に付け加へて置く

フランスの学士院についても不愉快に思っていた漱石は、博士辞退は「徹頭徹尾主義の問題」と言い切る。人の自由意思を尊重しない国家権力（文部省）は、個人の文芸を尊重する筈がない、大逆事件にどんな態度をとったのか、思想・言論・表現の弾圧を平気でやったではないか、そんな漱石の声も聞こえる。

漱石はこの年、文部省の文芸院の設立も疑問視し、否定している。「文芸委員会は何をするか」

（『東朝』五月一八・一九・二〇日）を発表している。国家（文部省）権力と作品、権力と作家、国家を代表する文芸家の権威の問題、文芸委員が政府の威力を背景にする問題、文芸院成立のための弊害――不自然な機関になり政府の己惚など――。漱石は、

政府は今日迄わが文芸に対して何等の保護を与へてゐない。寧ろ干渉のみを事とした形迹がある。（中略）我々文士から云つても、好い加減な選り好みをされた上に、生中もやし扱ひにされるのは有難いものではない。

前年の大逆事件の発覚を契機に政府の言論や文芸の抑圧政策が強化されたことへの批判である。選ばれた文芸委員には勿論、漱石の名はない。博士辞退も関係していると思われる。文芸院は漱石が心配したように、二年ほどの命脈だった。漱石は六月から八月にかけて七回もの地方での講演をしている。それらの中で、ときには直喩的に、ときには暗喩的に事件関連を述べている。漱石にとって事件の衝撃の大きかったことを示している。漱石の講演は落語に精通しているためか、落語調をとり入れて聴衆を唸らせる。

八月十五日、和歌山県会議室で大阪朝日新聞主宰の講演「現代日本の開化」はよく知られている。開化とは何か（「人間活力の発現の経路」）、開化の出来る原因、開化が進むとどうなるのか、開化の産んだ一大パラドックス、現代の日本の開化はどんな開化なのか（「西洋の開化は内発的で、日本のそれは外発的」）、その差（「西洋の開化は我々よりも数十倍労力節約の機関を有する開化、また我々よりも数十倍娯楽道楽の方面に積極的に活力を使用し得る方法を具備した開化」）。

外発的の開化が心理的にどんな影響を与えるか（「国民はどこかに空虚の感、不満と不安」）、開化の推移はどうしても内発的でなければ嘘（「外発的なものは自然に逆う」）、外発的を内発的ででもあるかのように得意でいる人は、ハイカラだが虚偽、軽薄であり、それを敢てしなければ立ち行かない日本人は「随分悲酸な国民」だ。即ち「現代日本の開化は皮相上滑りの開化」であるということに帰着する。西洋で百年かかって漸く今日に発展した開化を日本人が十年に年期をつづめてやるのは、「由々しき結果」に陥ることになるだろう。

漱石の結論は悲観的であり、日本の将来についても悲観している。しかし漱石は日本の現代のすべての真実をさらけだしている。日本国家に警鐘を鳴らしている。大逆事件がなぜ起きたのか、弾圧や処刑をなぜしたのか、その解答は漱石のこの講演「現代日本の開化」の中に包含されているように考えられる。

一九一四年十一月二十五日、学習院輔仁会における講演「私の個人主義」は貴重な講演である。本論に入ると、学習院という学校の性格、あなた方が世間へ出たとき、権力（「自分の個性を他人の頭の上に無理矢理に圧し付ける道具」）、金力（「個性を拡張するために、他人の上に誘惑の道具として使用し得る至極重宝なもの」）を押しかぶせたり、誘き寄せたり出来る大変便宜な道具だが危険だ、人間の精神を買うことも出来、あなた方はそれを使える地位に将来なる人が多い。しかし権力には必ず義務がついているし、金力にも責任がついている。

もし人格のないものが無暗に個性を発展しようとすると、他を妨害する。権力を用いようとす

ると濫用に流れ、金力を使おうとすれば、社会の腐敗をもたらす、と語る。本題の個人主義にはいる。一例として、

たとへば私が何も不都合を働らかないのに、単に政府に気に入らないからと云つて、警視総監が巡査に私の家を取り巻かせたら何んなものでせう。警視総監に夫丈の権力はあるかも知れないが、徳義はさういふ権力の使用を彼に許さないのであります。又は三井とか岩崎とかいふ豪商が、私を嫌ふといふ丈の意味で、私の家の召使を買収して事ごとに私に反抗させたら、是又何んなものでせう。もし彼等の金力の背後に人格といふものが多少でもあるならば、彼等は決してそんな無法を働らく気にはなれないのであります。

と述べる。政府（国家）、警視総監、巡査らの権力、組織的権力の濫用など、大逆事件の出来事を彷彿させる。漱石の大逆事件批判に通底している隠喩ではないだろうか。

このような弊害はみな道義上の個人主義を理解し得ないから起こる、と漱石は指摘し、だから私のここに述べる「個人主義」というものは、俗人の考えているように国家に危険を及ぼすものではなく、他の存在を尊敬すると同時に自分の存在を尊敬する、党派心がなくて理非がある主義、と説明する。

国家と個人、国家主義と個人主義の関係を述べた後に、国家的道徳と個人的道徳を比べ、国家的道徳は個人的道徳よりずっと段の低いものの様に見える、といい、

元来国と国とは辞令はいくら八釜しくつても徳義心はそんなにありやしません。詐欺をやる、

誤魔化しをやる、ペテンに掛ける、滅茶苦茶なものであります。だから国家を標準とする以上、国家を一団と見る以上、余程低級な道徳に甘んじて平気でゐなければならないのに、個人主義の基礎から考えると、それが大変高くなつて来るのですから考えなければなりません。

（『全集』16所収）

政治の無責任さ、企業の倫理観の欠如、官僚、警官らのモラルのなさ、そして家族の崩壊などが二十一世紀初頭の日本昨今の実態である。漱石の「私の個人主義」は、九十年後の現在でも警鐘として価値あるもののように考えられる。

漱石は永眠の年の一月一日から二十一日にかけて「点頭録」九回を東京・大阪の朝日新聞に掲載している。内容は「軍国主義」（四回）「トライチケ」（四回）である。中止したのは左腕の痛みや糖尿病もあるだろうが、危険やそれによる朝日新聞への迷惑を考えたからではないだろうか、同時期漢詩や俳句はつくっているのだから……。「点頭録」の内容が一貫して軍国主義に批判的な立場を示しているからである。

第一次世界大戦の日本の参戦は、開戦直後の一九一五年八月。ドイツに宣戦を布告、艦隊を地中海へ派遣した。中国民衆の激しい怒りを呼び起こし、列強の疑惑をまねいた「対華二十一か条要求」を、軍事力を背景に承認させたのは、大戦が始まる二か月前、「点頭録」はこの翌年正月早々で、戦況は東部戦線膠着が始まったころであった。

「軍国主義」では、漱石の大戦観、軍国主義の未来という問題、ドイツに代表される軍国主義と個人の自由を多年培養した英仏の関係、「権力」と「力」との対立をやめなければいけないこと、ニーチエとドイツ人、何故戦争をするのか、ドイツ批判など漱石の悲しみが伝わってくる。「トライチケ」では、ニーチエとビスマルクの関係、ビスマルクに協力したトライチケ、プロシアの軍国主義とヘーゲルの観念論、トライチケとこの大戦、彼の人間性、ニーチエ・ヘーゲル・マキアベリとの関係、トライチケがあらゆる人道的および自由主義運動に反対していく過程。漱石はヨーロッパの思想家・学者と戦争の関係を述べ、現代の日本では政治と思想がバラバラで両者の連鎖は、「発売禁止の形式に於て起る抑圧的なものばかり」といい、思想家の貧弱、政治家の「眼界の狭さ」をあげている。

漱石は軍国主義未来への不安と懸念を随所に述べている。大戦は漱石の死去後二年もつづき、死傷者三千万、捕虜六百五十万、漱石の不安は的中している。軍国主義批判も漱石の大逆事件の後奏であるように考えられる。

（『大逆事件の真実をあきらかにする会ニュース』第四〇号）

Ⅲ　大逆事件と同時代人たち

一　小泉三申（策太郎）の本領、そして決断——反論的、実証的に

1　小島直記氏の記述をめぐって

(1)　幸徳秋水の渡米資金

小島直記氏のノンフィクションの作品『無冠の男』[1]を読む機会があった。『無冠の男』を読む以前に、拙稿「大逆事件における小泉三申の動向」[2]をまとめるために、小島氏の『小泉三申』[3]を読ませていただいた。啓蒙、示唆されるところが多く謝しているが、部分的に疑問点、違和感があったことも確かであり、それについて述べてみたい。

幸徳秋水が渡米するのは、明治三十八（一九〇五）年十一月十四日であるが、小島氏はこの時の渡米資金について、『無冠の男』で、

秋水の渡米の旅費を寄付してくれたのは、幸徳駒太郎、細野次郎、竹内虎治、福田和五郎、小嶋竜太郎、大石誠之助の六人で小泉三申は一文も出していない。[4]

と記しているが、『小泉三申』ではさらに詳しく、次のように記述されている。

このときの旅費は、友人たちの寄付によった。加藤時次郎が船賃百七十円と渡米中月五十円出すこととなり、幸徳駒太郎が二百六十円、細野次郎、竹内虎治が各二百円、福田和五郎が百円、小島竜太郎が五十円、大石誠之助が三十円を出したが、「親友」三申は一文も出していないのである。(5)

『小泉三申』の右の資料は、幸徳秋水自身の「渡米日記」、明治三十八年十一月十七日の記事と一致することから、「渡米日記」に拠ったものと考えられる。(6)

ところが、幸徳秋水は明治三十九年一月二十四日の『光』（第一巻第五号）に、「狂瀾余沫」を掲載、その中の「遠遊の資金」のところに次のように記している。

一貧洗ふが如き我は、何の処より遠遊の資を得しや、是れ独り警視庁の諸君の怪訝《かいが》せる所なるのみならず、亦我同志友人の知らんと欲する所ならん、我は正直に明白に告知せざる可《べか》らず、我の今回の行を断じ得たるは実に左の友人諸君の好意に依る。

細野次郎君、竹内虎治君、加藤時次郎君、福田和五郎君、小嶋竜太郎君、幸徳駒太郎君、大石誠之助君、小泉策太郎君、片野文助君、

是等の諸君、或は三十円、或は五十円、或は百円、或は二百円を給与せられて我は殆ど一千金を得たり、而《しか》して其一半を出獄以後の生活費に費消し、其一半を携へて日本を去れり、唯だ如此き耳《のみ》、

我は付言す、我は此等の給与を得るも、我の主義、思想、言論、運動は、決して之が為に

寸毫《すんごう》の束縛牽制を受る所なし同志よ友人よ乞ふ安んぜよ。(7)

渡米中の幸徳秋水が、同志を対象とした新聞に、虚言を弄したとは考えられない。小泉策太郎はやはり秋水に餞別を贈っていたのだ。ちなみに、木宮栄彦氏の『小泉三申』(8)、長谷川義記氏の『評伝小泉三申』(9)にも、小泉三申が秋水に渡米資金カンパをしたことが記されている。

(2) 三申と秋水の親交

三申と秋水は明治二十六(一八九三)年、板垣退助が社長の自由新聞社で知り合う。三申二十二歳、秋水二十三歳。以来、まさに刎頸《ふんけい》の友であった。秋水死刑二十数年後、三申は、

幸徳と年歯相如き、文学の趣味にも、青雲の志気にもおのづから共通するものがあり、一見旧知に優る契合となり、社の二階の一室に同居し、後に愛宕下の下宿に移て起臥飲食を共にすること半年余、骨肉兄弟よりも親しく交つたが、(中略)これより各自に異なる運命に流転して、彼は一路文筆に精進し、余は俗塵に堕在しても、交誼友情は年を経るに従つてますく濃厚となつた。これ将た奇遇か宿縁か、彼の亡びて二十年を経た後となつても、温容髣髴として今猶ほ昨のごとくである。(10)

と述べており、このことは秋水の日記「時至録」や三申への手紙も立証するところである。(11)また、秋水、三申二人の親友であった堺利彦(一八七〇―一九三三)は、

三申君、君は僕に墓参の感想を聞かせよと語つてゐる。秋水の墓は中村町の墓地にある。大

きな梅の木の下にある。（中略）君の書いた墓の字が拙い筈はない、無造作に見える処に老熟枯淡の筆致が溢れてゐる。秋水と三申との莫逆の交りが、永くあそこに刻されて居るわけだ。(12)

と話しているほどである。

幸徳秋水の妻千代子も、その著『風々雨々』の中で、秋水が「万朝報」にいた頃（明治三一年～三六年）には、多少ながらも定収入があったからよいようなものの、その後平民社を創立して社会運動の第一線に乗り出してからは、「殆んど定まつた収入と云ふものがなくなつて来たので、軍用金をしばしば小泉氏に仰いだ」(13)と語り、三申は「僕の眼の黒い中は不自由はさせないから、金の入用の時は取りに来給へ」(14)と千代子に言っていた。

つづけて千代子は、「事実、迫害の為めに手も足も出なくなつた晩年の秋水は、その生活費の殆んど全部を小泉氏に仰いで居たのである」(15)と述べている。また、秋水は石川三四郎の週刊『平民新聞』社説「小学教師に告ぐ」の筆禍事件で禁錮五か月の刑をうけ、巣鴨監獄に入獄（三八年二月二八日～七月二八日）。千代子はこの間、三申宅に寄留している。(16)その他、秋水は運動資金を三申に求めたことは多く、三申も実業界で儲けた金を、秋水には「不浄物」(17)といって寄付していたことは確かである。

秋水は明治四十（一九〇七）年四月二十八日から五月九日まで、湯河原の天野屋で病気療養をしているが、すでに天野屋を贔屓《ひいき》にしていた三申の世話である。明治四十一年六月の赤旗事件によって、八月上京してきた秋水のために、三申は淀橋町柏木九二六番地の平民社を巣鴨村二〇四〇番地に移す斡旋もしている。[18]
このように三申が秋水のために、有形無形の打算を度外視した親友（心友）としての援助をしてきたことは知られている。秋水が金銭には放漫であったことも知られるが、二人の関係は、それだけに金銭にたいして恬淡であったことは確かで、よしんば三申が、秋水への渡米餞別をやらなかったとしても、そのニュアンスは、「三申は一文も出していない」と言い切れるものではなかろう。餞別が二人の友情に支障をきたすような人間関係ではなかった。
秋水は滞米約七か月後の明治三十九年六月二十三日帰国するが、帰国旅費については、西川光次郎が『社会新聞』でふれているように、やはり三申から出たのではないか、と考えられる。[19] しかし、秋水の日記には、「小泉三申の家に寓す」[20] とは記しているが、旅費のことは記していない。
小泉三申は衒うことが嫌いな人物である。そのため、秋水への諸々の生活資金援助を、秋水が公表することを嫌っていたのではないか、とさえ思われる。

(3) 戦国史の編集費用

赤旗事件後、桂太郎内閣によって、社会主義者にたいする弾圧の嵐が吹き荒れる。秋水の千駄ヶ谷平民社は、終日警察官の包囲と監視を受け、思想発表の方法も生活の手段も奪われていた。秋水は孤立無援となっていた。この時、援助の手を差しのべることの出来たのは、小泉三申だけであった。

この間の事情は、三申が昭和十（一九三五）年二月、『東京日々新聞』に掲載した「暖窓漫談」の中の「幸徳秋水――日本戦国史」に詳しいので省略するが[21]、結局、戦国史の研究を資金を出すからやれ、と三申が秋水を説得して、秋水を湯河原温泉天野屋に退避させるのである。そのため、秋水が千駄ヶ谷九〇三番地の平民社を解散し、管野すが子と天野屋に行ったのが、明治四十三年三月二十二日であった。

小島直記氏の『無冠の男』と『小泉三申』には、

哀れをとどめたのは秋水であった。三申からの金がとどかぬため、秋水は五月はじめ月ぎめ二十円の安下宿にうつった[22]。

とあるが、安下宿に移ったというのは疑問である。この出典は何からであろうか。というのは、管野須賀子を入獄中に幸徳秋水に奪われたという怨みから、二人のあとを追って来た荒畑寒村（一八八七―一九八一）は、その『自伝』の中で、五月九日に懐中に拳銃を忍ばせて天野屋へのりこんで行ったが、二人とも数日前に上京して不在だった[23]、と記しており、秋水は十一日には天野屋に帰っているので、五月はじめに安下宿に移ったことは考えられない。

結局、大逆事件が発覚して、秋水は六月一日上京の途中、湯河原の門川駅前で逮捕、茶屋高杉屋から連行されるが、家宅捜索は天野屋の秋水の泊まっていた二十二号室（八畳）、隣の二十三号室（三畳）、友人田岡嶺雲（一八七〇―一九一二）が滞在中の二十四号室（八畳）が厳重に行なわれているのである。[24]

小泉三申の名は、南伊豆出身の実業家として、天野屋の主人の信頼を得ていた筈であり、その三申の世話で幸徳秋水が滞在しているのである。例え、秋水の宿の支払いがない場合でも、天野屋が三申の顔をつぶすように、秋水を安宿に移すことは考えられない。

『無冠の男』では、「なぜ三申は約束の金を送らなかったのか?」について、三申が経済的に窮迫していなかったこと、金がなかったからではなく、「恐らく、当局の取締りがきびしくて、手も足も出ない、ということではなかったか[25]」と推量した後に、

のちに「政界策士」として有名になる人物なのだ。策士的要素のない政治家はいないはずなのに、その中で特に「策士」として傑出する男であるから、頭は人一倍よかった。悪知恵もある。(中略) 天下の策士ではないか。手も足も出ないときに、手のかわり、足のかわりを考えだすのが頭の働き。その成功、不成功は別として、そういう別途の考慮をあれこれめぐらしたあとがないのは、策士としてはもの足りない。(中略) 知恵がなかったのではなくて、親友のために苦慮することよりも、別の目的で考慮することが多かったためであろう。別の目的? いうまでもない。自己保身だ。[26]

と記述し、三申が田中義一(一八六四—一九二九)や内田良平(一八七四—一九三七)などとの親交を通じて、当局の社会主義者弾圧方針の情勢判断のもとに行なわれたにちがいない、と推察し、[27]

三申は「大逆事件」追及をきめた当局の方針をかぎつけたからではないか。つまり、自己保身のため、友への背信行為を自覚しつつも、資金提供を打ち切って、シンパとしての連累を回避したのではなかったか。(28)

と、結論のように三申が湯河原天野屋にいる秋水に通俗日本戦国史の編集費用を送金しなかったのは、自己保身の背信行為ではないか、と述べている。さらに『小泉三申』では、

あるいは、どうせドブの中に捨てることになるような出費が、惜しくなったのか。すなわち、ソロバンをはじいて親友を裏切ったのか。(29)

とまで言っている。三申は果たしてそうなのか。既述のように、秋水の刑死後、妻師岡千代子の経済的な面倒をみたのは三申であった。千代子には、十年もの執拗な迫害がつづき、十数年もの尾行がついているが、その中で援助を二十年もつづけた三申に、(30)「ソロバンをはじいて友を裏切る」ことが出来たであろうか。そうした発想があったであろうか。

赤旗を警官と奪いあっただけで、十四人も起訴され、十二人に重禁錮や罰金の重刑が科された赤旗事件以後、幸徳秋水の身辺に危険が迫っていた。それを察知した小泉三申をはじめ、細野次郎(一八六七—一九一六)、松井伯軒(一八六六—一九三七)、石川半山(一八七二—一九三五)ら秋水の友人は、何とかして秋水を社会主義運動から離脱させようと考え、とくに三申の必死の勧告で、秋水を『通俗日本戦国史』の編集に従事させようと、湯河原に逃避させたのである。

そのため、細野と松井は、山県有朋に信任されている、時の内務大臣平田東助を訪ね、秋水の

思想の一変、改悛の気持がつよいことなどを話し、過激な運動を友人らが責任をもってさせないことを条件に、秋水への取締りを寛大にするように申し入れている(31)。

さらに細野次郎は、時の警視総監亀井英三郎と親しかったので、小泉三申と同道で亀井邸を訪問。二人で秋水の弁護をし、湯河原での静養と、『通俗日本戦国史』の執筆に取掛っていることを説明した。亀井警視総監は二人の秋水を思う友情に動かされて、彼の権限の及ぶかぎり、秋水の身辺を監視することにも手心を加えようと約束した。湯河原に閑居していた秋水が、一人の尾行もつけられず日を過ごすことの出来たのはそのためであった(32)。三申ら友人の友誼心である。

管野須賀子は、明治四十二年九月、出版法違反で罰金刑四百円の判決をうけ、翌年五月十八日換金刑のため東京監獄に入獄、大逆事件に連座する。三申は、秋水が天野屋で執筆活動をするためには、管野と別れた方がよいと考えていた。そのため三申は、管野の罰金までは支援したくなかったと思われる。

三申は、『通俗日本戦国史』の編集費用を秋水に渡せば、秋水が管野の罰金に流用することが判っていた。三申が天野屋の秋水に余分に送金しなかったのは、深慮だったようだ。というのは三申は管野が湯河原に行く前、管野が運動家でなく、秋水の普通の妻になることを説得しているからである。しかし管野は普通の妻にはなれなかった。

秋水は湯河原から上京して小泉策太郎を訪ね、須賀子と別れたことを伝えて、千代子と縒《より》を戻すつもりだと語った。三申はその方がよい、と言った。秋水は三申のところに泊り、他の友人を訪ねたりして、数日湯河原に戻らなかった。[33]
内務省警保局の警察の資料によれば、管野は五月一日帰京、豊多摩郡千駄谷町千駄谷九〇二番地の増田謹三郎方に止宿。秋水は五日出京、四谷区永住町小泉策太郎方に宿泊、となっている。[34]秋水の生活費が逼迫しておれば、三申が渡したであろうことは容易に考えられる。資金についての二人の合意はあった筈だ。
三申が湯河原の秋水に、『通俗日本戦国史』の資金を送らなかったことは事実であるが、そのために秋水が生活に困窮したとは考えられない。秋水は時間的にも、『基督抹殺論』を起稿していたのだから退屈したわけでもなかった。三申にとって、秋水の湯河原滞在は、監視や検挙を逃れられるかも知れない、という賭があったろう。
『通俗日本戦国史』の執筆・編集は、すでに『織田信長』『明智光秀』『加藤清正』などの著書をもつ三申は興味はもっていたが、秋水を危険な場から隔離するための手段とも考えついた。したがって、秋水に資金を送ることは二の次とも考えられる。
実業家三申にとっては、資金を調達し、編集者や助手を準備する仕事も容易であっただろうが、早急にそうする必要がなかったのではないか。そして約七十日後、三申の意図空しく秋水は連行されたのだった。
秋水は大逆事件の獄中から三申宛てに、
今度の壹件には君も嘸ぞ世話甲斐のないやつだと思つたらう。併し今春君の忠告に従つて、一切の世事を拋ち著述の生涯に入らうと決心した時は今思へばもう既に遅かつた。冷酷な運命の極印は疾く面上に捺されて居たのだ。丸で君の親切好意を無にしたやうになつて残念だが是も成行で仕方がない。偏へに寛恕を仰ぐ[35]………

と真実を述べ謝している。刎頸の交わりである。後年、三申が林房雄に「やっぱり間に合わなかった[36]」と語っているのは、秋水の追悼とともに悔しさが表出している。

三申は秋水逮捕後も、友情あふれる手紙の交換、雑誌の差し入れなどの援助。秋水処刑の日、旗亭という料理屋で終日酒を飲んで身を沈めたり、[37]秋水の遺骨が堺利彦の家に引取られると、四谷南寺町まで通夜に出向いたり、[38]葬式の馳走に三十円出したり、[39]墓碑銘を筆にしたり、『基督抹殺論』の出版許可を警視総監に打診したり、[40]既述のように千代子への援助など枚挙にいとまがない。なお、警察側資料によれば、大逆事件の刑死者の遺骸引取などの費用約百円のうち、三申が加藤時次郎らとともに二十円出している。[41]

人間だれにも保身はある。「小泉氏は非常に用心深いところのある人[42]」との言もあるが、しかし、三申が湯河原の秋水に資金援助をしたとしても、すでに内務大臣や警視総監にも話してあることであり、三申の嫌疑が深まるとか、三申が連行されるとか、秋水の立場が悪くなるとかと無関係のものであったのだ。すなわち、送らなかったことも保身とは関係ないものである。

2　小泉三申の本領

(1) 大逆事件の反応

小泉三申が暗に大逆事件の思想弾圧を批判したり、弾圧のもたらしたものを指摘したり、社会主義思想に理解をしめしたことは、すでに拙稿で述べたので[43]、ここでは割愛する。

小泉三申は、明治三十年に書いた好評の『由比正雪』を、幸徳秋水刑死の大逆事件によって気に入らなくなり、二年後に新版にしている。その内容を、「正雪の勤王論」から、「高圧政策に反抗した国事犯[44]」に改稿していることは重要であり、その気骨、その信念には感動を覚える。しかも、三申の用意周到さは、自費出版にして、序文を前警視総監の亀井英三郎に書いてもらっているのである[45]。

小泉三申が大逆事件の本質や真実を、より理解するのに役立ったのは、幸徳秋水の弁護士今村力三郎の存在である。三申は、今村からの手紙、

君は実業に失敗、政治に落伍、碁はコンマ以下で問題にならない、但し文章だけには取り柄がある。碁をやめて文章に専念精進すれば、残生に多少の意義ある仕事ができよう、と忠告のやうな、罵倒のやうなことをいふて来た。如何にもさうに違ひない[46]。

と記しているが、今村力三郎は当時日本で最も有能な弁護士の一人といわれ、三申の法律顧問でもあった。今村が大逆事件の感想を記した「芻言」は、大正十四年三月、ガリ版印刷で要路の人に配布し、翌年一月にも増補再版しているが、その中で、

幸徳事件に、在りては（中略）、其他の二十名に至りては、果して大逆罪の犯意ありしや否やは、大なる疑問にして、大多数の被告は不敬罪に過ぎざるものと認むるを当れりとせん。予は今日に至るも、該判決に心服するものに非ず、殊に裁判所が審理を急ぐこと奔馬の如く、一の証人すら之を許さざりしは、予の最も遺憾としたる所なり。(47)（句読点は筆者）

と述べているほどである。

三申は今村から、事件の顚末、判決に至る裁判経過などの詳報を得ていたことは間違いない。そして、親友秋水が事件の本体である信州爆裂弾事件（大逆計画）とは、直接には関係なく、事件の首魁ではなかったことを理解していた。それだけに、大逆事件の真実を、秋水の追憶を、三申は今村と語り合っていたことが想像される。

(2)『西園寺公望伝』原稿の焼却

小泉三申の訃を報じた、昭和十二（一九三七）年七月二十九日の『東京朝日新聞』には、次のように記されている。

三申、小泉策太郎氏は静岡の産、明治五年、賀茂郡三浜村（現在南伊豆町子浦、筆者註）に生れ同村の小学校を出たのみで独学でやり遂げて来た政界の惑星、同時に政界切つての能文家として知られてゐた。明治四十五年代議士となり、大正初期から昭和三年田中内閣に久原房之助氏入閣反対に敗れて政友会を脱退する迄の政治生活は文字通り政界の惑星としてあらゆる政変に参画活躍し、脱退後は鎌倉の別邸翠屏荘に蟄居して仏像、刀剣、書画、すべて趣味をわがものとした閑日月を送りつゝ、西園寺公望伝を執筆、心血を注ぎ来つた鏤骨十年の原稿を昨夏「俺の痩せ腕に余つた」といひ捨てて翻然これを焼却したのは老三申の気慨衰へずとして関係者を感激させたものだつた。

長い引用であるが、三申の人物を知り実像が表出されているので掲げた。記事中、問題にしたいのは、苦心、努力してまとめていた西園寺に関する原稿を、三申は何故焼却したのであろうか、ということである。

『小泉三申全集』第三巻は、後記にもあるように、西園寺公望に関する文章、談話、筆記、手記を収録したものである。例えば「随筆西園寺公望」は十二万字からのもの、「西園寺公と桂公」は四万一千字からのもの、「西園寺公望を語る」は約六千五百字のもの、「西園寺公の近状」は六千余字からなるもの、「西園寺公の墨戯」は約四千字のものであり、第三巻は三申のこれまでにとらえた西園寺公望の凡てであるといえよう。

しかし、三申はその後も西園寺公望の人間研究に意欲をもやし、その追究をゆるめず、執筆に挑んでいた。それなのに、苦心の原稿を何故焼き捨てて終ったのであろう。

三申は「西園寺公望を語る」の中で次のように述べる。

西園寺公も、今年もう八十四歳になられる。私が明治四十四年に初めて代議士に当選して政友会に入つた頃は、公は総裁をして居られたが、何分にも平代議士と総裁とでは、隔がありすぎて、ついお話をする事も出来なかつた。それから後、公は大正の政変をきつかけに退隠されたので、愈々吾々とは縁遠くなつた。震災の年に初めて落ちついてお目にかかることが出来て、以来、始終公には接近して居ります。(48)

また、三申が西園寺の興津の別荘坐漁荘を訪問したことを中心に書いた、「坐漁荘日記」の昭和六(一九三一)年十一月九日のところにも、「余が初めて老公に謁せしは大正十二年〔夏か秋か忘失〕田中男(男爵、義一、筆者註)の紹介による。」につづいて、

爾後、興津に、駿河台に、御殿場に、京都清風荘に、年に三五度は謁を執らざることなく、其都度、公は羽織の着流し、……。(49)

と記し、相当に親近していたことがうかがわれる。三申は、西園寺のどのようなところに傾倒したのだろう。

西園寺公望は幸徳秋水の師である中江兆民と親友でもあった。十代後半の鳥羽伏見の戦いには主戦論を唱え、留学ではフランス社会民主主義の学者、エミール・アコラスに学び、自由思想の洗礼を受けた。帰国後は中江兆民らと共に専制政府を攻撃する「東洋自由新聞社」の社長になって、物議を醸したり、知名の文士を招いて「雨声会」を開いたり、二度の組閣もあり、開明的側面をもつ元老として興味をもたれていた人物ではある。

例えば、西園寺が若き日の留学中のことについて、「学費として官給されたのは、普通千円、私は千四百円であつたが、結構それで足りた。わたしは他のものと差別待遇を受けるのがいやで

心苦しかつたから、余分の四百円だけ返したが、(50)……」と三申に語ると、三申は本の中で、「差別待遇を快よしとせず、是亦公の平民思想の発露なるべし(51)」と、記すことを忘れない。また、西園寺という人物をつくった大きな契機として次のように述べているのも的確である。

このフランス遊学が公のその後の全生涯の決定に、どんなに重大な意義を有するかは縷説を要すまい。先天の門閥才幹を別にすれば、公の生涯の功業、性格、趣味、教養などの大部分の幽秘を開く鍵は、実にそのフランス遊学にある。(52)

西園寺の遊学は、二十二歳から約十年の長期であるが、三申がこの遊学時期に強い関心をもっていたことは、「西園寺公と桂公」の「擱筆小言」に、「また好きな折もあらば、更めて『二公の欧州留学時代』を書き続ける(53)」と記していることからも判る。

さて、三申の書いた「随筆西園寺公」について、西園寺は三申に、

あなたの文章は精読しました。実によく書いてある、殊にまじめで敬服する。諛言を呈するやうに聞えてはわるいが、実に堂々たる史筆だ。かうして付箋をして、まあ、どうでもよい細かい事だが、それでも気のついただけは直して置く方がいゝと思つてね。(54)

と、満足しているほどである。

しかし、無政府主義者というレッテルを貼られ、大逆事件の首謀者に仕立てられた、幸徳秋水の親友であった小泉三申を、西園寺はどこまで許容し理解していたのか。開明派とはいえ、元老の立場にあり、天皇制政府の代表者の一人には違いない。西園寺が三申のなかに反逆者秋水を彷

佛したとしても不思議ではない。

短絡的に言えば、西園寺は三申から秋水のイメージを払拭できたであろうか。橋川文三氏のように、「西園寺元老の見た三申は不信感の方がつよい。一面では近づけ、心を許さない」[55]との評もあり、長谷川義記氏のように、「自由民権の新聞記者、新思想者幸徳秋水の親友が、堂上の人西園寺伝を筆にしようという姿はあまりにも不適だった」[56]との記述もある。

三申が西園寺に接していた昭和初（一九二六）年は、政友会の実力者であり、昭和四年二月には田中義一首相が三申の病気見舞に来たり[57]、昭和八年六月には貴族院議長にもなった近衛文麿、衆議院議長になった秋田清と二人が挨拶に鎌倉の別荘に来ている[58]。しかし、三申は貴族院に反発の姿勢をみせているし[59]、自分の奇策で政友会総裁を高橋是清から田中義一にすげ替えながらも、陸軍暴走の問題は黙過していない[60]。

昭和六（一九三一）年九月、三申の書いた『日本経済変革論』の評価には、「完璧な保守主義者には忌避されるものだ」[61]の評もある。同年の満洲事変前後の風潮の中で、三申は軍関係者からは、要注意人物と視られていたことも確かである。

それは、三申がかつて幸徳秋水と刎頸の交わりがあった人物というだけでなく、憲政常道に生きることを志向し、批判的気骨のある人物であったからであろう。ファシズム思潮のなかで、保身を身上に生きる人物なら、社会主義者堺利彦への惜しまぬ援助や交遊を最後までつづけたり、共産党員であった林房雄のパトロン的態度など考えられない。

『小泉三申全集』第四巻の紹介文には、「政界策士の名、騒然として一世に高かった小泉三申の晩年は、政治に意を絶ち、元に還って専ら文筆を弄するのが唯一の娯しみであった」[62]と記される三申。林房雄に政治の俗悪を説き、文筆に専念することを真摯にすすめた三申。[63]若年の明治二十九年、好評を博した『由比正雪』を、翌年『加藤清正』『明智光秀』『織田信長』などの偉人史叢書をものし、政界切っての能文家として知られ、『運慶事蹟考』では東大の黒板勝美を驚嘆させ、[64]在野史家の一人ともいわれ、[65]文筆に生甲斐を感じていた三申。

そのような三申が、晩年、唯一の仕事であった『西園寺公望伝』の原稿を、その執筆を、用心深い言葉〝俺の痩せ腕に余った〟とともになぜ、何故に焼き捨ててしまったのか。

結局三申は、西園寺の政党政治観にしても、天皇制の維持、円滑運用のための操作の枠を出ないことを看破したからではないだろうか。とにかく、心血を注いで書きためた原稿を焼き捨てたところに、小泉策太郎（三申）の本領、そして決断があった、と考えられる。

（『季刊アーガマ』一三七号）

註

（1）『無冠の男』上下（新潮社）

（2）拙著『大逆事件と知識人』（三一書房、所収）

（3）『小泉三申』（中公新書）

(4)『無冠の男』下　一六五頁
(5)『小泉三申』一一〇頁
(6)「渡米日記」は『幸徳秋水全集』第九巻　一七〇～一九九頁所収（明治文献）
(7)『明治社会主義史料集』第二集　三六頁（明治文献資料刊行会）
(8)同書三〇二頁（常葉学園）
(9)同書七三頁（島津書房）
(10)小泉策太郎『懐往時談』三〇七、三〇八頁（中央公論社）
(11)「時至録」は註（6）同書所収八九～一六七頁、「書簡」では二七七、二九二、三〇二、三八一、三八二、五二五、五六八頁など
(12)註（10）同書二九八、二九九頁
(13)(14)(15)『幸徳秋水全集』別巻Ⅰ所収一一二頁
(16)『光』明治三九年三月二〇日号「知れる人知らざる人」欄
(17)幸徳秋水より小泉三申宛明治三九年一二月一二日付書簡『秋水全集』第九巻　三〇三頁
(18)絲屋寿雄『幸徳秋水研究』一五七頁（青木書店）
(19)『光』明治四〇年一一月一七日
(20)「渡米日記」明治三九年六月二三日
(21)『小泉三申全集』第四巻　二〇、二二頁（岩波書店）

(22) それぞれ一六七頁、一一九頁
(23) 新版『寒村自伝』上巻　一八四頁（筑摩書房）
(24) 註（18）『幸徳秋水研究』二九一頁
(25)（26）（27）（28）同書下巻一七〇頁、一七一頁
(29) 同書一一九頁
(30) 師岡千代子『風々雨々』、註（13）所収一一二頁
(31) 前掲『幸徳秋水研究』二八一頁
(32) 右同書三五六、三五七頁
(33) 伊藤整『日本文壇史』第十六巻　九七頁（講談社）
(34)『社会主義者沿革』下巻　三三五頁
(35) 明治四三年一一月一五日付　塩田庄兵衛編『幸徳秋水の日記と書簡』三一七頁（未来社）
(36) 林房雄『文学的回想』一七四頁（新潮社）
(37)（38）註（8）『小泉三申』三〇八頁
(39) 堺為子「妻のみた堺利彦」、『現代日本文学大系』22　九三頁（筑摩書房）
(40) 註（8）同書三〇八頁
(41) 註（34）同書三八八頁
(42) 前掲『風々雨々』一〇五頁

(43)「大逆事件における小泉三申の動向」註(2)拙著所収
(44)(45)註(21)『小泉三申全集』第二巻
(46)註(10)『懐往時談』四三一頁
(47)『幸徳秋水全集』別巻Ⅰ所収四七八頁
(48)『小泉三申全集』第三巻　三二七頁
(49)(50)(51)同右書三七七頁、四〇九頁
(52)(53)(54)同第三巻三五二、一九三、四八三頁
(55)『小泉三申』(『思想の科学』昭和四〇年四月号)五四頁
(56)『評伝小泉三申』(島津書房)三三五頁
(57)同年二月二十八日「東京朝日新聞」
(58)(59)(60)(61)前掲『評伝小泉三申』二三九、二〇三、二一一、二三二頁
(62)註(21)同書
(63)註(36)同書一七五頁
(64)『小泉三申全集』第四巻　一〇四頁
(65)松本健一『歴史という闇』一五四頁(第三文明社)

二　近代の肖像――大石誠之助

1　人柄と経歴

大石誠之助はどんな人物だったのか、友人堺利彦（枯川）はその人物評を次のように語っている。

「紀州新宮の大石禄亭君、彼は実に吾党の先輩長者、医術は如何に秀でたるかは僕の知る所でない。然し僕は若し病ありて彼の手に治療を受くるならば即日死んでも本望。彼の半面は慈眼愛賜、反面は狷介不羈《けんかいふき》。彼は浮世を茶にして三分五厘を観ずべき飄逸の質をも備えている」「彼はあくまで人間に止まり、あくまで世間と闘い、革命家を以て自ら任ぜんとしている。彼は都々逸をも作り、料理にも凝る。細君の紋付の裾模様の考案をもする。一種風変りの洋服をも案出、産科学の書をも読む。哲学や宗教をも読む。文章も書く。演説もする。痛罵もする。冷嘲もする。皮肉も言う。そしていつでも嬉々として喜び、悠々として楽しんでいる。僕は実に彼の清高と多才とに推服せざるを得ぬ」（『日本平民新聞』一七号）。誠之助が髣髴とする文章である。

煩をいとわずもう一つ引用しておく。明治四十三年十一月十日の『東京朝日新聞』記事、獄中の「▲一味徒党の面々」中の「△大石誠之助」について「被告中の一異彩なり、米国ドクトルにて新宮の名望家なり。温厚にして聡明なる君子人と伝えらる、医を業とし其薬代診察料等の掲示には必ず『何十何銭の筈』『何円の筈』と書し筈の字なきはなし、蓋し医は仁術なりの古風を学び謝礼金のみにとめて薬料の如きは貪らざるの主意なり」。また、多くの医師が被差別部落への往診をいとう中、誠之助は一人「平然として赴」いたという。

2　十八歳で受洗、クリスチャンに

大石誠之助は慶応三年十一月、紀伊国新宮仲之町で生まれた。大石家は資産家で医者や学者の家柄であった。誠之助は十八歳のとき大阪でキリスト教の洗礼を受けており、兄・姉も洗礼を受けたクリスチャン一家である。明治十七年九月同志社英学校に入学、明治十九年七月中退、九月東京神田の共立学校に入学、翌年中退、明治二十三年五月渡米、明治二十八年三月オレゴン州立大学医科を卒業。この年は外科学を学習、外科学士の称号を受けたり医者をしたりして帰国、明治二十九年四月新宮で医院を開業。明治三十二年二月シンガポールで医者修業、脚気・マラリア病の研究、翌年ボンベイ大学でペストなどの伝染病研究、このころ社会主義を知る。明治三十四年四月から新宮で医業を再開した。

医者生活の毎日は彼自身次のように語っている。「午前はパンを得る為めに稼ぐ、其ひまに新聞雑誌を読む。昼食を食うと頭がボンヤリして来て横になる、眠る、夢を見る、考える、此間に奇想天外から落ちる。それからは専ら読書作文に費やす筈の処、往々来客に妨げられたりノッピキならぬ用事が出来て外へ出る、併しこれが為めに却って大に学ぶ事もある。夜は折々講演会を開いたり青年と共にレヴォルト（革命）の話を遣る。もう少し涼しい時でなければ思うように頭が使えぬ」（『熊本評論』二五号）。ゆとりのある生活である。

誠之助は明治三十九年の日本社会党の成立時には入党していないが、日露戦争では非戦論を、また普通選挙論を演説し、社会主義新聞・週刊『平民新聞』『直言』『光』、日刊『平民新聞』、その他地方の新聞などには寄稿したりシンパとしてカンパしたりしている。無政府主義の翻訳もあり、社会主義の「伝道」に貢献している。誠之助が大逆事件に連座した因を辿ると、幸徳秋水との親交にあった。

3　平和・自由・平等・博愛標榜した改革者

大逆事件（幸徳事件）とは明治四十三年の、法律的には関連がないバラバラの三つの事実をまさに関連があるかのようにして、すぐ切れそうな弱い紐で縛ったような事件である。三つの事件とは①明科事件②十一月謀議③内山愚童事件――である。

①の明科事件とは明治四十二年十一月三日、宮下太吉が長野県明科の山中で、試作した爆裂弾を投げてみて成功した事件。

②の十一月謀議とは明治四十一年十一月、大石誠之助が上京した時、幸徳秋水の家で幸徳と誠之助、森近運平の三人が大逆の謀議をしたとされ、同月別の日にやはり幸徳の家で幸徳と熊本の松尾卯一太が、さらに同じころ幸徳と坂本清馬が同様の謀議をしたと捏造されたものである。

誠之助は帰途京都、大阪に立ち寄ったために大阪で武田九平、岡本頴一郎、三浦安太郎と謀議をしたものとされ（席上にはスパイと見られる一人がいた）、さらに新宮へ帰って翌年一月の旧正月、大石宅で成石平四郎、高木顕明、峯尾節堂、崎久保誓一ら新宮グループとまた謀議をしたとされた。一方松尾は熊本へ帰って新美卯一郎、佐々木道元、飛松与次郎と同様の謀議をしたと見なされた。

③の内山愚童事件は、箱根大平台林泉寺の禅僧内山愚童が皇太子暗殺計画を言って歩いたために、内山とともにこれを聞いたとされる大阪の武田九平、三浦安太郎、神戸の岡林寅松、小松丑治が被告人になった。以上三つの事件を幸徳秋水と結びつけることによって、大逆事件（幸徳事件）とした。

近年の柏木隆法、森長英三郎の愚童研究、筆者の「今村公判ノート」の研究によれば、③には大きな疑義が提起されている。

幸徳が誠之助らに語り、誠之助が京都・大阪・新宮で語ったのは、あくまでも雑談の中での笑話、空想談、夢物語、憤慨談、「日常の套言」、「憤激して（弾圧されていた）うつを散ずる話」、「一噱《きやく》（一笑）にも付すべき」もの、またパリ・コンミューンの話などで全く実現性のないものであったが、謀議にでっち上げられ、そのような予審調書をつくられた。

結局は当時の刑法七十三条にかけられ、明治四十四年一月十八日、誠之助ら二十四人に死刑判決。翌日特赦で十二人は無期懲役、新田融は爆発物取締罰則違反で懲役十一年、新村善兵衛も同罰則違反で懲役八年の判決を受けた。

ちなみに当時の明治天皇（一八五二―一九一二）は、統治権の総攬《そうらん》者、主権者、元首、陸海軍の統帥者で、裁判も天皇の名で行なわれた。天皇は国家とともに絶対化され、神格化され、カリスマ化されていた。この年五十八歳、日露戦争のころから当時は不治の糖尿病に罹り、明治三十九年一月からは慢性腎臓炎を併発していて心身がすぐれなかった。大逆事件は、いわば天皇制を維持するためにフレームアップされた事件であった。

大石誠之助は処刑二、三日前に、沼波教誨師に「冗談から駒が出る」といい、堺利彦にも「今度の事件は真に嘘から出た真《まこと》である」と寂しく語っている。

誠之助は死刑判決を聞く前後から死刑前日までの一週間、心境や感懐などを「獄中断片」につづった。クリスチャンであった誠之助は獄中で聖書を読み、死刑宣告の十字架にのぼろうとしている心懐を、イエスの精神的苦悶に対置している。

一月二十三日の断片には、「半月ばかり前に、キリストがゲッセマネの園で祈りをせられた事について一篇の感想文を書いて置いた。それは彼が死に面しての悲痛なる心理状態に、大に自分の胸を打つ点があったからである」とある。

さらに続けて「ところがその後不思議にも此あたまが軽くなったようで、何等の苦痛をも感じない。キリストの経験に似よった心持はかりそめにも味い得なくなった。これはよく言えば悟りが開けたとも見られるが、自分というものが如何にも小さく、何事に対しても積極的の力が少なくして、強く生に執着し得ぬからであろうと思う。あるいは自分の背景がキリストの死の背景に比べて、否な比較にならぬほど、規模が小さいからだと思う。ああ自分というものは、煩悶するにも足らぬほど小さなものであるのだろうか」と書きつづっている。

誠之助の処刑は早くも翌二十四日の午後であった。天皇制下でなければ、誠之助は国賊でもなく、痛ましい犠牲者にもされず、平和・自由・平等・博愛を標榜した改革者であった。誠之助らの志は現代に生き継がれている。

（『中外日報』二〇〇六年一一月一四日・一六日「近代の肖像」より）

三　獄中の禄亭（大石誠之助）

大石誠之助が獄中で書いたものには、書簡以外に手記が三つある。「社会主義と無政府主義に対する私の態度について」「獄中にて聖書を読んだ感想」「獄中断片」である。書簡は十七通残っており、妻栄子に宛てたものが九通、新宮の親友牧師沖野岩三郎宛て五通、堺利彦・平出修・和貝彦太郎宛が各一通である。

1　社会主義と無政府主義に対する私の態度について

「社会主義と無政府主義に対する私の態度について」は、誠之助の弁護人今村力三郎宛てに、接見・通信の禁止が解除になるとすぐに書いた四千三百字ほどのものである。内容を要約すれば次のようになる。

（一）医者として相当な地位を得たこと
（二）平安な家庭をつくったこと

（三）現在の社会から恩恵を受け、迫害は受けていないこと
（四）社会主義に興味を持つようになったが、それは一種の趣味・道楽として楽しんでいたこと
（五）多くの主義者と交際したが受身であったこと
（六）社会主義や無政府主義に対し、理想と実行とを全く別々に離して考えていて、実行の方面に手をつけたことはなく、主義の実行は恐怖であったこと
（七）家庭破壊論や自由恋愛論を書いたり、私有財産制をけなしているが、自分の家庭は大事にして貯蓄をしたりして、口や筆にして理想を絶叫することが強かったこと
（八）同志には偽善者であり、国家制度にたいしては偽悪者であったこと
（九）成石勘三郎に爆発物試験の原料を与えながら、その成功を妨げようとしたことなど、矛盾性、二重性格を謝さなければならないこと
（十）主義にたいする態度が結局は曖昧であったこと

以上のように「社会主義と無政府主義に対する私の態度について」は、誠之助自身の人間性を吐露しながら、自己の立場を正直に語ることによって、今村弁護士に理解してもらおうとしたものである。見方をかえれば、誠之助の自己弁護、弁解と解釈されるかも知れない。無罪をそして無実であることを弁護士に立証してもらいたい気持ち、死刑から逃れたい気持ちは、事実は無罪の獄中の被告たちに共通した切実な願いである。誠之助を担当した弁護士は、今村のほかに鵜沢総明・川島仟司がいる。

クリスチャンだった誠之助の刑死後、四日目の一月二十八日午後、東京富士見町の教会で遺族慰安会の名目で葬儀が行われた。同じクリスチャン弁護士鵜沢総明は、誠之助に逢った時の感想や誠之助の発言を述べている。

余（大石）は色々の人と交った。社会主義のみでなく、軍人も来れば、歌人も来り、金に困る書生も来り、これらの人と常に交はり、意見を聞き、意見を語ることを楽しんだ。余の態度は、着かず離れず、拒絶すべきことをきっぱり拒絶せず、己が立場を明にしなかったから、ここに至ったのである。

右の誠之助の発言と、「社会主義と無政府主義に対する私の態度について」は共通している。

さらに、このとき鵜沢弁護士は、

裁判について彼是云うのではないが、誤解は恐ろしいものである。或る主義を研究するものが、その旗色を明かにせず、着かず離れずの場合に居るときは誤解を招き易い。これは、大石氏のことについて学ぶべき教訓であろう。

と、「誤解」という言葉で誠之助の無罪を主張している。鵜沢のこの発言は、死刑後四日というこの時期、無実の刑死者の遺体にまで干渉した官憲が、嗅ぎまわり、目が光っている——事実監視していた——葬儀の席でのものだけに、当然の所感を言ったまでではあっても、勇気ある発言であった。

「誤解」については、誠之助自身が「獄中断片」の中で次のように言っている。

自分は人から非常に誤解せられて居るやうに思ふ。さうして多くの場合にはわるく誤解せられたよりもよく誤解せられて居たやうだ。併し此の誤解と言ふ事は一面から見て必要な事ではあるまいか。若しも人間が他人から有りのまゝに見すかされたらどんなものだらう。親子夫婦の間柄でも多少は買被つたりぶられたりする必要があるのではないか。到底人は誤解に生き誤解に死ぬものだと自分は思ふ。

誠之助は大逆事件の意外な結果に自分を疑いながらも、獄中での彼岸的な誤解観である。彼の人間観、人生観、そして達観でもあろう。

2 獄中にて聖書を読んだ感想

これは三千八百字ほどのもので、「G・O・兄」に語りかける手紙形式のものである。G・O・兄とは、新宮の親友沖野岩三郎牧師であり、二十数年ぶりに聖書を読んだ感想である。一月四日付沖野宛て書簡の中で、「私が久しぶりに聖書をよんでの感想は近々（筆墨の使用を自由に許されたら）まとめて書いてみやうと思ふが……」と、執筆を予告しているものである。その内容は、一月四日の手紙に、

一口に言へば馬太廿六の三十六節以下で哀懐疑煩悶矛盾に満ちた我々近代人と同じ血が二千年前のキリストのからだにも通つて居た事、これやがて我々が彼に親むべく近づくべき点で

あると云ふやうな感じである。

と、誠之助自身が述べている。「獄中にて聖書を読んだ感想」は、一月六日に書かれたが、五日後の十一日の沖野宛ての手紙には、「私は聖書を読んだ感想を外に書きました。検閲が済んだら送りませう」と述べている。この書は約四十年後、沖野が読むことになる。

鵜沢総明は、誠之助の葬儀のとき、クリスチャン誠之助について、誠之助が冤罪で、死刑を宣告されようとする獄中で、自己の苦悩を、十字架にかけられるキリストの、未練がましい人間的な行動に、対比させる心情の告白をしていたのは貴重である、と述べている。また鵜沢は、誠之助が、

基督教の信仰の或る点については疑いを懐いていたが、我々が法廷でその悪かったところを明にしたため、考えを改められた点もあろうと信じている。基督も過去のことを追い求めることをせられなかった。死者をして死者を葬らせよ。我らは神の国の為めに尽くさねばならぬと云われたが、故人も最後の時にこのような考えを持っておられたのであろう。

と、クリスチャン同士としての理解をしめし述懐している。誠之助はキリストの山上の垂訓や奇蹟を賛美していない。それよりキリストの悲劇と獄中の自分を対置しながら、イエスが冤罪の時の気弱さ、傷み悲しみ、苦悶と懊悩、疑惧など、死に面して経験した悲痛な心理状態を重く視ている。イエスが人間的であったことが、「我々凡人の倣ふべく、近づくべく、又親しみ得べき所以」として、誠之助の胸を撃ったことが判る。

3　獄中断片

誠之助が獄中で書いた最後のものは、「獄中断片」である。八千字ほどの二十四の断片からなり、百字以下の単文も四つあり、短歌もある。死刑判決を聴く前後から、死刑前日までの約一週間の瞑想からの所産であり、心境、感懐、様々な感想を自由に書き綴ったもので、悲痛感が惻々と伝わってくる。それだけに、無論、人生や人間を達観した冷徹な言葉も多い。

誠之助自身が無実を端的に言っている言葉で知られているのは、「獄中断片」の次の言葉である。

どう考へて見ても世の中は「ヘンテコ」なものだ。七段目の生酔が言つた「うそから出たこと」、此一言が実によく人生を説明し得る（の）だと思われる。

獄中の心境を書いた次のような言葉もある。

自分が今の心持はどうかと問はれたら、「寂しき悟り」、此一言を以て答ふるの外はない。真宗の僧侶や、キリスト教の牧師達が、或は親しく訪問せられ、或は遠く書を寄せられて、親切に彼等の信仰をすゝめてくれる。自分は彼等の懇情に感謝し且つ彼等の信仰に同情はするけれども、どうしてさう言ふ熱い心にはなり得ない。そして自分は彼等に向かつて憚らず言ふが、自分の悟り――或はあきらめ――といふものは、彼等が抱くやうな温かい情味の欠

けた、実に冷かな味のないものである。（中略）
自分が今の心の寂しさは、恰ど上戸が酒に酔つて喜び騒いで居る傍で、静かに湯をのんで居る下戸の心の寂しさである。酒のみは自分の面白さを他人にも頒たうと思つて彼に杯をさすであらう。併し、彼はどこまでも醒めたる人であつて、どうしても酒のみにはなり得ない。
誠之助のいう「寂しき悟り」とは「不満足な諦め」ということであろう。自分の運命を静かにながめても、不満は当然であろう。死刑執行前日か前夜かの二十三日に書かれた断片には、「獄中に聖書を読んだ感想」と関連して、「半月ばかり前に、キリストがゲッセマネの園で祈りをせられた事について一篇の感想文を書いて置いた。それは彼が死に直面しての悲痛なる心理状態に、大に自分の胸をうつ点があつたからである」につづいて、
処が其後不思議にも此あたまが軽くなつたやうで、何等の苦痛をも感じない。キリストの経験に似よつた心持はかりそめにも味ひ得なくなつた。これはよく言へば悟りが開けたとも見られるが、自分といふものが如何にも小さく、何事に対しても積極的の力が少なくして、強く生に執着し得ぬからであらうと思ふ。或は自分の背景がキリストの死の背景に比べて、否な比較にならぬほど、規模が小さいからだと思ふ。あゝ自分と言ふものは、煩悶するにも足らぬほど小さなものであるのだらうか。一月二十三日。
執着、懊悩、諦観、達観なのだろうか、思索する誠之助である。
大石誠之助の獄中手記を最初にみて、編集された神崎清氏は、「獄中断片」の一月二十三日付

のものが途中に挟まっており、十八日の分が最初にまわっていることから考えて、「獄中断片」は誠之助自身が綴じ合わせたものでなく、誠之助の刑死後、獄中の遺品を整理した監獄関係者の誰かが、散乱をふせぐために、大体の見当で綴じ合わせたのではないかと思われるが、しいて改編することなく、今はそのままにしておいた、と述べている。

森長英三郎・仲原清編集の『大石誠之助全集』では、「獄中断片」は勿論、神崎清編によっているが、その、「順序はなるべく執筆順によろうと」されている。

4　トルストイ、鷗外評

神崎清編「獄中断片」の二十三番目に、森長・仲原編『大石誠之助全集』によれば四番目の断片に、誠之助のトルストイ、森鷗外評は書かれている。この断片の書き出しは「自分はトルストイがロシアの国教や裁判権を非認しながら、尚ほ無抵抗主義を執つて居た心持も漸くわかつた」である。

レフ・トルストイは前年（一九一〇）十一月八十二歳で永眠した。秋水の二月一日付堺利彦宛獄中書簡によると、「トルストイの訃おかげで承知。八十まで働いて世界にアレだけの感化を及ぼした上ですから目出たい往生です」とあるところをみると、誠之助もトルストイの死去を知っていたのであろうか。

ちなみに、週刊『平民新聞』は、創刊一周年を記念したとき、六枚一組の「社会党六偉人」の絵葉書を発行し、その顔ぶれがマルクス、エンゲルス、ラサール、クロポトキン、ベーベル、トルストイであった。一九〇四（明治三十七）年ころの社会主義運動の思想状況があらわれている。トルストイと明治日本知識人の関係は濃密だが、週刊『平民新聞』の「爾曹悔改めよ」（日露戦争論）は、秋水と堺が三日間も徹夜して訳載したもので多くの人に読まれた。

秋水はトルストイに、非戦の立場では敬意をもっていたが、「トルストイ翁の非戦論を評す」を書いて、戦争の原因が宗教心でなく、経済的競争にある、と社会主義の見地から厳しく批判している。誠之助の「獄中断片」は、つづけて鷗外評にはいる。

軍医総監にして文芸の人なる森鷗外が「あそび」主義にも同情を寄せる事が出来る。

鷗外の「あそび」という作品は、全集では一七頁の短編小説で、誠之助が獄中にある一九一〇年八月一日発行の雑誌『三田文学』に掲載されたもので、大逆事件の起訴が続いていた。豊熟期にはいった鷗外は、陸軍省医務局長でありながら、誠之助のいうように、まさに「文芸の人」であった。

鷗外は大逆事件の一九一〇年だけでも、主な雑誌への作品掲載数をみると、『三田文学』に七作品、『スバル』に四作品、『中央公論』『太陽』に各三作品、『新潮』『東亜の光』『歌舞伎』に五作品、『新小説』『帝国文学』『文芸倶楽部』『学生文芸』『心の花』『ホトトギス』などに各一作品、他に『読売』『朝日』『毎日電報』『やまと新聞』などにも作品を掲載して大活躍であった。

鷗外の「あそび」は、次のような梗概である。
主人公の木村は幅の利かない官吏であり、文学者である。哲学・芸術書を読み、新聞社の懸賞つき脚本募集の選者もしている。ある夏の日の木村の朝から昼までの生活を追いながら、鷗外の「あそび」の精神を描いている。木村は新聞の文芸批評に「木村先生一派の風俗壊乱」などと不当なことが書いてあっても、すぐそのあとには晴れ晴れとした顔をするし、役人としての仕事も晴れ晴れとした表情で片付け、すべてのことを遊びの気持ちでやるのである。逮捕される以前の誠之助にも似ている。

その朝、選者になっている新聞社が、文芸欄で木村の文学に情調がないという、文意のよく判らない論を掲載した。木村はそのようにみている自分に選をさせるのはおかしいと思う。そしてその昼近く、その新聞社から電話があって、審査を催促されたが、忙しくて急には見られないと婉曲に断わる。昔の木村なら「あれはもう見ない事にしました」などと言って、電話で喧嘩を買ったのだったが、今は微笑している。

誠之助は読書家で文学者で評論家でもある。「あそび」掲載の『三田文学』を読んだ。文芸誌は堺の差入れだろう。十二月十七日の堺宛の手紙文中、「毎度本を差入れてくれて有難う」や沖野宛一月四日の文中、私は毎日雑誌をよんでるので文学宗教の方面の事は少しはわかつて居る」などとある。誠之助は鷗外の作品を以前から読んでいて、相当に理解していたことが考えられる。

誠之助も秋水と同じように、大逆事件と関連ある鷗外の作品「ファスチェス」「沈黙の塔」「食堂」（『三田文学』九・十一・十二月号）を読んだのではないだろうか。秋水がこれらの作品に反応をしめし、鷗外を評価した手紙を平出修に、文芸論とともに書いたのに対し、誠之助が「あそび」に反応をしめし、鷗外評を「獄中断片」に記したのも対照的である。

「あそび」の主人公木村は、無論、鷗外に仮託された人物であり、鷗外の内面を投影させている。木村は「息も衝けない程用事を持つてゐる」は、鷗外自身のことであり、木村は「何をするにも子供の遊んでゐるやうな気になつて」しており、何をするのも「遊びであり、遊びの心持が」あるのは、鷗外の願望や理想でもある。誠之助にもあった筈だ。

誠之助は漱石と同じ慶應三（一八六七）年生まれで鷗外の五歳後輩だが、医学者としては鷗外のように外国で直接学び——苦学と官費の違いはあるが——語学に強く、文学者評論家であり、同時代の知識人として、国家との関わりを除けば、鷗外と共通したものを具有しているのではないか。誠之助は鷗外の人間性や官僚、文学者の立場を理解していたのではないだろうか。

誠之助のトルストイ、鷗外評は続く。

彼等は人生の海へ飛び込んでその中を泳ぐと言ふのではなく、無難なき《ママ》範囲に於て出来るだけ海に近寄り、而かも尚ほ現在生活の陸地に安住しようと言ふのだ。これは恰ど波打際で遊ぶ子供が此処までしか波は寄せて来ないと見込みをつけて、或処へ腰を据ゑてるやうなものだ。

これは痛烈なトルストイ、鷗外の批評である。すなわち、彼等は人生を真剣に一所懸命に生きていない、ということの謂ではないだろうか。彼等は危険のない安住の地で暮らしている。このことは、波打ち際で少しは危険を感じながらも、溺れないところで遊んでいるようなものだ。誠之助の彼等への人間評である。

然し、波と言ふものは必ずしも其処まで打上るときまつたものでない。若し非常な大浪が逆捲いて来たならば、彼等も進んで海を游ぐ人とならねばなるまい。それとも海に憧憬るるのみで山の中へ隠れてしまふか。さうすれば寧ろ溺れるといふ危険はない。

誠之助は海を人生、人間の社会にたとえている。海に荒波はいつくるか判らない。荒波は人間の社会につきものだし、自然に天変地異があるように、人生に転変があったとき、トルストイや鷗外もその中で游がなければならないだろう。それとも海——人生の荒波——を観賞し、憧れるだけで山中へ隠遁してしまうのだろうか。隠遁すれば溺死の危険はない、という。

無実で獄中にある誠之助にとっては、不満とともにトルストイ、とくに鷗外のような官僚と文学者という二面性の生き方に慊らなさを感じながらも、彼等の今後の人生に関心をもっていたのではないだろうか。誠之助の疑義も感じられるし、冷厳でまた透視した観察でもある。

つまり、人間の立場などいふものは、或点までは自らきめて置いても、時と場合によつては、意外の出来事に逢つて意外の辺にさらはれてしまふものだ。さうして我我はその新しい立場に於いても、之に適応する心持になり得るものだ。何事もさう心配したものではない。

誠之助は話題を急に変えたかのように、穏健的に、主観的にしかも普遍的に結論的に述べる。

それは、死刑を宣告されようとしている獄中の誠之助自身のことであり、運命論であり、諦観であり、彼がいう「寂しき悟り」に通じている。虚飾はなく彼の声を聴いているようだ。「意外の出来事」とは無論、大逆事件との遭遇であり、「意外の辺にさらはれてしまふものだ」とは、大逆事件への渦中へ無実なのに投げ込まれてしまったことを言っているようである。

誠之助は死刑前日、平出修宛て手紙の中で「私はこれまでの生涯を回顧して折々浮かび来る感想を日々断片的に記し居候。これは追て御目にかける日もあらんか」とのべているが、これが「獄中断片」である。獄吏の不誠実によって、これら心懐を語った獄中手記は、約四十年も消息を絶っていたので、誠之助刑死後三年で死去した修は読むことができなかった。しかし明敏な修は、誠之助の安心が「寂しき諦め」に立脚していたことを知っていた。

*

次に掲げる短歌は、一月十八日、死刑宣告を知らない、判決言い渡しの日の朝、「獄中断片」に書かれたものだ。誠之助二十五歳の渡米中、兄余平とその妻ふゆは教会堂で礼拝中に、濃尾大地震により、伊作(西村)ら三児を残して罹災死した。誠之助は慈愛のこの兄を追憶するその同じ断片に左の短歌は記されている。

運命の手にとらはれしわれながら
尚ほも生きんと悶えつつあり

われ嘗つて恋はせざりきこひするに
あまり漠たる愛なりしかな
わがむくろ煙となりてはてしなき
かの大空に通ひゆくかも

（『大逆事件の真実をあきらかにする会ニュース』第三三号）

〔引用・参考文献〕

（1）森長英三郎・仲原清編『大石誠之助全集・1、2』弘隆社、一九八二年八月。
（2）神崎清『大逆事件・4』あゆみ出版、一九七七年五月。
（3）神崎清編『大逆事件記録―新編獄中手記・第一、二巻』世界文庫、一九七一年一二月。
（4）塩田庄兵衛編『幸徳秋水の日記と書簡』〔増補決定版〕未来社、一九九〇年四月。
（5）『鷗外全集・第七巻』岩波書店、一九七二年五月。

四　内山愚童の「判決書」にみる「愚童事件」

石川啄木の日記、一九一一年一月三日によれば、次のように記されている。

平出君と与謝野氏のところへ年始に廻って、それから社に行った。平出君の処で無政府主義者の特別裁判に関する内容を聞いた。「若し自分が裁判長だつたら、管野すが、宮下太吉、新村忠雄、古河力作の四人を死刑に、幸徳大石の二人を無期に、内山愚童を不敬罪で五年位に、そしてあとは無罪」にすると平出君が言った。

また「この事件に関する自分の感想録を書いておく」と言った。啄木は幸徳秋水が獄中から三人の弁護士（磯部四郎、花井卓蔵、今村力三郎）に送った「陳情書」を平出から借りて来た。五日には幸徳の「陳情（弁）書」を写し終わる。啄木のこのときの感想。

幸徳は火のない室で指先が凍って、三度筆を取落したと書いてある。無政府主義に対する誤解の弁駁と検事の調べの不法とが陳べてある。この陳弁書に現れたところによれば、幸徳は決して自ら今度のやうな無謀を敢えてする男でない。「さうしてそれは平出君から聞いた法廷での事実と符合してゐる」。幸徳と西郷！　こんなことが思はれた、と日記に書いている。（『石川啄木全集』

第六巻、筑摩書房、一九七八年）

「平出君」とは文人弁護士平出修、大逆事件の被告高木顕明、崎久保誓一の弁護をしていた。「明星」「スバル」を通して啄木とは親しかった。「幸徳と西郷！」とは、一九一〇年六月一日、幸徳が湯河原の門川駅で逮捕され、護送されていく檻車代用の貸切乗合馬車の中で、神奈川県の今井安之助警部に、主義のためには致し方がない。西郷隆盛も若い者がさわぎだしたために、あのような始末になったのだ、と心境めいた感想をもらした。

啄木はこのことまで知っていて、三十数年前、政府に挑発された鹿児島私学校生徒の暴発に身をゆだねて、城山の露と消えた西郷のような悲惨な運命の接近を感じていた。

啄木はこの約一か月後の二月六日、大島経男宛て書簡の中でも大略以下のように述べている。

〝今度の裁判が、△△△裁判であるということ。或る方法によって今回事件の一件書類（紙数七千枚、二寸五分〈約七センチ〉の厚さのもの十七冊）も主要なところはずっと読みましたし、公判廷の事も秘密に聞きましたし、また幸徳が獄中から弁護士に宛てた「陳弁書」の大論文の写しもとりました。

あの事件は少くとも二つの事件を一しょにしてあります。宮下太吉を首領とする管野、新村忠雄、古河力作の四人だけは明白に七十三条の罪に当っていますが、自余の者の企ては、その性質に於て騒擾罪であり、然もそれが意志の発動だけで、予備行為に入っていないから、まだ犯罪を構成していないのです。そうしてこの両事件の間には何等正確なる連絡の証拠がないのです。〟

（『石川啄木全集』第七巻）

刑法第七十三条とは、「天皇、太皇太后、皇太后、皇后、皇太子又ハ皇太孫ニ対シ危害ヲ加ヘ又ハ加ヘントシタル者ハ死刑ニ処ス」となっていて実行行為（既遂、未遂）をなしたるものばかりでなく、広く予備、陰謀も処罰する規定であると解釈されていた。

啄木はこの三か月後の五月、「A LETTER FROM PRISON V'NAROD' SERIES」を執筆、幸徳秋水の『陳弁書』を全文掲載して、大逆事件の真相を世に伝えようとする。幸徳等死刑執行の一月二十四日にまとめた「日本無政府主義者陰謀事件経過及び附帯現象」は、「後々への記念のため」であったが、今度は心意気が違うようだ。啄木は事件の裁判や判決を評し告発したかったものと考えられる。そして事件の認識として、次のように記している。

蓋しかの二十六名の被告の中に四名の一致したテロリスト、及びそれとは直接の連絡なしに働こうとした一名の含まれていたことは事実である。後者は即ち主として皇太子暗殺を企てていたもので、此事件の発覚以前から不敬事件、秘密出版事件、爆発物取締規則違反事件で入獄していた内山愚童、前者即ちこの事件の真の骨子たる天皇暗殺企画者管野すが、宮下太吉、新村忠雄、古河力作であった。（『石川啄木全集』第四巻）

石川啄木の大逆事件の認識に、内山愚童がテロリストとして、事件の重要な人物として登場する。啄木のように、事件に強い関心をもち、新聞社に勤めていてニュースソースに明るく、事件の弁護士を友人にもっていても「内山愚童事件」を知ったのは、以上のように事件被告ら処刑数か月後であった。当時の一般の人は、統制された新聞報道記事だけで内容の真偽を知る術はなかった。

内山愚童が悪僧として報じられたのは、啄木の「日本無政府主義者陰謀事件経過及び附帯現象」の中で、『東京朝日新聞』の抜粋記事から、「△内山愚堂《ママ》爆裂弾事件、虚無党主義事件にて目下入獄せる有名なる悪僧なり、其詳伝既に記載せり」（『石川啄木全集』第四巻）より推量される。

例えば一九〇九（明治四二）年七月四日『東京朝日新聞』の見出しは「◎内山愚童　ピストル、爆薬所持の社会主義者僧侶逮捕」とあり、「悪僧の社会主義者」「常に過激なる社会主義を唱へて、同志と共に東西に奔走せる悪僧」「悪書を全国（東京、横浜、小田原、函根《ママ》、大磯、静岡、山梨、滋賀、熊本その他）に頒布す」、「五月二十七日、末吉町の木賃宿にて捕縛、懐中には短銃、ダイナマイト」「性質粗暴」。

「ダイナマイトは足尾銅山の工夫が……」「短銃は金丸銃砲店にて購求したもの」、「爆発物を携帯せるは社会共産の遂行に必要」、「内閣大臣その他といへども、我が主義に反対せば、これまたダイナマイトを投ずべしと」「その陳述せる糞度胸には、係官また一驚を喫したり」とあるように、出鱈目、誇張、虚偽に満ちている。「悪書」とは『無政府共産』の冊子、東京朝日新聞社社員石川啄木もこの記事を当然読んだであろう。

一九一一年一月二十五日の啄木の日記に、「昨日の死刑囚死骸引渡し、それから落合の火葬場の事が新聞に載った。内山愚童の弟（政治）が火葬場で金槌を以て棺を叩き割った―その事が劇しく心を衝いた」（『啄木全集』第六巻）と愚童に関心を寄せている。

大逆事件後約百年、現在、大逆事件とは、ばらばらの三つの事件を、すぐ切れそうな弱い紐で結わえたような事件であること。三つの事件とは（一）明科事件、（二）十一月謀議、（三）内山愚童事件であることは定説になっている。

啄木の認識は事件の細部やでっちあげの箇所を別とすれば、本筋はほぼ正しかったことになる。それにしても、内山愚童はテロリストだったのだろうか、疑問である。

概略明科事件とは、一九〇九年十一月三日夜、宮下太吉が長野県明科の大足山中で爆裂弾投てきを試み成功した事件、大逆事件の本体である。十一月謀議とは一九〇八年十一月に、和歌山県新宮の大石誠之助と熊本の松尾卯一太が東京の幸徳秋水を訪問して、秋水の空想的革命談や笑話を聞き、大石も松尾も郷里へ帰って新年宴会などで仲間に話した。これが陰謀、謀議と見做され、直接、間接にきいた仲間はすべて大逆罪で起訴され死刑判決となった。

内山愚童事件とは、愚童が「天皇よりも皇太子をやるべきだ、皇太子が死ねば天皇はびっくりして死ぬだろう」というようなことを言って、横浜、大阪、神戸を歩いたとされ、これを聞いた人々がやはり大逆罪で起訴され死刑判決となった事件である。小稿では、「内山愚童事件」を「判決書」からみてみよう。

被告内山愚童は明治三十七年頃より社会主義を研究し、漸次無政府共産主義に入り、同四十一年六月赤旗事件の獄起り、同主義者の処刑せられたるを見て大いにこれを憤慨し、『無政府共産』と題する小冊子を著作し、赤旗事件の入獄紀念として同年十月、十一月の交秘密にこれを出版して各地の同主義者に頒送せり。その小冊子は暴慢危激の文詞をもってこれを塡《うず》め、貴族、金持、云々の俚謡を改竄《かいざん》して天子、金持云々としてこれを巻中に収めたる如き、不臣の心情掩《おお》うべからざるものあり（塩田庄兵衛・渡辺順三『秘録大逆事件』下巻、春秋社、一九五九年一〇月）

内山愚童はなぜ社会主義に入ったのだろう。愚童の弁護士今村力三郎の「公判ノート」によれば「人類幸福主義ノ為苦痛ヲ救済スルノ目的ニテ宗教ニ入ル然シ人ハパンノミニテ活クル能ハサルト共ニ精神ノミニテ活クル能ハス是ニ於テ経済問題ヲ研究スルノ必要ヨリ社会主義ニ入ル」（『今村力三郎訴訟記録』第三十二巻、専修大学出版局、二〇〇三年、五六頁）とある。

愚童が社会主義の実際運動に「干係シタルハ秘密出版カ初メナリ」（同「公判ノート」五六頁）の記述もある。大逆事件で愚童を参考人として取り調べ、第一回ないし第九回の予審参考人調書を作成した予審判事河島台蔵は、愚童の秘密出版『無政府共産』について、「上下数千年ヲ通ジテ小冊子ニモセヨ、斯クノ如キ大悪ノ著書ヲナシ、秘密出版シテ配布ヲナシタルハ、恐ク愚童一人デアラウ」（第七回参考人調書）と怒っている。

それほど『無政府共産』は一六頁の小冊子ながら、百姓の言葉ながらも、日本資本主義の本体に肉迫しているように思われ、全編が反天皇、反政府、反税、反戦、反地主を貫いている（森長英三郎『内山愚童』論創社、一九八四年一月）。

愚童がなぜ秘密出版を考えたか、については、「政府ハ主義者ノ出版ハ印刷中ニ押ヘラレル如キ有様ナレハ自分カ自宅ニテ印刷セント欲シ（中略）金ヲ才覚シテ東京ニ来リ印刷機械ヲ買ヒタリ」、このことは「赤旗事件の為メ憤慨シタルニ非ス」（「今村公判ノート」五六頁）と言っている。林泉寺の須弥壇の中で印刷された『無政府共産』は、森近運平より『日本平民新聞』の読者名簿を借りて、同年十月発送、部数は「五百以上ナラン」（「今村公判ノート」五七頁）と言っている。郵送されたこの小冊子を読み感動した宮下太吉は、群衆に小冊子を配ったり、天皇も自分たちと同じ血の出る人間であることを証明して、迷信打破の行動を考えるようになった。『無政府共産』が大逆事件の遠因をなしたことは否定出来ない。ちなみに愚童は宮下太吉と面会していない。そのため明科事件に愚童を組み入れられない。

愚童は愚童をとりまく箱根大平台林泉寺の環境、境遇についても述べている。大平台は「挽物職人ト問屋ノ少数ヨリ成立スル村ナレハ此土地ニ於テ問屋即資本家ハ職工ノ汗ヲ絞リタルモノナリト説明スレハ檀下ノ反対ヲ買ヒ自己ノ生活問題ニ影響スル故此土地ニテハ何等ノ運動セズ」（「公判ノート」五六頁）。檀家に気を使いながらの社会主義活動がうかがわれる。愚童判決書では、これより先同年八月十二日幸徳伝次郎は上京の途次、被告愚童を箱根林泉寺に訪い、赤旗事件の報復必要なることを説き、愚童は九月以後しばしば上京して伝次郎を訪い、一夜伝次郎に対し『パンの略取』に記するが如き境遇を実現すべき方法を問い、総同盟罷工或は交通機関の破壊その他の方法により、権力階級を攻撃するにありとの説明を得、明治四十二年一月十四日伝次郎を東京府豊多摩郡巣鴨町に訪うや、坂本清馬と共に欧字新聞に載せたる爆裂弾図を借覧し、清馬は此の如き爆裂弾を造りて当路の顕官を暗殺する要ありと言い、愚童は不敬の語をもって皇太子殿下を指斥し、むしろ弑逆《しいぎゃく》を行うべき旨を放言し、また翌十五日管野スガを東京府豊多摩郡淀橋町柏木の寓居に訪い、スガは若《も》し爆裂弾あらば身命を抛《なげう》って革命運動に従事すべき意思あることを告げて同意を求むる状あるを見て、愚童は予すでにダイナマイトを所持せり、革命運動の実用に適せざるべきも、爆裂弾研究の用に資するに足るべしと答え、革命の行わざるべからざる旨を附言せり。（前掲『秘録大逆事件』下巻）

幸徳秋水は赤旗事件（一九〇八年六月二十二日）のとき、高知中村の生家で病気療養をしながらロシアの無政府主義者のクロポトキンの『パンの略取』の翻訳をしていた。

赤旗事件で仲間は逮捕され、運動の拠点を再建するために、約一か月後の七月二十一日上京の途につく。八月十四日新橋駅着、その道中の出来事は大逆事件に結びつけられる。箱根の愚童を訪ね滞在したのは、八月十二、三日。

幸徳は林泉寺に宿泊したときの愚童の様子を、「彼は手飼の家鴨を殺して御馳走した。恐しい坊主である。山寺の夜ふけて鳴くは何人と問へば、梟と答へ寝返る和尚」（『熊本評論』第三〇号九月五日）と描いている。「恐しい坊主」とは「えらい」または「豪胆さ」と同義語であろう。

また弁護士平出修の「大逆事件特別法廷覚書」には、幸徳は内山を「函根《ママ》ニ訪問ス　其際愚童ニ対シ赤旗事件ノ復讐ヲセネバナラヌト云フノハ政府ノ乱暴ニ対シテハ何カセネバナラヌト云フ

意味ニテ　直ニ暴力ヲ用フルト云フ訳ニテハナシ」（『定本平出修集』第二巻、春秋社、一九六九年六月）と、「判決書」の「赤旗事件の報復必要なることを説き」の幸徳の解釈を記している。

幸徳伝次郎予審調書第十三回（十月十七日）潮恒太郎判事との問答によれば、

問　其方は、内山愚童とはいつ頃からの知り合いか。

答　明治三十八年頃、一度小田原の加藤時次郎の別荘で会いました。その後四十年中、大久保百人町の私宅にきたことがあります。

（中略）

問　そのとき（林泉寺宿泊時）内山に、赤旗事件で入獄している同志のために弔い合戦をせねばならぬ。いまは言論の時代ではなく、暴力革命の時代であると話したか。

答　私は政府が暴力をもってわれわれを迫害すれば、暴力をもってこれに対抗せねばならぬと考えておりましたから、赤旗事件の同志らのために弔い合戦をしなければならぬと申しました。しかし、いますぐ具体的にどんな手段をとるかは申しませんでしたから、内山も別に賛成とも言わなかったのです。

問　なおそのとき、内山が『パンの略取』の原稿を読んで、これには実行方法が書いてないと言って質問したのに対し、其方は実行方法はこの本にあると言って、何か洋書をひらいて見せたというが、どうか。

答　そのようなこともあったと思います。

（中略）

問　その翌日（一月十四日）また内山がきたとき、外国新聞の爆裂弾の図を見せたであろう。

答　欧字新聞（サンフランシスコの「エキザミナー」）の切抜きにその図がありましたから、内山に見せたように思います。

問　その図は花束に仕掛けたものと、時計にしかけたものとであったか。

答　さようです。

問　そのとき坂本（清馬）も同席していて、坂本はこのようなものをもって警視総監や内務大臣をやっつけねばならぬと言い、内山はやっつけるなら忰であると言い、皇太子殿下に危害を加える意思をもらしたのではないか。

答　あるいはさようなことがあったかも知れませんが、私はよく覚えておりません。

問　内山が皇太子殿下に危害を加えると言ったのは、其方らの革命に同意していたからではないか。

答　私と内山との間で、革命についての具体的な相談をしたことは全くありません。しかしその当時社会主義者の間では一般に革命の思想が流れておりましたから、内山もその渦中に入って、そのような考えをもっていたのだろうと思います。（前掲『秘録大逆事件』下巻）

愚童は幸徳の『パンの略取』について「幸徳ノ宿泊セシトキニ原稿ヲ一読シ四十一年九月頃幸徳ニ質問シタルハ〈クロポトキン〉ノ革命手段ヲ問ヒタリ、赤旗事件、後始末ノ話モナク別段ノ話ナシ幸徳ハ『パンの略取』ヲ出版ストノ話アリ」（「今村公判ノート」五七頁）とある。なお「判決書」にある「爆裂弾図を愚童が借覧」とあるが、平出修の「大逆事件特別法廷覚書」には「爆裂弾ノ図」（新聞の絵）とあるだけで愚童がよくみたか、見なかったか不明だ。

「判決書」では愚童は「不敬の語をもって皇太子殿下を指斥し、むしろ弑逆を行うべき旨を放言し」と、事実であったかのように記されているが、先ず幸徳は既述のように「よく覚えておりません」と答えており、管野須賀子はどう答えているか、原田鉱判事の管野予審調書第十三回によれば、

問　内山は、革命が起れば先ず伜（皇太子）をやっつけると言わなかったか。

答　さようなことはききません。

ときっぱり答えている。ダイナマイト所持についても、内山は坑夫からダイナマイトをもらって持っている、革命の用にはたたぬが、爆裂弾研究には役立つと言わなかったか、との持って回ったような質問にたいして、

答　くわしいことは覚えておりませんが、坑人からもらったダイナマイトを持っているということは話しておりました。（『秘録大逆事件』上巻）

愚童の第一回予審参考人調書によると、明治四十一年十一月ころ、足尾銅山の坑夫がきて、銭が無いから泊めてくれといい、翌日静岡在まで帰るのに旅費がないから金を貸してくれといって「雷管十六本と管付油ノ様ナ物ト何ント云フ名前カ存ジマセヌガ、赤ヒ固《カタメ》タ薬デ三寸（九センチ）

位ノ長サデ五厘銅貨位ノ丸サノ物ト導火線弐本」を預けておくといって出したので、それを受取り五十銭を遣った、その男は静岡在の井上というだけで、住所も氏名も、わからないという。

愚童を研究された森長英三郎氏は『内山愚童』の中で、「おそらく、ダイナマイト入手の経路はこのとおりであろう」（同書一九八頁）と述べ、先学柏木隆法氏は「いずれにしても、意図的に入手したものでないことは確かなようで」（『大逆事件と内山愚童』ＪＣＡ出版、一九七九年一月、一二一頁）あると述べている。

結局愚童は一九〇九年四月二十九日出版法違反として拘禁され、五月三十日起訴され、十一月五日禁錮二年になっている。爆発物取締罰則により、追起訴され懲役十年となったが、控訴公判翌年三月二十一日、判決四月五日によって懲役五年になっている。しかも前年六月二十一日、曹洞宗は愚童を重懲役の処分である「宗内擯斥」（僧籍を剥奪、宗門に復帰を許さない）とした。

初め愚童は秘密出版の方法により、無政府主義の文書を発行し以って人心を鼓舞作興するを急務となし専ら計画したる所ありたりと雖《いえど》も、しばしば上京して伝次郎、スガ等の言動を見聞し、謀逆の意ようやく決す。

ここに於てスガを訪いたる翌日、即ち一月十六日同主義者田中佐市を横浜市根岸町に訪い、佐市及び金子新太郎、吉田只次等に対し、東京の同志者は政府の迫害を憤慨し、且つ幸徳伝次郎の病勢余命幾何もなき状にあるをもって、近き将来に於て暴力革命を起さんと決心せり。その際大逆を行わんよりはむしろ皇儲《こうちょ》（皇太子）を弑するの易くして効果の大なるに若《し》かず、決死の士五十人もあらば事をなすに足らん。伝次郎及び誠之助は已《すで》に爆裂弾の研究に着手せり。この地の同志者は一朝東京に事起らば直ちにこれに応ぜざるべからざる地位にあり、卿等その準備ありやと説き、その賛同を求めたれども佐市等の同意を得る能わずして去る。

（前掲『秘録大逆事件』下巻）

愚童は一九〇九年一月中旬上京、幸徳に会っている。「判決書」の「伝次郎、スガ等の言動を見聞し、謀逆の意ようやく決す」と断定的に記してよいのだろうか。「謀逆」とは謀反をたくらむこと。幸徳秋水の予審調書第六回、潮恒太郎判事の七月六日によれば、幸徳は次のように考えを答えている。

（一）幸徳は社会主義のためには知識上の伝道が最も必要であると思っていたこと。

（二）師中江兆民の哲学を祖述したいと思い、その資料を集めていたこと。

（三）今、宮下太吉らの運動に加わって倒れるのは、主義のためにも利益がないと考えた。

（四）新村忠雄も、幸徳のような人は知識上の伝道をやるほうが主義のためにもよいから、今回の計画から退いたほうがよいと言った。

（五）幸徳は管野須賀子が幼少のときから逆境に育ち、戦闘的な生活ばかりしてきた女であるから、今後は平和に生活させてやりたいと考えたので、同人も今回の計画から退かせようと思い、そのことを同人に話したことがある。それ以来幸徳の態度が自然明瞭を欠くようになったこと。

問　それでは宮下、古河、新村の三人に実行させようと思ったのか。

答　私と管野がその計画から身をひけば、自然忠雄も退くであろうと思いました。また古河の態度が冷静でありましたから、われわれの進退をみれば、あるいは実行をやめたかも知れません。宮下は自分一人でも実行すると言っていたそうですから、結局宮下一人が実行することになったかも知れません。（『秘録・大逆事件』下巻）

再度いう、愚童には本当に「謀逆の意」があったのだろうか。愚童は横浜曙会の田中佐市に『無政府共産』の小包二個（計百部）送ってあったので、読まれたかどうかを知りたかったのだろう。横浜の平民結社曙会は一九〇四年成立、田中佐市、金子新太郎、吉田只次、大和田忠太郎らが守っていた（曙会の運動については拙稿「神奈川県下のシンパ群像」『神奈川地域史研究』12・13号一九九四年三月、九五年三月参照）。

一月十六日、曙会では新年宴会でもあり、愚童はそこで話したようだ。東京は迫害がひどいから憤慨、幸徳は病気で余命幾何もない、暴力革命を起す決心だ。横浜は準備はどうだ？　四、五十人の決死の士、爆裂弾必要、革命の時は交通機関を破壊し、東京を孤立させ、暴動、暗殺もする。革命の時には「倅を遣っつける、倅を遣れば親爺は驚いて死ぬ」云々。以上は森長英三郎『内山愚童』によったが、資料が「愚童予審調書」「愚童参考人調書」であるので割引いて考えたい。愚童の話は幸徳の放言、空想を聴きかじったものを受け売りしたものであったようだ。

とくに「　」内の「倅、親爺」の話の前半は幸徳方で言ったことになっているが、幸徳の予審調書では肯定も否定もしてなく、管野は否定している。

愚童の弁護士今村力三郎の「公判ノート」には、「愚童は横浜ノ曙会ニテ爆裂弾ノ研究ヲナシ居ルト法螺ヲ吹ク」（前掲三七頁）と記していること、さらに「今村公判ノート」の愚童の箇所には、森近運平が公判の愚童尋問中に立って、次のような重大発言をしている。

「爆裂弾ノ図ヲ見タル折皇太子殿下云々ノ問題ハ小山松吉、大田黒英記検事カ名古屋大阪等ニテ盛ンニ皇太子殿下云々セシ事ヲ申聞セラレ自分カエライ事ヲ云フナト云ヒシ観念ト混同シテ検事ノ申聞セニ依リ皇太子殿下の事や花瓶ノ台ノ事ハ皆検事ノ申聞ニテ左様ナル調書トナル」（五九頁）と、愚童の「倅、親爺」の放言の根源、発信源、そして流布はこの段階では小山松吉検事、大田黒英記検事であることが判明した。また森近運平は小山、大田黒両検事が「名古屋大阪等ニテ盛ンニ皇太子殿下云々セシ事申聞セラレ」と言っているので、後ほどその発祥もと、吹聴者を詮索することにしたい。

愚童自身は、「横浜ニテ初対面ノ人新年宴会ノ席マテドーシテ倅ヲ遣付ケル云々ト言フヘキ筈ナシ」（「今村公判ノート」六〇頁）と発言している。愚童は横浜曙会で「暴力革命」「決死の士」という言葉を使ったことになっているが、これも疑問である。と言うのは幸徳は「陳弁書」の中で、「曽て暴力革命といふ語を用ゐたことはないので、これは全く検事局或は予審廷で発明せられたのです」と言い、愚童も「暴力革命トノ話ヲ幸徳ヨリ聞キタル事ナシ又幸徳カ手ト足トノ運動トノ事モ聞カス」（「今村公判ノート」五七頁）と述べているからである。幸徳は「判決書」で頻繁に使われている「決死の士」というむつかしい熟語も検事局、予審廷で案出されたと言っている（「陳弁書」の中の「一揆暴動と革命」）。

幸徳の病勢「余命幾何なき」の表現も、ために急いで暴力革命をやらなければ、というような切迫感をもたらせるようにしているが、診断した大石誠之助は、「幸徳ノ病気ハ養生次第ニテ急ニ死スモノニ非スト告ケタリ森近（運平）カ別ニ尋ネタルニ付不養生スレバ二、三年ト答ヘタリ管野ハ肺結核ノ初期ト思ヘリ然シ今日ハ両人共健康ニテ診断ハ誤レリ」（「今村公判摘要」七五頁）と公判廷で語っている。このことを「判決書」は訂正していない。

啄木の「日本無政府主義陰謀事件経過及び附帯現象」には、九月十九日の『東京朝日新聞』記事、「社会主義者の検挙▽神奈川県警察部の活動」が収録され、田中佐市、金子新太郎、大和田忠太郎、高畑巳三郎、吉田只次、加藤時次郎らの逮捕、拘引、家宅捜索が報じられている。田中佐市と金子新太郎両名は、愚童の『無政府共産』配布に関して、十一月二十一日横浜地裁で不敬罪として懲役五年の判決を受けている。

その後四月被告愚童は事をもって越前永平寺に往かんと欲し、途次十六日石巻良夫を名古屋市東区東白壁町に訪い、東京の同志者は政府の迫害に苦しみ、幸徳、管野等は暴力革命を起す計画をなし、紀州の大石もまたこれに与《あずか》り、大阪方面にも、三、四の同志ありて大石と連絡成れり。

暴力革命には爆裂弾の必要あり、幸徳の宅には外国より爆裂弾の図来り居り、横浜の曙会

や紀州の大石等は爆裂弾の研究をなし居り、幸徳、管野は爆裂弾あらば何時にても実行すべしと言い居れり、

朝革命を起せば至尊を弑せんよりは先ず皇儲を害するを可とす、この地の同志者の決意如何と説き、もってその同意を促したれども、また志を得る能わず。（前掲『秘録大逆事件』下巻）

愚童の横浜曙会での伝道は失敗して箱根林泉寺に帰った。間もなく修行をかねて越前の永平寺に行くことにした。途中、名古屋で活動していた、幸徳とも知り合いの石巻良夫を訪ねた。『入獄紀念・無政府共産』を送ってあったからであろう。結果的に愚童の遊説は不首尾だったようだ。のち石巻良夫は大逆事件で厳しい取調べを受けたが、連座からまぬかれている。

「判決書」では愚童が、「十一月謀議」が真実で決定していたかのように、すでに幸徳、大石の具体的な提携があったかのように、曙会や大石等が爆裂弾の研究をしていて、切迫感をもって語ったかのように記述しているが、誇張的でこれが「判決書」である。大石は医者として爆裂弾の製法を知っていたようだが、わざと成石勘三郎に間違った製法を教えているのは、爆裂弾使用を阻止しようとしたのであろう。

大逆事件の公判始末書（公判調書）は、現在発見されていない。あるいは官憲側の処分も考えられる。そのため公判廷のことは、弁護士平出修の「大逆事件特別法廷覚書」、弁護士今村力三郎の「今村公判ノート」「公判摘要」にたよるしかない。

その「今村公判ノート」、依頼人内山愚童の表紙のノートには、「幸徳管野ノ暴力革命ノ企皇太子殿下ノ危害ノ事ハ言ハズ」（六一頁）と記されている。さらに「検事ハ内山カ名古屋ノ石巻ニ幸徳カ宮下ニ命令シテ爆裂弾ヲ作ラシメテ居ルト語レリト云ヘトモ当時自分カ斯ル事ヲ知ル筈ナケレハ検事ノ作リタル虚構也」（「公判ノート」六一頁）と検事のフィクションを見破っている。愚童は宮下太吉とは、公判廷まで面識もない。

幸徳が獄中で（公判中の十二月十八日）、磯部、花井、今村の三弁護人に送った「陳弁書」、その小項目「聴取書及調書の杜撰」を想起する。そこには次のように訴えている。

第一、検事の聴取書なるものは、何を書いてあるか知れたものではありません。（中略）私は検事の聴取書なるものは、殆ど検事の曲筆舞文、牽強付会で出来上っているだろうと察します。また検事の調べ方についても、常に所謂「カマ」をかけるのと、議論で強いることが多いので、このカマを看破する力と検事と議論を上下し得るだけの口弁を有するにあらざる以上は、大抵検事の指示する通りの申立をすることになると思われます。（中略）第二は、調書（予審）訂正の困難です。出来た調書を書記が読み聞かせますけれども、長い調べで少しでも頭脳が疲労していれば、早口に読み行く言葉を聴き損じないだけがヤットのことで、少し違ったようだと思っても、咄嗟の間に判断がつきません。（中略）「こう書いても同じではないか」と言われれば、争うことのできぬのが多かろうと思います。（中略）第三には、私初め予審の調べに会ったことのない者は、予審は大体の下調べだと思って、さほど重要と感じない。殊に調書の一字、一句が殆ど法律条項の文字のように確定してしまうものと思わないで、いずれ公判があるのだからそのとき訂正すればよい位で、強いて争わずに捨てておくのが多いと思います。（中略）こんな次第で予審調書も甚だ杜撰なものが出来上っています。（幸徳伝次郎「三弁護人宛陳弁書」、前掲『今村力三郎訴訟記録』第三十巻より）

長い引用になったが、大逆事件の被告二十六名を代表した幸徳秋水の仲間を思う声である。勿論、愚童の体験した検事取調の批判も後述したい。

予審判事は検事の調べを作文しなおして、予審調書を作成する。検事の聴取書では原則として証拠にならないが、予審調書は公判廷での供述以上の証拠となる（森長英三郎『内山愚童』論創社、一九八四年一月）。

去りて永平寺に赴き用務を了し、帰途更に大阪に出て、五月二十一日武田九平を大阪市南区谷町六丁目に訪い、九平及び三浦安太郎に会見し、前掲横浜及び名古屋に於てなしたる勧説の趣旨と同一のことを説き、九平及び安太郎の同意を得、その翌二十二日神戸市夢野村海民病院に行き、岡林寅松、小松丑治に対してまた同一趣旨の勧説を試みてその同意を得、且つ爆裂弾の製造方法について寅松、丑治の意見を徴したり。

被告武田九平は、十一月内山愚童の送付したる『入獄紀念《ママ》・無政府共産』と題する小冊子数十部平民倶楽部に到達するや、九平はその中数部を岡本穎一郎、三浦安太郎等に頒与し、安太郎は一読の後これを田中泰に転送したり。（前掲『秘録大逆事件』下巻）

（中略）

越えて明治四十二年五月二十一日内山愚童往きて被告九平を大阪市南区谷町六丁目に訪う。時に九平は愚童の来阪したる報を得、往きてこれを訪わんがため已《すで》に出でて家に在らず、ここに於て被告安太郎報を得て愚童を迎接し、愚童より幸徳伝次郎、管野スガ等が病に羅り余命幾何もなきをもって、爆裂弾あらば何時にても革命運動をなす意あり、

伝次郎宅には外国より爆裂弾の図到来し、横浜の曙会、紀州の大石等は爆裂弾の研究をなし居り、一か所に五、六十人の決死の士あらば事を挙ぐるに足るとの説を聴き、且つ愚童が皇儲弑害《しいがい》の策を告ぐるや、安太郎は已に主義のため死を決して当地の同志者にその意を漏らしたる旨揚言して賛同の意を表し、愚童と相伴うて天王寺辺に散歩し、帰りて九平宅に到るや九平既に帰宅し、愚童はこれに対して安太郎に説きたると同一の計画を説示したるに、九平もまた同意して爆裂弾の研究は必要なる旨を述べたり。

明治四十一年十一月内山愚童が著作出版したる『入獄紀念・無政府共産』と題する小冊子三十冊ばかり送付するや、寅松、丑治はこれを収受し、寅松はその中数冊を中村浅吉に頒与したり。（前掲『秘録大逆事件』下巻）

内山愚童は五月二十一日永平寺に向う途中、大阪の平民倶楽部で三浦安太郎、武田九平らと会談する。すでに愚童には二人の尾行がついている。「今村公判ノート」、依頼人武田九平表紙のそれには、「三浦安太郎曰内山カ悴ヲ遣レハ親父ハ吃驚シテ死スト云ヒシトキ武田時ニウンソーカ

ト笑フ」（四一頁）とあるが、この言葉は、「今村公判ノート」四一頁の頭注に「検事武富済の証人」となっているので、真実とは思えない。

岡本穎一郎の予審調べでは、「三浦安太郎曰四十二年五月二《ママ》日武田九平宅ニ内山三浦武田ノ三人会合セシトキハ予メ警察ニ告ケ武田ノ家へ刑事来リ居タリ」（「公判ノート」四二頁）。刑事がいては愚童も放談は出来なかった筈だ。このことを武田九平は「愚童ヨリ親父ヨリ悴タト云ヒシヲ聴カズ初面会ノ者ニ左様ノ事ハ申スマイ」、「内山ノ来リシトキ大阪ノ高等刑事来リ居タリ」（「公判ノート」四二、四五頁）との言葉もある。

さらに武田九平は、「内山三浦カ武田宅ニ来リシトキ爆裂弾ノ話セリシニ非ズ武富検事カ革命ノ折ニ爆裂弾ノ必要アルニ非スヤト言ハレ必要アリト答ヘタルナリ」（四五頁）と「カマ」をかけられて答えたこと、武富検事に「非常ニ罵倒セラレタ」（四五頁）ことを述べている。

ここで三浦安太郎の言、噂、評、人間性について考えてみよう。

「内山ハ検事ニ向テ三浦ハ決死隊ノ一人ナリト申立タルヲ之ニ憤慨シテ内山カ皇太子殿下ヲ肺病ナリト云ヒシ事ヲ誇張シテ申立タリ」（六二頁）先ず三浦の誇張。三浦が「アンナ小倅一匹ノ為メ仰山ナ事ヲシテ馬鹿々々シイ奴ダト云フト内山ハ妃殿下ト仲カ好イカラ再発スルカモ知レヌ倅カ参テ仕舞ヘハ親爺ハビックリシテ死ンテ仕舞フダローナト云ヒタル也」（六二頁）と、愚童が三浦に「倅、親爺云々」を始めて言ったことになっている。

しかし三浦は「内山ハ武田ニ対シ革命談ヲナサズ」（四五頁）などと、ちぐはぐで矛盾があり一貫性がない。今村力三郎の「公判ノート」の頭注には、「大石又内山ノ来リシトキ大阪ニテ爆弾ノ研究云々ノ事ナキノ証トス三浦ノ如キ過激ナル文字ヲ書ク奴ニ碌ナ奴ナシ　三浦ハ低能児三浦ハ葦原将軍ノ卵子也此男ヲ入監セシムル内ニハ必誇大妄想狂トナル可シ」（四一、四二、四三頁）と、三浦は「過激な文」を書くこと、「低能児」であること、入監中には必ず「誇大妄想狂」になることを記している。今村の言う三浦は「葦原将軍」とは、「陸軍大将の正服に勲章を胸一杯に佩して早慶戦などに現われた狂人。後、松沢病院に収容され果てた。誇大妄想狂、半狂人の事をいう」（『隠語大辞典』皓星社、二〇〇〇年四月）とあって、三浦はその「卵子」というのだ。

三浦安太郎はこれまで弾圧を恐れ、警察にもしばしば内通するので、同志の一部から疑惑の目でみられていた（荒木伝「三浦安太郎」『近代日本社会運動人物大事典』4、日外アソシエーツ、一九九七年一月）。大阪に出張中の小林検事正、小山検事、武富検事らと三浦が接触したであろうことは、森近運平が公判廷で愚童に代って、愚童の「倅、親爺」発言（放言だが）が「名古屋大阪等にて盛んに……」（本文二七七頁）なったというのは、検事らの三浦籠絡（内山放言として）を濃厚に示唆している。

三浦は虚勢を張る行動も多く、大逆罪で起訴されたのは八月二十八日、一九〇八年十二月大阪の村上旅館で大石誠之助の東京土産話を聞いたが、「十一月謀議」に捏造されたこと、それと内山愚童の「倅、親爺」の放言を聞いたことが起訴の理由になっている。三浦はブリキ細工職人、今村弁護士の予想したように、一九一六年五月十八日長崎監獄で狂死している。

弁護士平出修は、三浦安太郎をどのようにみていたのであろう。修は緘黙を強いられる中で、事件の真実を訴えようと、文人でもあったことから『太陽』（一九一三年九月）に「逆徒」を発表、しかし発禁処分となった。

「逆徒」での主人公「三浦安太郎」は「三村保三郎」になっている。頓興な呼びかけ、耳が遠い、顔がぼんやりしている。奇矯なことを好む、不平家、「其筋の目付」かもと疑いもかかっている。意気地のない小胆もの、家系に神経病者が多い、自白が真実でないことを言う。吃音、おどおどした陳述、苦痛に堪えず昏倒、煩悶、臆病で気が弱い、現責《うつつぜ》めにあう。房から出ようとしてどやされ手錠をかけられる。若い弁護人は「三村」に同情と愛憐をもっていて、「何と惨《いたま》しい」と言う（定本『平出修集』第一巻）。なお田中泰はのち不敬罪に問われ懲役五年となっている。中村浅吉は尋問で証人調書をとられている。

> 明治四十二年五月二十二日内山愚童は神戸市に往き、被告寅松、丑治を同市夢野村海民病院に訪い、説くに東京は政府の迫害甚だしく同主義者手足を出すこと能わず、幸徳、菅《ママ》野等は病みて余命永く保ち難く、爆裂弾あらば革命を起さんとする決心ありて、一ヵ所に五六十人決死の士あらば革命を起すに足る。
>
> （中略）
>
> この地は横浜の東京に於けるが如く、大阪に事あらば直ちにこれに応ずる要あり。卿等は医業をなす者なれば爆裂弾の研究をなすべき責任ありとの旨をもってし、且つ皇儲弑逆の策

を唱え、もってその賛同を促すや、寅松は初め難色ありしも、愚童に説破させられ遂に丑治と共にこれに同意し、愚童が爆裂弾の製法を問うに及び、寅松はリスリンを用うれば可なりと言い、丑治は硫酸とリスリンをもって製すべしと答うるに至りたり。

愚童、寅松、丑治の行為は刑法第七十三条の規定中皇太子に対し危害を加えんとしたる者は死刑に処すとあるに該当し、（以上「判決書」は『秘録・大逆事件』下巻より。一部要約）。

「判決書」では武田九平、三浦安太郎は愚童の「勧説」に同意したこと（十一月謀議に加わる）になっているが、不思議と言わざるを得ない。ちなみに東京の小林検事正、捜査主任小山検事、武富検事らが大阪に出張して、移動捜査を始めたのは翌年（一九一〇年）八月二十一日、愚童の「勧説」から一年三か月も経過している。武田九平、岡本頴一郎、三浦安太郎三名を起訴したのは七日後の二十八日だった。

愚童は一九〇九年五月二十二日、神戸平民倶楽部の岡林寅松、小松丑治を海民病院に訪ね勧説している。愚童「迫害ニ対シ秘密出版ノ話ヲナシ両人ニ爆裂弾ノ研究ヲナシ居ルカト訊ネタルニ両人ハ研究セス」（「今村公判ノート」六二頁）と答えていて、「判決書」との相違は大きい。二人は研究していなくても、医者を志す者の常識として、岡林は最終予審調書ではリスリン（グリセリン）を入れれば爆発すると自白したことになっている（『内山愚童』）。

しかしこれも爆裂弾の使途が明確に判っていたうえでの答えではなかったようだ。「カマ」をかけられた質問にたいする、ひっかかった答えとしか思われない。岡林も小松も、各第五回予審調書までは、例の「倅、親爺」放言は聞かなかった、と否認し通している。

ところが岡林にたいする十月二十三日の検事調べ後の第六回予審調書（一〇月二六日）で、先ず岡林が「内山ハ或ハ倅トカ親爺トカ申シタノカモ知レマセヌガ、私ノ頭ニハ其処ガ明瞭ニ為ツテ居ラズ、皇室ニ危害ヲ加ヘルト云フ様ナ趣意ノ事丈ガ頭ニ残ツテ居リマス」と不確かなことを言わされ、小松も「問　岡林ハ皇室ニ危害ヲ加フルト云フ様ナ意味ノ話モアツタカノ如ク申立ツルガ如何、答　良ク考ヘテ見ルト其様ナ意味ノ話モアツタカト思ヒマス」とこれも不確かなことを言わされている（森長英三郎『内山愚童』）。なお森長氏は、「このような漠然たる供述があっても、内山愚童調書の裏付けがあったとされたのである」と述べている。

十二月十六日の公判で岡林寅松は、「内山カ海民病院ニ来リ皇太子殿下ニ危害ヲ加フルトノ話ハ断ジテ聴カズ」と強調し、同日小松丑治も「内山カ悴ヲ害スルト云フ様ナ話ヲシタル記憶ナシ」（「公判ノート」六四頁）と言っている。さらに岡林は十二月二十二日の公判廷申立で「海民病院ノ応接間ハ廿丈間ノ長方形ノ座敷ニハ刑事巡査ハ居タトモ居ナイトモ判然記憶ナシ」（「公判ノート」六四、六五頁）と、公判廷の発言が予審調書や検事聴取書と比べて、いかに信憑性があるかは論をまたない。

なお小松丑治は十二月十六日の公判で、愚童が海民病院に面会に来たときは、著者を知らない『入獄紀念・無政府共産』は「廿七部其儘ニナシ置キテ何レヘモ配賦セス」（「同ノート」六四頁）と述べている。

大逆事件の弁護士平出修は、死刑が宣告された直後に書いた「後に書す」の中で、「内山愚童と武田九平とは初対面にして会談漸く一時間許り、大阪の町家、職工の家僅々三間の其一室には内山に尾行したる二名の刑事巡査詰め居りしこと、内山が神戸に於て小松、岡林に同断陰謀を語った其一室は応接間にして初夏の頃とて窓も明け放ちあり、茲にも二名の尾行巡査ありて其室内に出入し居れりとのこと、九州の事、紀州の事、何れも同様なる状況あり、死を賭けての大事が計画賛同せられしと思はるる状況頗る疑ふべきものである」（『平出修集』第一巻）と、疑問を投げつけている。

愚童と同県人である修は、愚童の印象を小説「逆徒」の中では、「彼の法廷にありての、言語動作は終始捨ばちであった。訊問の際、職業を問はれたとき、……宗の僧侶でありましたが、此度の事件で僧籍を剝奪されました。私は喜んで之を受けました。と答へて新聞種を作つた男である」と描き、「あゝ、救ふべからざる人間だ。彼は全く継子根性になってしまった」。若い弁護人は「殊更に気丈さを装ふらしき比男の囚人姿を目送した」（『平出修集』第一巻）。

修は正直に、殆どこの様であったことを記している。一般的な解釈でもある。愚童が何故「継子根性」のようになったのか、同情も激励もないようだ。若い弁護士として、同県人として文人として、裁判で捏造され、屈折した愚童の心情を愚童の立場に立って記述出来なかったのだろうか、官憲の発禁処分や弾圧を意識し過ぎていたのだろうか。愚童を「不敬罪で五年位に」と石川啄木に語っている修だけに、愚童の「勧説」や皇太子への危害の放言を信じていたとは考えられない。

愚童が検事らの捏ち上げにつよく抵抗していたことは、次の「今村公判ノート」が物語っている。

「検事ハ自分カ予定線ヲ張リ之ニ被告人ヲ追込マントスル為メ押問答ヲスル被告カ其予定線ニ入レハ事実カ真相ナリヤ否ハ敢テ問ハス爰ニ於テ被告ハ運命ト諦メルカ又ハ嘲弄スルカノ外ナシ」、また体験の一例として、「杉本（時三郎検事）カ道徳否認論ヲ内山カ書タカト押問答ノ末内山カ之ヲ書タト云フテ之ヲ認メテ事済トナレリ内山ハ之ヲ翻訳スル学力ナシ検事ハ之ヲ知ラス自分ノ馬鹿ヲ棚ニ上テ予定線ニ追込ミ得々タリ」（五七頁）。

検事らが大逆罪に結びつくように、勝手につくったストオリーに、被告らを追いこめば、「事実カ真相ナリヤ否ハ敢テ問ハス」、被告は諦めて判決を待つか、馬鹿にしてからかうかしかない。これでは明らかに被告に不利な、そして杜撰な検事聴取書、予審調書が幸徳が言っているように出来上ることになる。被告が密室でなく公判廷でいかに真実を吐露しても、「引かれ者の小うた」としか解せられなかったのだ。そのような裁判の仕組みだったのだ。

愚童は遺言のなかで、「岡林ト小松丑治トニ、自分ノ為メ気ノ毒ナル結果ニ陥ラシメタル罪ヲ謝ストノ書状ヲ発セラレタシ」と書いたのは、抵抗の限界を二人に詫びたのかも知れない。「判決書」は荒唐無稽にちかいフィクションや針小棒大の誇張、強調、繰り返す執拗さが随所にみえる。愚童の「判決書」でも「倅、親爺」「勧説」は五回以上、「暴力革命」「決死の士」などは三回以上でてくる。

冗談や笑話や放言したことが天皇制に関係すると、大逆罪（死刑）になるのだから、暗黒裁判そのものであった。

最後に大逆事件の弁護士の事件や被告にたいする評や論は重くて貴重だ。鵜沢総明、今村力三郎、平出修三人の至言をかかげて筆をおきたい。

鵜沢総明――

原告側の主張によれば、「共同謀議」によって「大逆」を企画したと言うのであるが、その点についても、我々は多大の疑義を持っていた。被告幸徳秋水、大石誠之助らと〈明科事件〉の当事者達との間に、無政府主義者としての同志的なつながりがあったと言う証拠は、一つもなかった。（中略）「共同謀議」を意味するやうな、全被告に共通な一貫したのは、一つもなかった（「大逆事件を憶う」）。

今村力三郎――

幸徳事件の裁判官達は、皇室に就て誤れる忠義観を持てゐたと思はれます。（中略）斯の様に、憲法や、皇室と裁判官とは、法的にも思想的にも、特別の関連があつて、自然裁判官の忠君観も、一般人民と異なるものがあつたと考へられます。私は今に至るも、この二十四名の被告人中には多数のえん罪者が含まれて居たと信じてゐます（「幸徳事件の回顧」）。

（前略）大多数の被告は不敬罪に過ぎさるものと認むるを当れりとせん予は今日に至るも該

判決に心服するものに非す特に裁判所か審理を急くこと奔馬の如く一の証人すら之を許さゝりしは予の最遺憾としたる所なり（「芻言」）。

平出修――

（前略）静に事の真相を考ふれば本件犯罪は宮下太吉、管野スガ、新村忠雄の三人によりて企画せられ、稍実行の姿を形成して居る丈けであつて、終始此三人者と行動して居た古河力作の心事は既に頗る曖昧であつた。幸徳伝次郎に至れば、彼は死を期して法廷に立ち、自らの為に弁疏の辞を加へざりし為、直接彼の口より何物をも聞くを得なかつたとは云へ、彼の衷心大に諒とすべきものがある。

大石誠之助に至りては寔《まこと》に之れ一場の悪夢、思ふに、事の成行きが意外又意外、彼自らも其数奇なる運命に、驚きつつあつたのであらう。只夫れ幸徳は、主義の伝播者たる責任の免るべからざるものあり、大石には証拠を重んずる日本の裁判所は遂に彼等両人を放免するの勇気と雅量なかるべきを思ひしも、其余の二十名は悉く一場の座談、しかも拘引の当時より数へて一年有半前のことにかかり、其座談の内容が四五十人の決死の士あらば富豪を劫掠し、官庁を焼払ひ、尚余力あらば進んで二重橋にせまらんと云ふ一摭《きゃく》（わらう）にも附すべきものであって、（以下略、「後に書す」）。

（『平出修研究』三八集）

五　『仏種を植ゆる人――内山愚童の生涯と思想』

（池田千尋・篠原鋭一・渡辺祥文著、二〇〇六年一月刊）

曹洞宗人権擁護推進本部編、発行者は宗務総長有田惠宗、発行所は曹洞宗宗務庁。執筆者は表記の三名、三人とも曹洞宗人権啓発相談員、昨年四月二十五日、内山愚童が住職だった箱根林泉寺で行われた「内山愚童和尚顕彰碑除幕式および追悼法要」の準備会委員であった。

表題「種を植ゆる人」は愚童自身の書簡の一節「之を見捨て、去る時は、千万劫《ごう》此地に仏種を植ゆる事は出来ぬ」から採られたことが有田惠宗氏の「はしがき」から知られる。愚童が箱根大平台の人々への深い愛情と、仏者としての自覚が凝縮されている珠玉のような言葉と評している。

本書二百頁の構成は三部から成る。一部は「内山愚童の生涯と思想」、二部「内山愚童への宗内擯斥《ひんせき》と名誉回復」、三部「資料編」から成っている。一の生いたちの中で執筆者は、愚童の幼年期について、森長英三郎著『内山愚童』の中の、「〈父〉直吉一家の家計は想像に絶するものがあったにちがいない。慶吉（愚童の幼名）はその性格形成にもっとも重要な小学校時代に、貧乏の苦痛と、政治不信を身にしみて知ったわけである」を引用しているが至言であろう。

愚童は一八九三年、新潟県小千谷町を出郷してから、九七年の出家までの足取りなどは不明部分もあるが、出家得度後の僧侶としての履歴は『宗報』によって明らかになったという。二十九歳のとき大平台林泉寺住職二十世に任命されている。

愚童の「社会主義思想」の形成には、大平台四十戸ほどの檀信徒の非常にきびしい生活実態が大きく影響をおよぼしているとみている。愚童は入山当所から地域の児童や青年たちに教育者的働きかけを始めている。愚童が無政府共産主義を選んだその思想と行動の軌跡を、資料を駆使して追究している。結局愚童は、民衆と共に苦しみ、その苦しみの根源を洞察して、抑圧者やその社会に立ち向かうのが宗教者の使命であると考えるようになった、と愚童の実像に迫っている。

しかし政府や官憲は、無政府共産主義を「暴力テロ集団」と受けとめていたので、その乖離は甚しかった。愚童の社会主義思想は、暴力革命を志向するものでなく、穏健で啓発主義的な傾向が基本であり、その代表が著作『平凡の自覚』と無題の『遺稿』であると説き、すでに愚童には「民本主義」「民主主義」に基づく政治的自覚があったとしている。

個人の自覚には、「自由・平等・博愛」があった。女性の自覚には「女子ハ男子ノ附属物デハナイ……」などと、今日から見れば刮目すべき提言をしていたことを指摘している。

無題『遺稿』の結論は「自己の理性に従って行動をとった人は幸福者」である、であり、これは愚童の哲学ともいえるだろう。

愚童は仏教者としての現実の救済は、生存権・平等権・自由権が万民当然の権利であると繰り返している。ここにも思想家愚童が生きている。

愚童の社会主義思想の展開で、国家権力に対する反逆性、先鋭化を高める転換点を赤旗事件（一九〇八年六月）にもってきているのは妥当であろう。そして天皇制の否定であり、当時では大胆な主張であった。新聞などで「悪僧」呼ばわりされるのは（例えば一九〇九年七月四日『東京朝日新聞』）このためであった。

そのための秘密出版は、弾圧を避けるための手段であった。とくに『入獄紀念《ママ》・無政府共産・革命』は、小冊子ながら「天皇制否定」「地主制否定・小作米不納」「徴兵拒否」を堂々とかかげて主張していることを、執筆者は強調している。

大逆事件は「大逆冤罪事件」であり、国家的犯罪であったこと、天皇制国家の治安維持を目的としたものであり、事件は実際には社会主義の「思想」を裁くという、国家権力による組織的犯罪であったことを説いていてオーソドックスである。

愚童の死刑判決は、皇太子暗殺の謀議にかかわったとされて、「大逆罪」にされている。しかしそれは捏造である。本書は愚童が刑死にいたる最大の集約点を「天皇制」の否定にあるとされていて、正しい判断だと思われる。愚童が処刑の場でも泰然自若としていたことはよく知られている。

本書は啄木と大逆事件にも触れているが、啄木が一九一一年五月に書いた「A LETTER FROM PRISON」の中の「EDITOR'S NOTES」で、愚童を皇太子暗殺を企てていた「テロリスト」と言っていることにも触れてほしかった。これは啄木の間違いであり、当時にあっては啄木の限界であった。この数か月前、啄木は事件の弁護士平出修に会って修から、「若し自分が裁判長だったら、（中略）内山愚童を不敬罪で五年位に」と聞いているので、啄木は修から知らされたのではない。

愚童が逮捕され「出版法違反」で一九〇九年五月三十日に起訴され、さらに追起訴として「爆発物取締罰則違反」容疑にも付されている。ダイナマイトの出処は被告人調書や林泉寺東堂木村正寿氏の説明は怪しいものでない。一審判決では両刑あわせて計十二年の実刑判決、愚童は控訴して、禁錮二年と懲役五年、両刑七年で下獄した。大逆事件が発覚する約二か月前である。

しかも六月二十一日、林泉寺住職を罷免され、曹洞宗務院は「宗内擯斥」、僧籍剝奪の懲戒処分にふみきった。教団からの永久追放除名処分を意味する。さらに十月二十七日、「大逆罪」被告人として追起訴される。この経過を資料を援用して詳述する。

宗門の現実は、天皇と政府に代表される国家と支配者に向けられていて、そのための狼狽ぶりを露呈、愚童を「逆徒」「極悪人」として切り捨てることによって、教団の組織防衛を図ろうとしたことを遠慮なく記述している。過去のこととはいえ、現に教団に所属している僧侶の立場で、歯に衣を着せない記述は、本書の特色であり、事実をどこまでも追究する執筆者の真摯な姿勢をうかがわせる。

曹洞宗教団としては、「陳謝表文」を宮内大臣に提出、東宮主事、内務大臣らに面会、宗門取締不行届を陳謝し、宗門僧侶の指導教訓を誓約した。全国規模の大研修会を開催したことなどはこのためだった。こうして、愚童の近代仏教者としての先覚性やその思想・行動の深さと広さはまったく顧慮されることがなかったのは惜しまれる、そのことを適確に述べている。

愚童が「逆徒」としての汚名を脱して、近代仏教僧としての等身大の姿が評価されたのは、ごく一部の人々を除いて宗門内部からではなかった。一九九二年一月、林泉寺住職木村正寿氏の「嘆願書」（資料編所収）が一つの起爆剤となって、九三年二月、曹洞宗通常宗議会は、全員一致で内山愚童の名誉回復の「請願」を採択、曹洞宗宗務庁は四月十三日付で愚童に対する「宗内擯斥」を取り消したことが判る。

処分の執行から八十三年の後であり、「日本国憲法」公布後半世紀後の名誉回復であった。そして二〇〇五年四月二十五日、林泉寺境内の墓地で懺悔と顕彰・誓願が曹洞宗をあげて盛大に厳粛におこなわれた（筆者も出席）。その「内山愚童和尚顕彰碑除幕式及び追悼法要」の準備委員が、冒頭に述べたように、本書の執筆協力者三氏である。

顕彰碑の碑面、解説板には愚童の著作からとった言葉やまたその言行が記されている。

解説板の最後のところには、宗門として「人権の確立・平和の維持・環境保護」を啓発推進していくことを誓願している。愚童和尚よ、遅きに失した感が有るが、もって瞑すべし、である。

第三部は資料編となっており、資料が本文と同じ分量になっていることは本書の特色でもある。本文の引用のすべてはこの資料編に網羅されている。年譜、語録、書簡抄、遺言、追憶記録、大逆事件と曹洞宗、復権と名誉回復、懺悔と顕彰、新聞報道抄録など重宝で大逆事件や愚童研究には必須である。

これまで愚童研究の双壁といわれた柏木隆法『大逆事件と内山愚童』（一九七九年一月、ＪＣＡ出版）、森長英三郎『内山愚童』（八四年一月、論創社）があり、本書はこの両書のエキスも吸収し参考にされている。両書は愚童の名誉回復以前の発行であり、四分の一世紀が経過している古典的な作品でもある。

本書は最近の研究（主な参考文献あり）もふまえ愚童の実像に迫っている。コンパクトで格好な書である。愚童のさらに正しい評価が本書によってなされていることは有難い。

（『平出修研究』三八集）

六　平沼騏一郎の大逆事件観

1　平沼の来歴と洋行の意味

平沼騏一郎は、一八六七（慶応三）年九月美作国津山（岡山県津山市）に、津山藩士平沼晋の次男として生まれた。津山藩（十万石）の藩祖は徳川家康の次男結城秀康。平沼は親藩を誇り佐幕論だった。父は藩の家職をしていたので幼時藩邸内に住み、「上等の人間」(1)だと思っていた。兄の平沼淑郎（一八六四～一九三八）は、経済史家として知られ、早稲田大学の学長を務めたりした。五歳のとき、父が旧藩主松平康倫の家扶となったことから、父、兄と上京。宇田川興斉、箕作秋坪について漢学・英学・算術を学び、十一歳の一八七八年、東京大学予備門に入学。この頃、頼山陽の『日本外史』を読み、皇室が武家のため蔑ろにされ難儀したことを考え、「どうしても皇室のため尽さねばならぬ(2)」と憤慨した。

十七歳で東大法学部に入学、二十一歳で卒業。明治十六年東大ストライキ事件では一時退学処分を受け、気骨の一端がうかがわれる。平沼は司法省の給費（貸費）生だったので、「内務省に入った方がよい」[3]と思っていたが、司法省に入り参事官試補になる。

日本でフランス法を基礎に、罪刑法定主義の原則が確立したのは、平沼が東大予備門にいた一八八〇（明治一三）年であったが、ドイツ法に転換されてきて、新刑法が出来るのは、平沼が司法省民刑局長、兼大審院検事の一九〇七（明治四〇）年である。

平沼が司法省に入った一八八八年頃は、まだ仏法、英法、独法が勢力争いをしていた。当時の司法省は無力で各省の中で一番軽視されており、平沼は「役に立つ者は行政庁にゆき、役に立たぬ者が判事、検事になって」[4]いる、と語っている。

翌年明治憲法発布、公法体制は大いに整備された。平沼は東京地方判事になり、保安条例による退去処分や大津事件をみた。大津事件で天皇のとった行動を賛美し、天皇崇拝を強め、忠実な天皇制司法官僚になっていく。

民法、商法、民事訴訟法が施行は延期されるが公布され、刑事訴訟法が制定されたのも、一八九〇（明治二三）年であった。翌年には穂積八束の知名な「民法出デテ忠孝亡ブ」の説が現れている。条約改正を急ぐ必要に迫られて、法典の制定、公布が急務だった。

フランス法学派とイギリス法学派の対立もあった。進歩主義と保守主義、自由民権主義と旧慣尊重主義という政治的対立であり、絶対主義体制のもとに、資本主義を育成しようとする明治国家に内在する矛盾の現れでもあった。平沼はイギリス法学派支持、保守主義、旧慣尊重主義の立場であった。

明治憲法の基本的特色は、一方で国民（実は臣民）の権利を制限しながら保障するとともに、他方、全体の名においてこれを権力的に統制することを可能にするのにあった。二つの要素のうち、どちらに重点をおくかによって、学説も法の運用も全く違ったものになりえた。平沼が後者に重点をおいたことは論をまたない。

日清戦争前後、平沼は千葉地方・横浜地方裁判所部長を経て東京控訴院判事・部長となり、三十二歳の一八九九年東京控訴院検事となる。治安警察法公布、星亨刺殺事件、教科書疑獄事件などは、東京控訴院検事時代と兼任司法省参事官、民刑局兼務時代である。

平沼は日比谷焼打事件では、「司法省の責任として始末」(5)を主張し、二か月後大審院検事に補されたのは、第一次桂太郎内閣の、日比谷焼打事件の二か月後である。翌年三十九歳で第一次西園寺公望内閣の司法省民刑局長兼検事となった。この頃の平沼は「西園寺さんのお気に入っとったんです」(6)と語っている。平沼が言論、思想統制の桂内閣時に、検事になったことは因縁めいたものを感じる。平沼は間もなく、一九〇七年三月から翌年二月にかけて約一年独・仏・英などに「主として法律の取調」(7)ということで洋行する。

平沼はドイツでは「主に刑の方面の独逸のやり方を研究」(8)した。司法省に行き監獄のことなどを調査。ドイツの裁判制度を調べたが、日本で調べて知っていたので参考にならず、警察のやり方は規則づくめだったと言う。

フランスでは「主に警視庁に行き、無政府主義の取締りのことをいろいろ調べ」(9)た。欧州大陸での無政府主義の活動状況、なぜそのような活動をするのか、得々と話しているが、時代錯誤と偏見と独断がうかがわれる。パリには日本の特別警察のように移動警察があり、全国的活動任務がある。無政府主義者の取締は各地に連絡があり、各地に移動が必要で、無政府主義の取締を研究するために、移動警察に夜通し熱心について歩いて、夜明け前に帰宅した、と語っている。

平沼の語り口から、大逆事件直後の一九一一年八月に特高警察が設置されるが、平沼も創設に係わったのではないか、と疑念を抱かせる。密告・スパイ・視察による情報収集、言論、出版、結社、集会の制限禁止、さらには司法警察として治安維持法その他諸法規違反容疑者の検挙、拷問を伴う残忍な取調べなど、敗戦までの「特高警察」は周知である。

平沼は「人権尊重とかなんとかいうが、フランスの警察官は人権など尊重していない」[10]、とも言う。フランスでは同盟罷業で困っていたので、その対策も調べているが、無政府主義取締りの研究に比べれば従であったようだ。

イギリスでは、警察の実際にやっていることを研究し、警察官と夜一緒に歩いている。巡査は暴力をふるわない、犯罪は迅速に処理、報告書は文章、字も上手で「世界の模範になっている」[11]と言う。イギリスには大陸と違い憲兵がいないことを指摘、指紋制度を学び、「日本では私が帰ってからすぐに始めた」[12]と述べている。指紋法採用は第二次桂内閣の一九〇八年十月で、平沼帰国後八か月である。

一九五二（昭和二十七）年初夏、八十五歳の平沼は、A級戦犯としての巣鴨プリズンで、四十四、五年前の洋行を回顧し、締め括るかのように、「西洋に行って調べたことは、そういうようなことでした。一番大切なことは無政府主義の取締まりのことでした」[13]と語っている。

平沼の洋行の前年、日本社会党が組織され、東京市電値上げ反対デモの激化、各地の砲兵工廠などの同盟罷業や騒擾やその弾圧。幸徳秋水が米国から帰国、総同盟罷工による直接行動論を主張した。社会主義関係の週刊、日刊新聞は発行禁止になり、平沼帰国直後に『東京社会新聞』『熊本評論』『東北評論』などが発行禁止になる。

2　平沼騏一郎と大逆事件

赤旗を警官と奪いあっただけで、十四人も起訴され十二人に重禁錮や罰金の重刑が科された赤旗事件は、平沼帰国後半年である。山県有朋の政敵原敬の日記が語っているように[14]、山県の社会主義絶滅策は確かに第二次桂内閣に受け継がれ、内閣の政綱に社会主義取締政策を掲げ、「新内閣の弾圧ぶりは峻烈を極め」[15]たものだった。二年後の大逆事件捏造は予備されていた。

言論・思想の自由を封鎖、出版、集合の自由や権利を奪取、強権支配を実施する布陣の適所に、司法省民刑局長・大審院次席検事平沼騏一郎はいた。そのため、大逆事件を機に平沼の指揮する大審院検事局は、「一人の無政府主義者無きを世界に誇るに至まで、飽くまで其撲滅を期」[16]そうと捏造に奔走した。

大逆事件の前年、平沼は日糖疑獄を取扱った。検事総長松室致（一八五二―一九三一）は桂総理の前へ出ると「へイ〳〵するので[17]」、桂に圧力をかけられると、捜査をやめようという。平沼が桂に面会し、桂は「角を矯めて牛を殺すような事をするナ[18]」と注意するが、平沼は「実はその牛を殺してやろうと思っている[19]」と遣返し、少しは桂に妥協したが、捜査を緩めていない、平沼にはこのような面もあった。

平沼は、「大逆事件は検事総長の主管であり、その指揮を受けねば検事は働けぬ[20]」とか、あの事件については検事総長は総指揮官であるが、「中途でチフスに罹ったので、私が大審院検事でやった[21]」と弁解のように述べている。しかし仮りに松室がチフスに罹らなくても、平沼の性格から平沼が現場の総指揮官のように振舞ったものと考えられる。平沼四十三歳の働き盛り、松室は五十八歳であった。

松室は宮内大臣渡辺千秋（一八四三―一九二一、弟国武は大蔵大臣）を訪問し、取調べの進捗状況を詳細に報告。渡辺は露骨な山県人事による山県閥で[22]、松室は渡辺を通して山県に近づき栄達をはかった[23]。大逆事件を出世の手段にして、桂内閣の司法大臣、その後貴族院議員、枢密顧問官のお決まりの道を辿る。

平沼と桂の関係は、日糖疑獄のときの会話からも察知できる。親しく、桂も平沼の意見を聞く関係である。桂は事件を非常に心配し、司法大臣岡部長職を差し置いて、平沼に「毎朝六時に私邸に行かせ前日の事を総て報告[24]」させた。総理が司法大臣や検事総長からでなく、平沼からじかに聴きたがったところに、捏造の構図がみえる。

桂は「アノ事件は大丈夫だらうな[25]」と言うので、平沼は「間違っていたら私は腹を切る[26]」と言うと、桂は「お前が切るなら俺も切る[27]」と言っている。時代がかった、大袈裟な会話のようであるが、大逆事件をめぐり、二人の濃密な関係と保身がうかがわれる。平沼の『回顧録』にみる桂太郎評は、「策略家[28]」「いつも妥協される人、矢張り政治家[29]」である。

大逆事件発覚の頃、岡部司法相は九州地方を巡回していた。平沼の連絡で帰京しようか、と言ってきたが、平沼は強いて巡閲を省かなくてもよい、「此方は此方でする[30]」と答え、岡部は帰京しないで巡視をつづけた。平沼の岡部軽視、または敬遠がうかがわれる。

平沼は「岡部さんは殿様ですからね、桂さんはそれをよく知っている[31]」とも洩らしている。岡部長職（一八五四―一九二五）は和泉国岸和田五万三千石の藩主で子爵。桂軍閥が貴族院懐柔に起用した伴食大臣であり、盲判を捺す無能な大臣評があった[32]。岡部はのち枢密顧問官となり、子供の岡部長景は、東条内閣の文相、戦犯容疑で逮捕。

平沼は、予審は大審院でするのだが、大審院判事では心もとない、その理由として、大審院の判事などは「法律論ばかりやっていて、そういう予審の事はもとはやっていたが、今は年を取っているので事実上体力もいるし、又始終やっていなければ予審も出来ないから[33]」と歯切れ悪く言って、「東京地方裁判所長の鈴木喜三郎に通じて大審院に命令させ、潮恒太郎を予審判事としてやらした」[34]と述べている。

さらに平沼は、「予審を始めてから終結まで八ケ月位」[35]、「大審院の特別公判が終るまで十ケ月」[36]である、と捏ち上げのスピード裁判を自賛し、あの時分は判事も検事も腕が勝れていた、と言い、今のようにあんな大事件を取扱ったら「十年位かかる」[37]だろう、と自慢げに語り、「潮が一貫してほとんど一人でやった。補助も何もなしにネ」[38]と、誇張的に潮判事を誉めている。

著名な鈴木喜三郎（一八六七―一九四〇、のち法相・内相、鳩山一郎は義弟）は、平沼と同年、「腕の喜三郎」として、小山松吉、小原直、山岡万之助、皆川治広らと平沼幕下の一人でのち国本社に結集する。

潮恒太郎（一八六五―一九一九）東京地裁筆頭予審判事は、平沼より年長ながら平沼の腹心の部下として、幸徳秋水、新村忠雄、古河力作、大石誠之助ら紀州組六人の被告の予審調べにあたり、平沼が期待し意図したような辣腕を揮った。なお、潮の弟潮恵之助は、内務次官後、広田内閣の内務・文部両相を兼務したりして、平沼の知合であった。

予審判事の密室審理が徹底を欠けば、検事が予審中の被告を威嚇、平沼の筋書に沿うような聴取書を作成し、予審判事に聴取書通りの「調書」を作らせる。聴取書は下書き、「調書」は清書である。潮ら予審判事は拷問しないでも、容易に捏ち上げが出来る仕組みである。弁護士平出修が大審院法廷で、こうした「調書」を、「本件の記録が本件の真相より五割乃至十割の掛値のある」[39]ことを追及し、もし予審調書其ものを証拠として罪案を断ずれば、被告の全部は所謂大逆罪を犯すの意思と之が実行に加はるの覚悟を有せるものとして、悉く罪死刑に当つて居る。乍併調書の文字を離れて、静に事の真相を考ふれば(40)（以下略）

と真実を述べている。秋水も陳弁書の中で「聴取書及調書の杜撰」を鋭く指摘している。

平沼のもとに東京控訴院検事長河村善益、東京地方裁判所検事正小林芳郎、横浜地方裁判所検事正太田黒英記、神戸地方裁判所検事正小山松吉（のち法相）がおり、太田黒・小山は東京地方裁判所検事古賀行倫、武富済、高野兵太郎、小原直（のち法相、内相）らと第一線に出張ってひどい取調べにあたっていた。予審判事は潮のほか河島台蔵、原田鉱がいた。平沼独裁体制の布陣である。

なお、小林検事正の妻は、松室検事総長の妹であり、小林は平沼の引きで検事正になっている。検事の中でも特に武富は、恫喝検事として知られ、「ただの神経の持主ではない(41)」といわれ、武富に聴取書をとられた管野須賀子と大石誠之助ら紀州グループ六人は、恫喝は勿論、人間として扱われず陥されている。

平沼は内務省警保局長有松英義について、「私は郷里が同じですし、よく打合せをしましてネ、有松が内務省の方は万事引受けるという事で(42)」などと語っている。有松は新聞紙法第四十二条「皇室ノ尊厳ヲ冒瀆シ」云々を盾に、裁判に関する報道の自由を平沼と相談して取締まっている。庁、府、県知事にその通牒を発したり、新聞・雑誌の報道に事前の抑圧を加えていた事実も立証されている。

有松英義（一八六三―一九二七）は、第二次山県内閣のとき成立した集合・結社・言論の制限と社会運動の取締法である「治安警察法」の立案者であった。この法が特に組合運動・争議弾圧の武器となったことは周知だ。さらに有松は一九〇三年から警保局長であり、社会主義者の行動を記録した『社会主義者沿革』（上中下巻）の作成責任者であった。

内務省警保局は、一般には、政治犯や思想犯を取り締った特高警察の元締めとして知られている。警保局は天皇制官僚機構の代表であった内務省の中核に位置していた。局長の任命は、内務次官や警視総監とともに、内閣の重要人事として取扱われていた。有松を通して、また民刑局長・大審院検事の平沼は内務省にも顔が利いていた。

大逆事件の本質をより透視するためには、海外の抗議運動を通して観察した方がよい。抗議運動の内容によって、政府の発表内容が変化して（させられて）いく。最初は「社会主義者幸徳秋水外二十五名陰謀一件」[43]であったが、十一月末頃から「無政府党員被告事件」[44]に変化、十二月末の「平沼検事論告」を期に、海外報道は、被告人の多数を無政府共産主義にし、皇室の弑逆、放火掠奪の陰謀であり、ために「刑法第七十三条に該当スル犯罪」[45]だ、という欺瞞性の濃いものになる。

このことは大原慧氏の「大逆事件の国際的影響」（『幸徳秋水の思想と大逆事件』所収、青木書店、一九七七年六月）に詳しく、山泉進・荻野富士夫編『「大逆事件」関係外務省往復文書』（不二出版、一九九三年一月）から事実を確認できる。

結局、大逆事件被告は無政府共産主義者で、獰猛で殺人・放火・強盗は日常茶飯事で天皇暗殺も辞さない、社会の秩序を守るためには秘密裁判も死刑も致し方ない。とする死刑正当化、擦り替え偏向論理は、「平沼検事論告」が立証している。山県・桂らに極秘に命令されたにしろ、捏造に直接係わったのは、平沼に代表される司法省であり、海外抗議運動にも対応し、平沼は外務省政務局長倉知鉄吉（事件後外務次官）宛に手紙で連絡をとったりしている。(46)

米英仏諸国の抗議運動の広がりと激しさにもっとも狼狽したのは、背後で事件を指揮する山県元老、山県閥官僚、山県と平沼の中間に位置する桂総理（政府）、現場指揮官平沼（司法省）ということになる。山県↑↓桂↑↓平沼の黒く太い線は怪しく透けてみえる。狼狽の結果、判決内容が日本の三日前に漏洩していることや、(47)恩赦減刑の形を仕組んだことは、徳富猪一郎編『公爵山県有朋伝』の「山県有朋より一月十七日付、宮内次官河村金五郎宛書簡」が示唆を与えてくれる。

3　「平沼検事論告」の意味

大逆事件をめぐる平沼騏一郎と平出修では、まさにネガティブとポジティブの印象である。二人は対極にあり、大審院法廷で論争する。それは天皇制国家権力による思想弾圧、たいする思想の自由・真実との対決であった。平沼の大逆事件観をみてみよう。

「平沼検事論告」の要旨は以下のようになる。この事件は大逆罪の予備陰謀で、被告人の多数は無政府主義を信じ、信念を遂行する為に企画したもので、動機は信念にある。無政府共産主義は国家権力を否認するから、国家組織を破壊しなければならなくなる。目的を達する手段は、議会政策派と異なり、直接行動による手段をとる。直接行動は総同盟罷工、破壊、暗殺で、近頃の趨勢は爆裂弾を使用することが有力だ。

幸徳秋水の革命運動にも、暴動、破壊、暗殺が包含されている。信念よりすれば国体を無視、皇室も倒す。このような思想は我忠良なる国民に入り込むことの出来ないもので、尊王心をなくさなければ計画出来ない。日本の無政府主義の伝播者は幸徳で、方法は秘密出版、個人の伝導、洋書の翻訳である。今回の反抗思想は単純なる破壊、暗殺でなく、皇室に関する大逆罪を含んでいる。

以下、事件の発端、陰謀の内容、幸徳直轄の東京信州方面のこと、大石誠之助の紀州陰謀、松尾卯一太の九州、内山愚童の遊説など、予審調書をもとに論じ、求刑を「刑法第七十三条」（天皇、太皇太后、皇太后、皇后、皇太子又ハ皇太孫ニ対シ危害ヲ加ヘ又ハ加ヘントシタル者ハ死刑ニ処ス）とする。(48)

捏造された予審調書からの独断と偏見、単絡と飛躍的、一方的な論告である。平沼は大逆事件三年前無政府主義者の取締りを調べるためフランスに洋行した。四十五年年後、死の直前の「巣鴨獄中談話録」でも、次のように語っている。

その時分欧州大陸では無政府主義者の活動に弱らされた。これには欧州の政治家もほとほと困っておった。火つけはする、破壊はする、人殺しはやる、暗殺はやる、これには当時の大陸の政治家は余程頭を使っていた。（中略）

無政府主義を実現するには五百年や千年で出来るものではない。（中略）それには、なるべく現状を破壊しなければならない。だから破壊になることは何でもやる。一番有力なことは帝王を葬る。金持を殺す。設備を毀つ。これに火をつける。現在のやることは破壊行為であって、これが現在の責任である。（後略）[49]

平沼はフランスでの前世紀の噂話を聞いて、妄信し悪用した。天皇制司法官僚、しかもエリートとしての過剰な被害意識、危険意識が先行しての無政府主義観、大逆事件観であり、「平沼検事論告」の基底になったものである。

日本で無政府主義は、ようやく一九〇六（明治三十九）年以降、幸徳秋水、大杉栄、石川三四郎らによって理論化されてきていた。大逆事件頃の日本における無政府主義の理解度については、石川啄木が指摘しているように、大逆事件の質問演説を試みた議員も、社会主義と無政府主義の区別について知らなかった。啄木は「したがって、大逆事件の性質を理解することの出来なかったのは、笑うべき、また悲しむべきことであった」[50]と論評している。

しかし啄木自身は、友人瀬川深へ宛てた手紙の中で、「君、日本人はこの主義の何たるかを知らずに唯その名を恐れてゐる、僕はクロポトキンの著書をよんでビックリしたが、これほど大きい、深い、そして確実にして且つ必要な哲学は外にない、無政府主義は決して暴力主義ではない、今度の陰謀事件は政府の圧迫の結果だ」[51]と率直に書き送り、平沼批判にも通じる。

ちなみに、前内相原敬でさえ、「今回の事件は、実は官僚派が之を産出せりと云ふも弁解の辞なかるべし」[52]と日記に書きつけている。

先ず平沼の無政府主義観が時代錯誤であるのは、秋水がアメリカから帰国直後の一九〇六年六月二十八日、神田の錦輝館における演説「世界革命運動の潮流」[53]で、「爆弾、匕首、竹槍、蓆旗」などは「十九世紀前半の遺物」であり、欧米同志の求めているものは、「こんな時代遅れの方法ではない」と述べ、ゼネラル・ストライキを提唱していることでも判る。

秋水は「平沼検事論告」の三日前の最終供述で、無政府主義の概念、各国における思想史的展開、実際運動や現状、動向、政治・哲学との関連、直接行動の意義などを陳弁書に沿って述べたことが、平出修の「大逆事件特別法廷覚書」[54]から察知出来る。秋水の言う直接行動とは労働組合の同盟罷工のことなのに、暴力革命とか、爆裂爆弾使用と同義に解する調べを批判もしている。「平沼検事論告」は、公判における被告の供述を全て無視している。平沼の発想は、検事、警察官が被告を「叩いたり、罵倒すれば公判でひどい事を言ふ」[55]にあった。最初から被告らの真実の声を聴く耳を持っていない。

無政府主義はフランスのプルードン（一八〇九―一八六五）、ロシアのバクーニン（一八一四―一八七六）、ロシアのクロポトキン（一八四二―一九二一）らに代表され、バクーニンはロシアナロードニキ（人民主義）運動のイデオローグとなり、農民と下層市民の運動を期待した。クロポトキンが、ナロードニキの重要メンバーとして活躍したのは一八七四（明治七）年以前である。

無政府主義運動がもっとも影響力をもっていたのは、フランス・スペイン・イタリアなどのラテン系諸国である。一八八〇年代（明治十三―二十二年）は無政府主義運動の最盛期であると同時に、衰退期であって、政治的な圧迫のためにテロリズム的行動に走って、無政府主義者というと、あたかもテロリストであるかのように考えられた。一八八九年の第二インターナショナルの成立は、無政府主義運動の没落的傾向を促進した。

一八九五（明治二十八）年以来、サンジカリズムとして新しく更生した。この運動はフランス・イタリア・スペインなどに発生し、特にフランスで栄えた急進的労働組合主義――労組が一切の政党活動を排除し、ゼネストや直接行動によって産業管理を実現し、社会改造を達成しようとする立場――である。一九二二年以後、アナルコ・サンジカリズムとよばれた。

「平沼検事論告」の無政府主義観が以上のことからも時代錯誤であることが判る。荒畑寒村は大逆事件の再審請求にあたって、証人として無政府主義について多くのことを話している。クロポトキンの無政府主義は社会主義とも、マルクス派の社会主義とも殆ど同じであること、クロポトキンの思想では個人的テロリズムは全然言っていないこと、無政府主義者を直ちにテロリズムと結びつけるのは、無政府主義のごく初期の思想であることを述べている。(56)

「平沼検事論告」の無政府主義観が、いかに前世紀的な、しかも日本と無関係なものであったかは、論告をメモした平出修が、「西洋ノ説明ニシテ、日本ノモノニアラズ、傾向ト云フコトヲ知ラヌ」[57]と痛烈に書かざるを得なかったことでも判明する。秋水の立場は、クロポトキンのように、宣伝・教化による相互扶助の自由平等、非集産的な社会の実現を説く共産主義的なもので、平沼の決め付ける暴動、破壊とは無関係のものだった。

秋水が陳弁書を三弁護人に送ってから平沼の論告まで、六日間ある。秋水を事件の首魁に仕立て、無政府主義者と見做すなら、平沼は陳弁書だけは忌避しないで読むべきだった。そこには平沼の猜疑心を解く、いつの日か革命が成ったときの「皇室をどうするかという問題」[58]が説かれているからである。

西園寺内閣、原内相の社会主義取締は、「徒らに圧迫して窮鼠猫をかむの境遇に至らしめず、社会の一遇に蟄息せしむる」[59]方針をとり、伝播を防ぐには社会政策を考えるべきという。周知のように山県・桂一派の取締りは、鎮圧、圧迫であり、国体を害する危険思想ととらえ、不逞分子は鎮圧と抹殺しかなく、社会主義根絶策であった。平沼は山県・桂らの政策の遵奉者で率先する立場にあった。

明治憲法第五十七条には、「司法権ハ天皇ノ名ニ於テ法律ニ依リ裁判所之ヲ行フ」と天皇裁判が明記されている。間もなく司法次官になり、検事総長になるエリート司法官僚の平沼は、拡大解釈の「刑法第七十三条」[61]を押っ被せた。平沼は求刑の中で、特に「加ヘントシタルモノ」[60]、「予備、陰謀ヲ含ム」、「予備又ハ予備ノ加功ナレド」[62]、「実行意思ナクシテ他人ノ実行ヲ幇助シタルモノモ正犯(63)」と冷やかな拡大解釈をしている。

弁護士修は、犯状より言えば、皆同一であるとは言えないで、「他人ヲ誘発シタルモノ(64)」、「誘発セラレタルモノ(65)」、「悔悟ノ意見見ユルモノアリ見ヘザルモノアリ(66)」などの多くの差があること、法律を適用するに当たっては、「罪の有無を定メ(67)」有るならば刑の適量の余地はない。総て同一の刑を適用すべきだと「罪の有無」を重視し、検討したあとがうかがわれる。

「平沼検事論告」から四日後、弁護人のなかで修だけしか残していない弁論要旨の中でも、刑法第七十三条の規定は「頗る広汎(68)」であり、もし本件予審調書を採って罪を断ずれば、修の弁護する二人は、「当然の死刑を科し得る(69)」かも知れない。

併ながら、七十三条の「加へんとしたる(70)」という条文の適用は、「危害の計画中発見されたこと(71)」を主として見たところであって、計画して「悔悟した後まで強いて追窮(72)」しようという精神ではないのである。「法は法なきにしかず(73)」の原則は特にこの七十三条適用のとき斟酌すべきものである、と血の通った解釈をしている。平沼の罪を押し被せる高圧的な態度に比し、罪を免れさせようとする温情の違いを感じる。

4　その後の平沼騏一郎

すでに紙幅の余裕がなくなったので、その後の平沼騏一郎を急ぎみてみよう。

平沼は大逆事件判決の年司法次官、翌年検事総長になり七年半在職、シーメンス事件や大浦兼武内相議員買収事件を裁き、共産主義者検挙に関わった。一九二一年大審院長、一九二三年難波大助の摂政宮（昭和天皇）暗殺事件（虎ノ門事件）のときは法相で、死刑を即時執行するよう命令した。

虎の門事件から大きな衝撃をうけた平沼は、みずから会長となって国家主義団体国本社を組織した。貴族院議員、枢密顧問官を経て、枢密院副議長、男爵。一九三六年枢密院議長、七十二歳の一九三九年総理大臣、平沼内閣は政府に国民精神総動員委員会を設置して政府の統制を強化した。内閣は世界情勢の変転の間に八か月で「欧州情勢は複雑怪奇」の声明で総辞職した。

平沼内閣成立一か月後、偉人伝の形式で出版された岩崎栄の『平沼騏一郎伝』がある。著者岩崎は平沼と同じ津山人、前東日新聞、社会部副長の肩書きをもっていた。岩崎はその序文で、平沼の人物を次のように書いている。

――変人ださうだ――ファッショの本山ぢやないか――気味の悪い、陰気な人物だ――頑固な日本主義者だ――国本社の社長で修養団の団長で、政党排撃論者で、官僚独裁政治を理想とする大野心家だ――(74)（ルビ略）

あくまでも、総理平沼を賛美、顕彰するための伝記の平沼評、世間評であるところに、評の確固不動を感じる。岩崎は本文でも、世間の定評として、「あの保守主義の権化のやうな男、冷酷無情、妻無く子なく、無口で陰気で、秋霜烈日、鬼の如き平沼騏一郎(75)」とある。

国本社は官憲資料によれば、一九三五（昭和一〇）年末で支部三十九、会員約一万八千人になっているが、[76]一説には支部百七十、会員二十万といわれる。[77]修養団は国本社の別働隊とみられるものである。国本社には判事・検事ら司法関係者、軍人、高級官僚、右翼学者が多く、財界関係者が後援した。

総理後も第二次近衛内閣の内務大臣、第三次の国務大臣として留任、一九四一年には狙撃され重傷、敗戦の年枢密院議長。A級戦犯に指定、逮捕令が発令されたが老齢のためまぬがれ、翌年、巣鴨プリズンに入所起訴され、一九四八年十一月、東京裁判判決により終身禁固。一九五二（昭和二十七）年六月、病気静養のため慶応大学病院に入院、八月二十二日死去。享年八十六歳。

（一九九五年十一月十八日、平出修研究会、研究発表のレジュメにかえて）『平出修研究』二七集）

註

（1）平沼騏一郎回顧録編纂委員会『平沼騏一郎回顧録』（非売品一九五五年八月）一一頁。「機外会館談話録」「巣鴨獄中談話録」、「余録」「年譜」から成る

（2）「祖国への遺言」（『改造』一九五三年五月号）二一〇頁

（3）（4）註（1）「機外会館談話録」第四回三九頁

（5）註（1）「巣鴨獄中談話録」第一一回一八三頁

（6）右同第一八回二三七頁

（7）右同第二二回一九〇頁
（8）（9）（10）（11）「巣鴨獄中談話録」二二回一九一、一九三、一九六、一九七頁
（12）（13）右同二〇四、二〇五頁
（14）『原敬日記』一九一〇年六月二三日（福村出版3　一九八一年九月）三六頁
（15）『寒村自伝』上（筑摩書房　一九七七年一二月）一六二頁
（16）『東京朝日新聞』一九一〇年六月五日付
（17）（18）（19）「機外会館談話録」第六回五四頁
（20）（21）第七回五七、五八頁
（22）註（14）同書一九一一年四月二一日
（23）大原慧『幸徳秋水の思想と大逆事件』（青木書店　一九七七年六月）二三二頁
（24）（25）（26）（27）第七回六〇頁
（28）（29）註（2）同書二二二、二二二頁
（30）第七回六〇頁
（31）「祖国への遺言」二二四頁
（32）神崎清『大逆事件』2（あゆみ出版　一九七七年二月）四頁
（33）註（2）二二三頁
（34）（35）（36）（37）「機外会館談話録」第七回五八、五九頁

(38)「祖国への遺言」二二三、二二四頁
(39)(40)定本『平出修集』一巻(春秋社　一九六五年六月)三三八、三四二頁
(41)森長英三郎『禄亭大石誠之助』(岩波書店　一九七七年一〇月)二七五頁
(42)「祖国への遺言」二二三頁
(43)(44)(45)(46)大原慧「大逆事件の国際的影響」(註(23)同書所収)一四一～一五三頁
(47)判決の事前漏洩については、神崎清『大逆事件』4(註(32)同年五月)一〇一～一一〇頁が詳しい
(48)平出修「大逆事件特別法廷覚書」(註(39)二巻一九六九年六月)四八四～四八九頁
(49)第一二回一九三、一九四頁
(50)石川啄木「A LETTER FROM PRISON」の中の「EDITORS NOTES」(筑摩書房『啄木全集』第四巻　一九八〇年三月)三五八頁。啄木は修から秋水の陳弁書を借り、その原文を中心にこの書をまとめた。陳弁書から多くを学び、クロポトキンに心酔していく。秋水と啄木は、この時点での無政府主義理解は実践は別に双璧だったろう。
(51)右同『石川啄木全集』第七巻(一九七九年九月)三二六頁
(52)註(14)同書同頁
(53)『幸徳秋水全集』第六巻(明治文献　一九六八年一一月)九七～一〇六頁
(54)註(48)同書「幸徳伝次郎供述」四八三頁

(55)「機外会館談話録」第七回六二頁
(56)荒畑寒村『大逆事件への証言』(新泉社　一九七五年一月)二四頁
(57)「大逆事件特別法廷覚書」(註(48)同書)四八五頁
(58)秋水の陳弁書中の「革命の性質」(春秋社『秘録・大逆事件』下巻　一九五九年一〇月所収)一七四頁
(59)『原敬日記』一九一〇年七月二三日　註(14)同書同頁
(60)(61)(62)(63)「平沼検事論告」(定本『平出修集』第二巻所収)四八八、四八九頁
(64)(65)(66)(67)平出修「手帳走り書き」(右同書所収)四九四頁
(68)(69)(70)(71)(72)(73)平出修「刑法第七十三条に関する被告事件弁護の手控」(註(39)同書所収)三四一、三四二頁
(74)岩崎栄『平沼騏一郎伝』(偕成社　一九三九年二月)一二、一三頁
(75)右同書二六三、二六四頁
(76)『日本近現代史辞典』(東洋経済新報社　一九七八年四月)二一五頁
(77)註(74)同書二八一頁

七　石川三四郎と大逆事件

石川三四郎の『浪』は、日本アナキスト連盟の機関誌『平民新聞』（週刊）に一九四八年五月から十二月にかけて二十五回連載された。そして八年後の五六（昭和三一）年二月単行本としてソオル社（東京）から限定三百部で出版された。「本屋でも商人でも」ない唐沢隆三が「ただ先生の偉大な思想が烏有に帰することを恐れて」独力で刊行した（「後記」）もの。

五か月後の同年七月『自叙伝』上巻が、九月下巻が論争社から出版された。二か月後死去、八十歳であった。上巻は出生から日本脱出までの「青春の遍歴」、下巻はヨーロッパ生活から現在までの「一自由人の旅」である。

「あとがきにかえて」の中で、三四郎の養女石川永子は、脳軟化症の父に「一々資料を読ませては記憶を系統づけながらの口授」によって本書ができたが、「上巻は『浪』を基礎資料とし、文章全体の調子もこれに倣った」と書いている。小稿では基礎史料を『浪』、『自叙伝』に依っている。

石川三四郎の単行本著書は、翻訳をふくめて六十冊余を唐沢隆三はあげている。黒色戦線社からは、『石川三四郎選集』全七巻が、青土社からは『石川三四郎著作集』全八巻が刊行され、三四郎の著作のほとんどは網羅されているようだ。

一九五〇（昭和二五）年一月十日、三四郎は近藤憲二（ちなみに夫人は堺利彦の娘真柄）宛の書簡の中で、「拙著（『西洋社会運動史』）の広告に就き御厄介かけてすみません。略歴別紙の通り認めました。年月順による列記で、つまりませんが、よろしく御取捨願上ます」とあり、別紙に左のような略歴が記されている。

明治九年埼玉県に生る△同廿四《（三）》年板垣門弟達と『自由新聞』を再興せる新帰朝者佐藤虎次郎、粕谷義三等共同家庭の玄関番となる。佐藤氏より始めて社会主義のことやシカゴ・ストライキの話を聞いて興奮した△同廿六《（七）》年東洋大学前身哲学館に入学、翌年退学△同卅一年中央大学前身東京法学院に入り、卅四年卒業

△同卅五年万朝報記者となり翌年退社△直ちに堺枯川、幸徳秋水等の平民新聞社に入り、社会主義及び非戦論の宣伝に参加す△同四十年日刊『平民新聞』の創立に参加、同紙の筆禍により入獄△同四十二《（三）》年『世界婦人』の筆禍により再び入獄

△大正二年三月、日本脱走、欧州諸国に放浪、同九年末帰国、十年再び渡欧、十一年末帰国△昭和二年都下千歳船橋に半農生活を創む△同四年共学社を興し『ディナミック』を発刊し同九年に至り、軍国政治の圧迫により廃刊す

△主要著書、哲人カアペンター、西洋社会運動史、一自由人の放浪記、古事記神話の新研

究、歴史哲学序論、東洋文化史百講、不尽想望、時の自画像、エリゼ・ルクリユ、其他（『石川三四郎著作集』第七巻、青土社、一九七九年七月、三一〇頁）

以上、三四郎自筆の略歴を補足しながら、大逆事件までをみてみたい。

石川三四郎は一八七六（明治九）年五月、埼玉県児玉郡山王堂村（のちに児玉郡旭日村大字三王堂、現在本庄市三王堂）に、五十嵐九十郎・シゲの三男として生まれる。生家は代々利根川河畔山王堂の船着問屋であり、名主であった。地租改正反対一揆が多く、大久保利通が地租の減額を建議。熊本神風連の乱、秋月、萩の乱など士族の反乱も多く、西南戦争前夜であった。

四歳のとき、徴兵回避の目的で同村の石川家と養子縁組をしたが、五十嵐家で成長した。八歳のとき日本鉄道上野・高崎間の開通で潰滅的な打撃を受ける。高等小学校を卒業のころから、自由主義者、自由党員にかこまれる環境であった。

一八九一（明治二四）年、一五歳、三四郎は自由党員の福田友作に身柄を預けられ、隣家が中村正直の同人社で福田は講師兼幹事であった。中村が死去、同人社は閉鎖される。この年、埼玉県の政争にからみ、硫酸ふりかけ事件が起こったが、事件の中心は次兄犬三で、長兄宰三郎、郷里の親類知人も参画、三四郎も問題の硫酸購入を手伝っている。三四郎を除いて長兄、次兄ら鍛冶橋監獄につながれている（一二月）。

この年から一八九五（明治二八）年にかけて、五年あまりの間に、三四郎の主人が変わること五回、住まいが変わること九回というめまぐるしさであった。この間に福田英子に会う。

一九〇一（明治三四）年、三四郎二十五歳。海老名弾正の説教を英子とともに聞き、キリスト教に近づいていたが、この年海老名弾正によって洗礼を受ける。翌年の万朝報社入社は弁護士花井卓蔵の紹介や堺利彦、福田英子のすすめによる。

万朝報社は当時日本の進歩的知識層の渇仰の的になっていた。仕事は社長黒岩周六の秘書、編集長松井柏軒の助手、理想団の事務など、木下尚江らを知る。

田中正造が足尾鉱毒事件で天皇に直訴したのは、〇一年十二月、安部磯雄・片山潜・木下尚江・西川光二郎・河上清・幸徳秋水らが、はじめての社会主義政党である社会民主党を結成したのは五月、伊藤内閣は治安警察法によって即日禁止、組織変更して日本平民党として届出したが再び禁止された。

一九〇三（明治三六）年十月、万朝報、主戦論に転じたため幸徳秋水・堺利彦・内村鑑三ら退社、十一月石川三四郎も退社、平民社結成、週刊『平民新聞』を刊行する。その第三号（一一月二九日）には、「旭山　石川三四郎」の「予、平民社に入る」が掲載されている。

予今平民社に入る、入らざるを得ざるもの存する也、何ぞや、曰く夫の主義てふものあり、夫の理想てふものあり、然りと雖も予の自ら禁する能はざるものは啻《たゞ》に是れのみに非ず、否寧ろ他に存て存する也、堺、幸徳、両先輩の心情即ち是れのみ、彼の南洲をして一寒僧と相抱きて海に投ぜしめしは是れに非ずや、彼の荆軻《けいか》をして一太子の為めに殉ぜしめしは是れに非ずや、徒らに理想と言ふ勿れ、主義と呼ぶ勿れ、吾は衷心天来の鼓吹を聞けり、曰く人生

意気に感ずと、
三四郎が主義や理想をもちながらも、それ以上に堺や幸徳を信服していたことがうかがわれる。石川三四郎の『自叙伝』上巻には、平民社の追憶が多いが、その一部をあげる。

平民社同人の思想的態度は、今から見れば極めて素朴なもので、またロマンチックであったに相違ありませんが、しかし、あの黎明期における混沌の中に、高いヒューマニズムの精神に徹していた点は、今も忘れることの出来ない美しさでありました。日本における社会主義、共産主義、無政府主義の種を宿していた、あの温床はかなりに健全であり、豊饒であったと思います。

日本の社会思潮の上から見れば、あの平民社の生活は汲めども、汲めども、滾々《こんこん》として汲み尽くすことのできない清冽な泉にも喩えらるべきでしょう。それはあの当時における思想や主義の社会的価値にもよるでしょうが、しかしあの峻烈厳酷な闘争の中にも、常に明朗な陽春の雰囲気を湛えて、若い男女が集り来り協力を惜しまなかったのは、何としても平民社の中心であった先輩達の人格の致すところであったと思われます。

幸徳と堺とは実に好きコンビでありました。堺は強かった。幸徳は鋭かった。堺はまるめ、幸徳は突き刺した。幸徳は剃刀の如く、堺は櫛の如く、剃刀は鈍なるべからず、櫛は滑に梳るを要する。平民社は良き理容所でもありました。およそ彼処に出入するほどの男女は、それぞれの個性に於て、その容姿を整えられたのであります。(『自叙伝』上巻　七一頁)

三四郎が本格的な執筆活動をはじめたのは、平民社に入ってからである。この年の主な著作には、

「家庭の道徳」（『家庭雑誌』七号）

「信仰の有無と有神無神」（『埼玉新報』）

「人道主義」（『家庭雑誌』八号）

その他新刊紹介五冊を、週刊『平民新聞』三号、四号に掲載している。

一九〇四（明治三七）年、日露戦争はじまる。三四郎は夏期遊説で埼玉県・群馬県下を回る。幸徳秋水とともに千葉県下で「社会主義の本義」と題して講演したりする。小田原海岸加藤病院分院に入院、箱根大平台林泉寺に内山愚童を訪ね小集を開いたりした。この年も単行本『消費組合の話』（平民社）をはじめ、『家庭雑誌』『家庭週報』、週刊『平民新聞』に多くの作品を書いている。

一九〇五年、日露講和条約調印の年、平民社で社会主義伝道隊の結成を提議（三月）、デモ行進で下谷警察署に引致され（四月）る。平民社のメーデー茶話会。本郷教会で海老名弾正の説明「社会主義とキリスト教」をめぐり論争する。

日比谷の講和反対国民大会は御用新聞・交番・電車などの焼打に発展、軍隊まで出動して鎮圧（九月六日～一一月二九日）、東京に戒厳令。以後各地で講和反対市民大会が開かれる。平民社の解散が決まり、木下尚江にすすめられて、キリスト教社会主義の雑誌『新紀元』を創刊。幸徳渡

米（一一月）、桂内閣総辞職（一二月）。

石川三四郎は回想する。

私は一五、六歳の時から社会主義や無政府主義のことを教えられ、学生時代から新聞や雑誌に「ソーシヤリズム」を主張した文章を寄せたりしていました。しかし、本当に人類社会への献身と言うことを教えられ、全我をそれに傾倒しようとする情熱を養われたのは全くキリスト教によってでした。（中略）

私は海老名氏の教会に出入する当時、別に内村鑑三氏の教えを受けるようになりました。（中略）内村先生から授けられる感化はまた不思議に新らしいものがありました。海老名氏の思想は進歩的でありましたが、内村氏の教義は保守的、個人的でありました。しかも内村氏の薫りは芸術的であり、海老名氏の色彩は倫理的でありました。内村氏は詩人風のところがあり、海老名氏は教育家的でありました。（中略）

「平民新聞」に入って、時がたつに従って些かの心理的磨擦を覚えることもありました。ことに幸徳氏は真向から私のキリスト教を打破しようと攻撃の鉾を向けるのでありました。そして堺氏は中間にあって、儒・仏・耶すべてがよろしいと、われわれをまるめるのでありました。（『自叙伝』上巻　六三、六四頁）

三四郎とキリスト教、海老名弾正、内村鑑三それぞれの特色、そして比較、堺、幸徳の三四郎のキリスト教にたいする態度、評など、三四郎の回想は思索的である。

一九〇六（明治三九）年、三十歳、西園寺内閣成立をきっかけに、西川光二郎、樋口伝ら、日本平民党を、堺利彦、深尾韶ら日本社会党を結成（一月）、二つの党は合同して日本社会党となり、最初の合法的な社会主義政党となった（二月）。

三四郎は毎月のように谷中村を訪れ、田中正造と親密になる。新紀元講演に田中を招いたり、木下、福田英子、小野有香、荒畑寒村らと谷中村支援の講演、集会に奔走した。内山愚童を訪ね精神安定のための座禅五日間。幸徳帰国、「世界革命運動の潮流」講演（六月）。幸徳・堺より日刊『平民新聞』の創立人となることを懇請され受諾。

三四郎には田中正造、内山愚童評がある。

田中翁は決して自ら宗教や道徳を説きませんでした。しかし、翁の生活そのものが、その巨大な人格の中に温かい光明と熾烈な情熱とをたたえて、私を包んでくれるのでした。（中略）私は翁に尾して活動することを真に幸福に感じました。（中略）翁は世俗の人から見れば非常に特殊な人物ですが、翁においてはその凡てが自然でありました。畸人だの義人だの、という名称は翁においては如何にも不似合に感じられました。或いはこの自然人としての翁こそ実は非常な異色をなすものであるかも知れません。翁は天成の無政府主義者でありました。

（『自叙伝』上巻　一〇七、一一三頁）

内山愚童君は、禅宗の修業鍛練に非凡な上達を示した人で、真に生死を超越した心境を開いた人でありました。この事実は、内山君と交際している間にしばしばと遭遇した処であって、私は幾度驚異の目を見開いたかしれないほどでした。幸徳と共に死刑に処せられた時でも、いささかも心を動かす様子さえ現わさず、極めて平静にかつ朗らかに、絞首台に登ったといいます。立会った教誨師も、これには頭を下げたそうです。（『自叙伝』上巻　一一三頁）

三四郎が内山愚童を再三箱根林泉寺に訪ねたのは、生きるうえでの煩悶を払拭するためであったようだ。愚童は仏教と社会主義、無政府主義、アナキズムを結合させる思想と行動家ではなかったろうか。三四郎もキリスト教と社会主義の思想のよりよい融合を考えていたのではないだろうか。

三四郎の一九〇五年の執筆活動は、主に週刊『平民新聞』『直言』『新仏教』『新紀元』誌上で、〇六年は主に『新紀元』だった。

一九〇七年の新年早々、福田英子のかかわっていた『世界婦人』、三四郎発行兼編集の日刊『平民新聞』創刊、一月二日付記事「郡制廃止の決議」が官吏侮辱罪で告発され（のち無罪）、前途多難を思わせる。

この月、神田錦輝館で日本社会党第二回大会開催、幸徳と田添鉄二との論争、二分派の抗争に拍車、評議員に選ばれ、決議案支持演説、評議員会で堺とともに幹事に選ばれる。十九日付日刊『平民新聞』記事「日本社会党大会」などが新聞紙条例に違反（朝憲紊乱）として告発され、同新聞は発売禁止。また治安警察法により日本社会党は禁止された。

三四郎は「日本社会党事件」で発行人として軽禁錮二か月、編集人として同二か月の判決。さらに、二十七日付論評記事「父母を蹴れ」が新聞紙条例に違反（秩序壊乱）として告発され、同紙は発売禁止。「日本社会党大会」事件の判決を不服として検事が控訴のため入獄延期（三月）。また三十一日、日刊『平民新聞』の翻訳記事「青年に訴ふ」が新聞紙条例に違反（朝憲紊乱）として告発され、同紙は発売禁止。それでも谷中村を訪れ、『世界婦人』を通じて救援活動に励む。『日本社会主義史』（石川旭山編、幸徳秋水補）を書きつづける。

「父母を蹴れ」記事で発行人として軽禁錮三か月、編集人として同三か月の判決、日刊『平民新聞』は発売禁止。四月二十五日、東京監獄に入る。四月「青年に訴ふ」記事で発行人として軽禁錮一か月半、編集人として同一か月半の判決、判決を不服として控訴、五月二十五日、巣鴨監獄の独房へ移る。左隣りが山口孤剣、右隣りが大杉栄と心強い。

「日本社会党大会」「青年に訴ふ」両事件でいずれも控訴棄却の判決（七月）。大杉は十一月一日に出獄、山口はその前に病監に移される。厳寒孤独の獄中で『西洋社会運動史』（一三年私家版、発売禁止）の研究に没頭。イギリスの社会主義運動共鳴家、評論家、詩人、牧師として知られるエドワード・カアペンター（一八四四―一九二九　Edward Carpenter）に私淑する。三四郎は語っている。

その時私の出会った思想家エドワード・カアペンターは、不思議にも、私の従来の一切の疑問に全的解決を与えてくれました。カアペンターの『文明、その原因と政治』及び『英国の理想』は、私の数年来の煩悶懊悩を一刀の下に切開してくれました。（中略）

人類の社会生活の変遷とその種々相を、自我分裂の事実によって説明し、内なる統一と外なる統一とを全く不可分のものとし、遂に宇宙的意識に復帰することに於いて、無政府にして共同的にして同時に貴族的なる真の民主生活が実現せらる、ものとするカ翁の説は、従来の宗教思想も社会思想も芸術も農工業も、すべてを一つの溶炉に入れて新らしい、自由の全一の世界を創造する捷径を明示するのでありました。(『自叙伝』上巻　一四七頁)

三四郎のまさにカアペンター心酔である。三四郎には『哲人カアペンター』(東雲堂書店、一九一二年)、『カアペンター及其の哲学』(三徳社、一九二一年)がある。間もなくカアペンターとの文通が始まる。

この一九〇七(明治四〇)年三四郎入獄までの執筆の舞台は主に日刊『平民新聞』であった。『日本社会主義史』は二九回まで(石川旭山編、幸徳秋水補)になっているが、以後の三〇〜三三回は、(石川旭山編)である。

三四郎が巣鴨監獄独房で猛勉強していた八月十三日、幸徳秋水に宛てた書簡には、

(前略)▲『パンの勝利』は非常に面白かつた、僕は従来の自分の理想をハツキリ説明して貰つた様な気がした、収用論(エキスプロプリエーション)の一点は是れクロポトキン翁独特の所であらうが、実に竜を画いて睛《ひとみ》を点じたとでも言ふべきである、併し其「収用」の時代に達する迄の運動を如何にすべきやは、吾々が慎重に考へねばならぬ問題だ(中略)

▲独逸語は巣鴨に来て初めた、毎日聖書に依つて少しづゝヤツて居る、万一ものになれば

お慰み（早稲田大学社会科学研究所『社会主義者の書翰』一九七四年七月、八頁）

これにたいし幸徳は八月十四日付、

> 御手紙昨夜到着。折柄福田女史も来合せて愉快に拝見した。道徳論直ぐ差入る筈の処、講習会が済むと直ぐ某青年に借られたので遅くなつた。返却し来れば直ぐ差入れる。哲学も手許にないから取寄せて差入れる。収用論は貴説の通りだ。是等の理想は僕は足下と全く一致せるを喜ぶ。唯だ遺憾なのは宗教哲学に対する信仰を異にする点だ。クロ翁の如きは極端な唯物主義だから、速に足下の一読を煩したいと思つてる。（後略）（塩田庄兵衛編『幸徳秋水の日記と書簡〔増補決定版〕』未来社、一九九〇年四月、二一九頁）

この往復書簡は興味深い。三四郎はクロポトキンの『パンの勝利《ママ》』を読んだこと、「僕は従来の自分の理想をハッキリ説明して貰つた様な気がした」とクロポトキンのアナーキズムに共鳴し、幸徳の思想と立場に深い理解をもっていることを自白している。『収用論』も読みこれにも共鳴したと言っている。

幸徳は「是等の理想は僕と足下と全く一致せるを喜ぶ」と三四郎の理解を自分のことのように喜んでいる。しかし幸徳は、「唯だ遺憾なのは宗教哲学にたいする信仰を異にする点だ」と述べ、クロポトキンは極端な唯物主義だから、よく読んでほしいと言い、三四郎の思想に全面的には満足していないことを表明している。

二か月後の十月十三日付福田英子宛書簡では、「秋水兄一家帰国せんとの由、何卒養生願上候、同兄の一身は日本社会主義の運命に大関係を有することなれば、一刻も早く健康回復の上、捲土重来せられんことを祈上候」と秋水の健康を案じ、分派抗争について「諸兄中の論争ドウやら公然分裂の形勢と相成候由、小生の意見よりすれば痛ましき事に候、全然主義の議論に候はゞ、左程憂うるにも足らず候へ共、多くの場合が悪感情を惹起するものに候、寧ろ其の反感が主となるものに候」

△問題が公然となりては、小生も一言申し度候、

小生の意見は従来と異らず、社会主義といふ大理想を実現すべく何れも（議会政策も直接運動も）一部の手段たるべしと存じ候、此の前提によりて各自が自己の好むところに専心せば、少しも互に相妨ぐること有之間敷候、寧ろ斯くてこそ、大理想実現のために、大協同の実を挙げ得べきことと存じ候

△小生の考にては革命の機運来り候際、専ら其効を奏するは、クロ翁の所謂「収用」（エキスプロプリエーション）にありと存候、併して其「収用」は革命に際しての一戦術に過ぎず候、総同盟罷工は、革命運動其物と成るべきも、其時機到来するまでは、仲々容易の事には非ず候、而して其時機までは、議会運動も、自動的事業も皆社会主義の重要手段たるべく候（『石川三四郎著作集』第七巻「書簡」三二、三三頁）

「欧洲の社会党が総て革命的態度を棄て、改良的になれるは、十数年来の事実に候、此に於て

か無政府主義者の気焔を揚ぐる時機が到来したるものと存候、日本にては、両者が一団となりて活動する様に致し度存候」。獄中でも三四郎は意気軒昂である。この手紙は一部省略して『社会新聞』第二一号(一〇月二〇日)、『世界婦人』第一九号(一一月一五日)、『日本平民新聞』第一三号(一二月五日)に転載された。

なお、獄中からの最初の福田英子宛て書簡で、入獄以来の読書本をあげているが、「クロ翁の自伝は殊に愛読しました、或は涙を流し、或は血を沸し、或は襟を正し、一週日の間殆んど之に心酔しました。そして多大の教訓と智識と激励と慰藉とを得ました」(五月一八日付、『石川三四郎著作集』第七巻、二四頁)

一九〇八(明治三九)年、屋上演説事件で堺、大杉、山川均らが入獄(一月)、大杉は三四郎の左、堺が右の監房に入れられる。三月二十六日、堺、大杉ら出獄。三四郎は五月十九日出獄(入獄一三か月)。帰郷後、福田英子方に寄宿、『世界婦人』を手伝う。三十日、三四郎の出獄歓迎会。三四郎の発起人で山口孤剣の歓迎会を錦輝館で開くが赤旗事件に発展。

七月体調不良のため郷里本庄町に帰る。幸徳上京(八月一四日)。八月下旬、三四郎福田方に戻る。獄中の著述『虚無の霊光』、製本中に差押えられ、没収処分になる(九月)。十月発行の『世界婦人』第二九号より、告発された神崎順一に代り、三四郎が同誌の発行兼編集人となる。この年は西園寺内閣総辞職、第二次桂内閣が成立した(七月)。東京市電車賃値上げ反対運動では、三四郎も渡辺政太郎、寺内久太郎らと奔走した。

土佐中村に帰郷中の幸徳は、六月二十九日付三四郎宛てに左のような書簡を寄せている。

今度兎も角アナキストコミユニズムを公然天下に名乗つたのは、僕は良かつたと思ふ。イツか一度は宣言すべきだから。（前掲塩田庄兵衛編『幸徳秋水の日記と書簡』二四二頁）

八月五日付、三四郎の福田英子宛書簡に、

▲先日、高崎に行き、東北評論社にて遠藤〔友四郎〕、高畠〔素之〕、神田〔幸策〕の諸氏に会いました。（前掲『著作集』第七巻）

とある。東北評論社には新村忠雄（大逆事件で絞首刑）、加部寅吉、川田倉吉、茂木一次、坂梨春水、阿部米太郎らも働いていた。三四郎は彼等とも接触をもっていたことを意味している。東北評論関係者らの、大逆事件の飛沫については、石山幸弘「大逆事件の飛沫」（群馬県立土屋文明記念文学館文学紀要『風』二〇〇二年第六号）がある。なお、二〇〇八年石川幸弘氏によって、『坂梨春水「東北評論」と「おち栗」と―明治青年の一軌跡』（群馬県立土屋文明記念会文学館）が発刊された。

一九〇八年の三四郎の読書、執筆活動は獄中にあった。次のような述懐がある。

度々面会にきて差入れ物や内外連絡のことを引受けて、世話してくれたのは福田英子姉でありました。（中略）在獄中はいささかの淋しさも感ぜず、大した不便も感ぜずに勉強が出来ました。（中略）差入れられたノートも、積り積って一五冊になりました。それは自然に一巻の『西洋社会運動史』を構成したのです。今日菊版千二百頁の大冊を成して世に出ているのは実にそれであります。

この獄中生活は私の思想に多くの生産を与えました。第一に進化論否定の萌芽を産み、第二に古事記神話の新解釈に目標を与えました。進化論に懐疑し始めたのは、カアペンターの『文明論』とクロポトキンの『相互扶助』とを読んだ結果です。クロポトキンは、ダーウインの進化論の一部面を強調するために『相互扶助』を書いたのですが、不思議にも、それが私に進化論否定の動機を与えたのです。

あの書を読むと、諸動物間に行われる相互扶助は人間界に行われるそれよりも一層純粋に本能的であって有力であり、その点から言えば、少くとも今日の人間界はある動物よりは遥かに進歩したものと言えるのです。（後略）（前掲『自叙伝』上巻、一五一頁）

ちなみに『西洋社会運動史』は、一九一三年一月（私家版、発売禁止）、二二年七月（口語版、大鐙閣）、二七年四月（復興版）、二八年三月（普及版）、五〇年八月（改訂増補版、仁書房）、と五回も出版されている。三四郎の執念を感じる。

出獄後のこの年の執筆活動は、『世界婦人』、『東京社会新聞』、週刊『社会新聞』などで、「無政府主義の大成者クロポトキン」、「社会民主々義の大成者カール・マルクス」（一）（二）（三）（四）、「露国社会主義史」（一）（二）などがある。

「無政府主義の大成者クロポトキン」は『世界婦人』第二六号（六月五日）に掲載された。三四郎出獄二十日後である。土佐中村の帰省地でこれを読んだ幸徳秋水は、七月五日付石川三四郎

宛書簡で、

今世界婦人二部受取った、スバラしい物だ。クロ翁がアレだけに日本に紹介されたのは今度始めてだ。涙の出る程嬉しい。深く〳〵君の労を感謝する。△パンの畧取の要点も警句も大体洩さず載せられて居る。良くアレ丈けにまとまったものだと敬服に堪えぬ。（前掲塩田庄兵衛編『幸徳秋水の日記と書簡』）

感謝と礼、絶賛、そして敬服、三四郎の獄中でのクロポトキン研鑽が生きている。ちなみに幸徳が『パンの略取』を秘密出版したのはこの年の十二月であった。

一九〇九（明治四二）年、三四郎三十三歳。『世界婦人』三三号（一月五日）が新聞紙条例に違反として告発される。東京市民大会、電車賃値上反対を決議（一月）。獄中の労作『西洋社会運動史』の清書を完成（二月）。二月二十一日、久し振りに谷中村を訪れる。『世界婦人』第三二号違反事件で罰金五円の判決（三月）。

新聞紙条例廃止、新聞紙法公布（内相に発売禁止権を与える）。『世界婦人』第三八号（七月五日）掲載の「墓場」、「我が野女」「人生と目的」が新聞紙法違反として告発され、『世界婦人』同号で廃刊。「墓場」ほかの事件で罰金百円の判決、検事控訴。閣議、韓国併合の方針を決定（七月六日）。エドワード・カアペンターに発信（一二月）。

一九〇九年の執筆活動の主なものは、『世界婦人』三三号から廃刊になる三八号にある。「基督教社会主義」（二）、「社会主義と国家」、「動物の相互扶助」〈クロポトキン著〉（一）（二）などである。

十二月十四日付、カアペンター宛書簡では、

貴著『文明・その原因と救治』と『恋愛の成熟期』、そして故クロスビーの『詩聖にして予言者エドワード・カアペンター』を拝読して以来、貴方にお手紙を差し上げたいと念じて今日に至りました。（中略）小生は、一般には、「社会主義者」と呼ばれている日本の共産主義者であります。小生は、日本で七年間ほど共産主義を宣伝して参りました。そのうち一年間は、キリスト教的社会主義運動――特別に小生がそう名づけたのですが――に挺身し、また十三カ月間は獄中で苦行生活を過ごしてきました。（中略）

ところが小生は、随分長い間、単なる機械論的な唯物論的社会主義と単なる議会主義運動とに不満を懐いてきましたので、先に挙げました書物を拝読して、そして予言者のような貴方の姿を発見し、あたかも砂漠の中でオアシスに出会ったかのように感じたのです。（中略）

われわれ日本人民の現状は、貴方が『民主主義の方へ』の中で、「眠りを妨げる悔恨の熱病、肉体的苦痛に屍のように蒼ざめた長い通夜」を吟じた通りの状態なのです。荒涼とした暗黒の砂漠を彷徨する現在の日本人民にとって、とりわけ、貴方のすばらしい著作が偉大な導きの光明になると信じております。（前掲『石川三四郎著作集』第七巻四八、四九頁）

正直な三四郎は、真面目に、何故手紙を書くのか、自分の現在の立場、日本の政府のあり方、「暗黒の砂漠を彷徨する」日本人の現状を訴え憂えている。「貴方の福音」をわが国に普及したい

と希望している。三四郎は後年、ヨーロッパでカアペンターに面会するが、カアペンター宛書簡は一九一九年十月まで収録されている。

大逆事件の起きる一九一〇（明治四三）年一月、「墓場」ほかの事件の控訴審で禁錮四か月、罰金六〇円の判決。二月十六日、母シゲ七五歳で死去。三月二十八日、東京監獄に入獄、獄中で内山愚童に会う。四月二十六日、千葉監獄に移され、堺、西川、大杉、山川ら（赤旗事件で収監）に会う。七月二十八日、千葉監獄を出獄、大逆事件の容疑者として警視庁に連行され厳しい取調べを受ける。

すでに五月二十五日、宮下太吉が爆発物製造の嫌疑で松本署に逮捕される（大逆事件の大検挙始まる）。六月一日、湯河原で幸徳秋水逮捕、以後八月まで和歌山・岡山・熊本・大阪でも関係容疑者を逮捕、全国で数百名の社会主義者・無政府主義者が検挙された。大検挙は、石川三四郎が千葉監獄に移って一か月後から出獄するまでがさかんであった。

三四郎は出獄早々警視庁に拘引され、同時に家宅捜索、手紙その他の書類を車に載せてもって行かれた。三四郎はこのときの様子を、「警視庁において警戒はかつて経験したことのない厳重さがありました」（「浪」『日本人の自伝』10、平凡社、一九八二年六月）と述べている。

その夜は留置所ではなくて、大広間に刑事二人が三四郎の「寝床の前後につきそうて不眠看守」をつづける。押収書類は徹夜で調べたようで、翌朝は早朝から訊問を受けた。

訊問の中心は皇室に対する三四郎の考えを質すにあったことを三四郎は言明している。このことは、大逆事件とはどういう思想弾圧であったかを物語っている。長い訊問応答において、三四郎の述べた大体の意見は次のようなものであった。

学校の国際法の講義であなたがたも論究したことであろうが、将来世界が一つになる時、それを共和制に統一するか、君主制を以てするか、ということが問題になるであろう。そうなれば日本の国体などは問題でなくなります。ではさしあたり、皇室に対して如何なる態度をとるか、私は暴力沙汰を排斥する、それは決して効果がないからである。(『自叙伝』上巻、一六六頁)

このような答えをすると、検事は一通の手紙を出して三四郎に示した。それは木下尚江が赤羽巌穴に送ったもので、三四郎の留守中に赤羽が預けておいた行李の中から見出されたものであった。

赤羽巌穴(本名赤羽一)は石川三四郎の親友、年令もほぼ同年、同じ東京法学院(現中央大学)卒業、長野県東筑摩郡出身、〇二年渡米して活躍、〇五年帰国、日本社会党に加盟、キリスト教社会主義を主張、『新紀元』、日刊『平民新聞』で三四郎とともに活躍、無政府主義を表明。『社会新聞』の編集員、『東京社会新聞』創刊、相次ぐ発行停止と廃刊、編集員の入獄に苦労、自身病床から引き立てられたことも、軽禁錮一〇か月、個人の伝道、刑罰覚悟の「農民の福音」、軽禁錮二年、「農民の福音」「嗚呼祖国」発売禁止、ハンガー・ストライキによって千葉監獄で自殺(一二年三月)。三四郎の『自叙伝』上巻には、「諸友の回顧」の節を設け、赤羽巌穴に紙面を割いて追悼している。

その手紙の中心部分は、

先日石川が来て、今度入獄すれば病中の自分は必ず獄死するであろう。若し死んだら遺骸を引取って、二重橋外に晒らしてくれ、と言っていた。しかし、僕はそのようなことはしないで、普通に葬ってやるつもりだ。（前掲『自叙伝』同頁）

というようなものだった。そして検事は、「皇室に対して激しい敵意を持っているようであるが、どうか」と、詰め寄ってくるのであった。三四郎はハッと驚いた。何しろ大逆事件の大検挙の際であるし、また幸徳とは親しく、家にも出入りしていたので、事件に巻き込まれはしないかと恐れた。

何しろ天皇の名において刑の宣告が言い渡されるのだから、私が木下にそのようなことを言ったとすれば、それは自然の感情の発露でありましょう。

と三四郎は答えている。そして更に付け加えた。

昨日私のところで押収された『虚無の霊光』の中に、マルクス主義や無政府主義についての私の意見が書いてあるから、それを読んで頂きたい。（前掲『自叙伝』、一六七頁）

これ以前三四郎は次のように語っている。巣鴨監獄を出るとき、携えて出たものの中に、一五冊千五百頁のノートがあった。それの大部分は後日の『西洋社会運動史』および『虚無の霊光』となったもの。そのうち『虚無の霊光』は三四郎の「獄中の瞑想の結果」を綴ったもので、「幼稚ではあるが信仰告白」ともいうべきものだった。

出獄後直ちに印刷して百頁余りの小冊子かできたのだが、「虚無」という名前が警視庁の忌憚に触れて、製本がいまだ完成されないうちに全部を押収されて終った。これは警視庁も見当違いであったことに気が付いただろうが、諸新聞にも非難の文字が現われた。三四郎は印刷所に頼んで「破れ」を集めて辛うじて三冊を製本することが出来たが、その後三四郎が放浪している間に一部もなくなってしまった。(『自叙伝』上巻　一五六、七頁)

三四郎は『虚無の霊光』の中に次のようなことが書いてあったという。

マルクスの歴史主義的革命論も、クロポトキンの理想主義的革命論も、ともに自由解放の運動としては一種の空想である。歴史過程に沿うて強権を以て社会政策を行っても解放にならない。また単に暴力革命によって自由平等の理想社会を打開しようとしても、それは不可能だ。(前掲同書一六七頁)

このような文句のある頁を開いて検事に示すと、彼は納得したらしく、訊問を止めて世間話に移る。「昨夜から御苦労様でした。何かお弁当でも取るから喰べて下さい」と、それで放免ということになったようだった。

お弁当など喰べずに早く帰宅しようとも思ったが、昼食時を少し過ぎたので、出された「うなどん」を食って、心も落付いて帰途に着いた。前夜もその朝も「天どん」の御馳走だったが、心が落付かないので、あまりうまくなかったが、最後の「うなどん」ですっかり元気になった。

帰宅（東京府下淀橋町角筈七三八福田方）すると皆がとても喜んでくれた。都下の新聞なども、三四郎の拘引を書きたてたほどだったから、友人達も少し心配になったのでしょう、と臆測、当時すでに千葉監獄を出獄（九月二二日）していた堺利彦は、葉書を寄こして「見舞いに行きたいと思うが、こんな際だから音無しく引っ込んでいる」と書いてきた。アメリカの新聞は幸徳の事件に連座するものとして、三四郎の拘引を報じ、福田英子の写真まで掲げて記事を賑わせた。それを三四郎は、「平民社時代に日本に来ていたフライシュマンという男が書いたもの」と推察し、当時シカゴにいた前田河広一郎（一八八八―一九五七、小説家・評論家）から、その新聞は送られたと言っている。

三四郎拘引の直前、横浜監獄で服役中の内山愚童（七年間の重労働という懲役を宣告される）を東京監獄に移して取調べを開始。また坂本清馬を浮浪罪に仕立てて芝警察署に拘引。坂本の起訴決定は八月十二日、内山は一〇月二十七日、被告人は二十六名にしぼられた。

早くも十一月一日、松室検事総長は、全員有罪の「意見書」を横田大審院長に提出。そして十日、東京監獄の被告に接見・通信の禁止を解除した。十二日にはエマ・ゴールドマンら、幸徳秋水らの処刑に反対する抗議書を内田駐米大使に提出、十日後には、最初の抗議集会を開き、ニューヨークアピールを採択、これより抗議運動が全米とヨーロッパに波及した。

東京監獄の被告に公判開始日を通知されたのは、十一月十六日であった。在米の岩佐作太郎、「日本天皇及び属僚諸卿」に宛てた幸徳処刑反対の公開状が、税関の目をのがれて大阪に届く。

十二月十日、鶴裁判長、特別裁判を開廷、ただちに傍聴禁止を宣告して、非公開の秘密審理に入る。被告の供述がつづく。幸徳は事件と裁判の本質、裁判の進行のありかた、その真実を「陳弁書」として、自分の三人の弁護人に送る。二十二日被告らの真実の供述は終わるが、強制的、作為的な予審調書のほうを裁判官は重視する。

弁護人の弁論、検事の論告、松室検事総長の全員死刑求刑。二十九日、鶴裁判長、結審を宣告して閉廷。

一九一一年一月十八日、幸徳以下二四名に刑法第七三条を適用して、求刑通り死刑を判決。新田融に懲役一一年、新村善兵衛に懲役八年の判決。十九日、明治天皇、死刑囚十二名の特赦を裁可、無期懲役となって二十一日から二十三日にかけて千葉・秋田・長崎監獄に入れられる。二十四日・二十五日（管野一人）、幸徳ら十二名死刑。

石川三四郎の入獄が決まったとき、幸徳と管野須賀子は、二月二十五日夜、京橋区三十間堀の富貴亭で別宴をはってくれた。それが最後のお別れになった。死刑宣告の四日前、管野の石川三四郎宛書簡には、三四郎の管野宛書簡のお礼、富貴亭の晩餐が永久の御別れの紀念になったこと、辞世の歌「やがて来む終の日思ひ／限りなき生命を思ひ／ほゝ笑みて居ぬ」（清水卯之助編『管野須賀子全集』三巻、一八〇頁）が記されている。

秋水の母多治子は四国から遥々上京、愛児幸徳に面会、七二歳、最後の別れ、無事に帰国したが間もなく病死十二月二十八日。三四郎の見舞状に幸徳は一月四日付で、君も慈母に別れた哀みがまだ新しいね。僕は今度の訃報と共に無量の悲痛と悔恨とに責められた。併しイツ迄メソ〳〵泣いても居ない。幸に放心焉○抹殺論には僕のオリヂナリチーは殆どないから、若し時間の余裕と官の許可とがあつたら、僕の人生観の断片を少しばかり書いて置きたいと考へてゐる。果して意の如くなるや否や。（中略）○福田刀自は不相変壮んだらう。なつかしく思ふ。宜しく伝語○寒くなつたね。道の為め自愛せよ。（前掲塩田庄兵衛編『幸徳秋水の日記と書簡』三四二頁）

石川三四郎の大逆事件述懐談はつづく。

一月二四日の朝、社会主義者仲間の名物男斉藤兼次郎（一八六〇―一九二六、その容貌の類似からクロポトキンと仇名されていた）が慌てて三四郎の所にやって来た。「朝から何の用事？」と尋ねると、斉藤兼次郎は、

「やられているそうです」と言う。

「何がです？」

「いちがやで！」

「ああ！　ほんとですか！」三四郎はぐっと胸が詰まってきた。

「とうとうやるか。兎に角堺のところに行きましょう。先に行って下さい。私は後から行きますから」、三四郎は、

実を言うと私も一緒に行きたかったのですが、小心な私は胸が迫って、動きがとれなくな

ったのです。何とかして落ちつきたいと考えて、飯を食ってみようと試みたが、どうしても咽を通りません。お茶をかけて漸く一杯の飯を呑み込んだが、不思議に少し平静になったので、堺宅（四谷区南寺町六番地）に行った。

気の小さい自分を省みて、少し恥かしい思いであったが、行って見ると皆が興奮しているので、自分ばかりではないとやや安心した。（前掲「浪」、『日本人の自伝』10、平凡社、八二年六月所収五二〇頁）

幸徳等（大石誠之助、内山愚童、奥宮健之、森近運平、古河力作）の遺骸を受取って落合火葬場（現在、新宿区上落合三丁目）に送ったのは二五日の夜だった。幸徳秋水の葬列には安岡秀夫・堺利彦・石川三四郎・大杉栄・吉川守圀・渡辺政太郎らが従った。三四郎の『自叙伝』には、寒風吹きすさぶ道中の出来事（警官の厭がらせ、堺の挙措動作が精彩に描かれて）貴重な史料となっている。

三四郎は、無期懲役になった坂本清馬の所持品が宅下げになったので、監獄に受取りに行った。その時、いろいろの手続きに没頭している間に、坂本に対する減刑言渡書が紛失した。驚いて諸方を探していると松崎天民という新聞記者（東京朝日）が風呂敷包の中からそっと引きぬいて書き写していた。三四郎は天民を恐しい奴だと思ったが怒りもされず、写真に撮るなら貸してあげるから、用のすみ次第すぐ返してくれと言うと喜んで持って行った（前掲「浪」五二二頁）。

この日も松崎天民はたくみに警戒線を突破して取材した。二十六日の東京朝日新聞「逆徒の死骸引取──東京監獄の内と外」、「凄愴たる火葬場」もある。なお、『幸徳秋水全集』別巻一に「凄愴たる火葬場ほか」が収録されている。

先年十一月中ころ、東京監獄の被告に公判開始を通知したころ、三四郎が出獄して数か月後、三四郎は幸徳らの死刑を予想して、死刑廃止の運動を起こそうとしている。相談相手は、親しい関係の徳富蘆花、万朝報社に推薦してくれて以来の恩人、弁護士花井卓蔵であった。

蘆花は三四郎の死刑廃止運動の意図を聞いて、それに協力することに同意しなかった。趣意には賛成であるが、それについては別の考えがあるから、三四郎とは行動を共にするわけには行かない、というのが蘆花の答えであった。「別の考え」とは、蘆花は兄の徳富蘇峰（桂首相の秘書官）を通じて、桂首相に被告の助命嘆願の手紙を送ったり、明治天皇への上奏文を起草して、東京朝日新聞主筆池辺三山に托したりしたことを意味している。

これらは成功しなかったが、三四郎とともに蘆花の幸徳ら死刑囚にたいする懊悩、嗚咽と慟哭はつづいていた。一高講演「謀叛論」はよく知られるが、講演依頼は死刑執行前、一月二十八日演説草稿仕上り、愛子夫人とリハーサル、二月一日講演となる。

花井卓蔵は幸徳ら十五人もの被告の弁護士で普段は死刑廃止論を唱えていた。しかし花井もまた三四郎の趣意には賛成したが、幸徳の事件が起きている最中に死刑廃止運動には賛成しないと言うのであった。三四郎は、

幸徳事件に死刑廃止という学問上の趣意と、弁護の仕事とを混同される気味あいがあるので

面白くない。どうもそれをこの際一つの社会運動にするというのは不穏当でもあり効果も少かろう（『自叙伝』上巻　一六八頁）。

というのが花井弁護士の説だったと述べている。三四郎はこの花井論を理解したのであろうか、花井の立場も判らなくはないが、理屈を言ってる保身のように思われる。三四郎の勇気ある純粋な計画も失敗に終わり立ち消えになっている。

日本政府は早くも一月二十六日、桂首相と西園寺政友会総裁が、大逆事件の不問と政権授受の密約をかわして「情意投合」を声明。二月十二日、日米の社会主義者・無政府主義者、サンフランシスコ市ゴールデン・ゲート街のジェファソン・スクエア・ホールで、大逆事件の殉難志士追悼大演説会を開いている。このころ、石川三四郎はエドワード・カアペンターに「小生の郵便物が政府によって没収もしくは開封されることを恐れ」ながらと言いながら大逆事件の報告をしている。

固陋なわが政府は、自由思想家や社会主義者、および無政府主義者に対してその偏執狂的な専制支配を強行し、わが同志二十四名に死刑を宣告しました。そして遂にそのうち十二名の同志が一月二十四日に処刑され、それから残りの者たちは終身刑に減刑されました。（中略）故幸徳伝次郎は、天皇暗殺を企てた陰謀者の首領（政府はそういう罪を彼に負わせたのですが）として処刑されましたが、彼はクロポトキンの信奉者で、日本の無政府主義者の指導者でありました。また彼は、日本社会主義中央機関誌『平民新聞』（人民の意味）の編集者の一人で、小生もそこで彼の同僚でありました。こうした日本の現状は、ドイツにおけるビスマルクの内閣時代、ないしは（一八四八年以前の）ヨーロッパにおける反動時代と酷似しております。（後略）（前掲『石川三四郎著作集』第七巻六五頁）

大逆事件があって以来、三四郎達の生活の道は八方ふさがりになった。進退まったく窮まった。わずかに内密の代筆や翻訳で口を糊するに過ぎなかった。刑事二人が昼も夜も家居の時も、外出の時も、常に三四郎達に離れず警戒を続けるので、知人を訪問することも遠慮しなければならなくなった。この時、三四郎にしばしば代筆の仕事を与えてくれたのは、弁護士花井卓蔵で、生活難に際しても随分世話になった（前掲「浪」五二三頁）。

すでに二年ほど前、幸徳は、「嗚呼乾坤自由なきこと久し、吾人は言論の自由なし、吾人は集会の自由なし、政治の自由なし、信仰の自由なし、恋愛の自由すらも未だ之れあらず、甚だしきは即ち労働の自由、衣食の自由、生存の自由すらも之れ無きに非ずや、愛々たる五千万、唯だ罪人と囚はれ、奴隷と役せられ、牛馬と鞭たるゝのみ、惨なる哉、這個の生涯、人類に取て何の価値ぞ」（『自由思想』「発刊の序文」一九〇九年五月発行、ただちに発禁）。

三四郎は一九一一年一月二十一日、堺、大杉らと東京監獄を訪れ、幸徳・管野らと最後の面会をしている。二月二十一日、三四郎は神楽坂倶楽部で開かれた堺・藤田四郎発起の各派合同茶話会に出席している。五月初め横浜市根岸町芝生二一九四番地に移り、気管支炎治療に専念しながら、著述、翻訳。秋ころ英子も三四郎の家に転居する。

六月二日、三四郎は近くの芝生二一九一番地に移転し、さらに十月五日、同じ根岸町西竹の丸三一七八番地に移っている。これらの移転は、石川三四郎が幸徳らの仲間だと知った土地の漁師たちが、国賊なぞ殺してしまえ、と息巻いているという不穏な噂が耳に入ったことも関係している。

一九一三（大正二）年一月、『西洋社会運動史』が差押え処分を受け、横浜山下警察署に引致される。すでに先月末、出来上ったばかりの『西洋社会運動史』を差押えられる前に送付、一部を隠匿した。先年八月、堺が横浜駐在ベルギー副領事ゴベールを紹介したが、ゴベールの友人鄭毓秀が三四郎に亡名をすすめる。一月十五日、ゴベールと共にベルギーに渡航すべく旅券下付申請、二十七日不許可、非合法出国を決意する。

三月一日、フランス船ポール・ルカ号にて横浜出航、八日夜ブリュセルに着。ミルソープに哲人「カアペンター」に会ったのは十一月八日であった。

三四郎の言う「日本脱走」の因についてはすでに縷々述べた。幸徳の前掲『自由思想』には、言論・集会・政治の自由がないことは無論、恋愛、労働、衣食、生存の自由さえないことを訴えている。さらに罪人と囚われ、奴隷ともされる。三四郎は精神の自由を渇望していた。大逆事件は、脱走を強く直接に誘発した契機である。三四郎は自由の精神（無政府主義）に憧れ、後進の野蛮国から脱走したのである。

（書き下ろし、一部分『初期社会主義研究』一八号）

エピローグ

刑法第七十三条には、「天皇、太皇太后、皇太后、皇后、皇太子又ハ皇太孫ニ対シ危害ヲ加ヘ又ハ加ヘントシタル者ハ死刑ニ処ス」となっていて、実行行為（既遂、未遂）をなしたるものばかりでなく、広く予備、陰謀も処罰する規定であると解釈されていた。裁判所構成法（一八九〇年）五十条では、大審院は刑法七十三条の罪について、「第一審ニシテ終審トシテ」裁判することになっていた。無論、刑法七十三条は敗戦直後の一九四七年、占領軍の示唆により、法の前に平等の原則と反するものとして刑法から削除された。

今村力三郎の言辞

幸徳、管野ら被告十七人の弁護人今村力三郎（一八六六―一九五四）は、（『幸徳事件の回顧』今村力三郎『訴訟記録』第三二巻、専修大学出版局、二〇〇三年三月）の中で、

幸徳事件の裁判官達は、皇室に就て誤れる忠義観をもっていたと思はれます。（中略）斯の様に、憲法や、皇室と裁判官とは、法的にも思想的にも、特別の関連があつて、自然裁判官の忠君観も、一般人民と異なるものがあつたと考へられます。

私は今に至るも、この二十四名の被告人中には多数のえん罪者が含まれて居たと信じてい

ます。

「幸徳事件の回顧」は、敗戦直後の一九四七年一月二十日『文化新聞』第四一号に発表されている。天皇の人間宣言から一年、日本国憲法の公布から二か月のときである。それでもまだ、このようなことを発表するのは、勇気のいることだった。さらに今村弁護士は、この中で「弁護人の申請した証人は、残らず却下し」「裁判所は予断を懐き、公判は、訴訟手続上の形式に過ぎなかった」とも吐露している。また、

大多数の被告は不敬罪に過ぎざるものと認むるを当れりとせん予は今日に至るも該判決に心服するものに非す特に裁判所が審理を急ぐこと奔馬の如く一の証人すら之を許さゝりしは予の遺憾としたる所なり（「芻言」、前掲『訴訟記録』）。

当時の不敬罪は懲役五年が最高だった。

平出修の言辞

天皇制が厳然と屹立していたため、そして裁判はすべて天皇の裁判であったため、それを気遣う弁護士が殆どだった。文人弁護士平出修（一八七八―一九一四）もその一人であった。修には「大逆事件意見書」（「刑法第七十三条に関する被告事件弁護の手控」）、十二名無期懲役の減刑直前に書いた「後に書す」、公判を記した「大逆事件特別法廷覚書」、事件を描いた小説「畜生道」、「計画」、発禁処分となった「逆徒」などがある。大逆事件の公判廷（一九一〇年一二月二八日午後）

で平沼騏一郎と果敢に渡り合い、理論上は打ち負かしたことでも知られる。

平出修の「雑記帳」の「幸徳事件弁論手控」の中には、次のような文がみえる。自分自身との約束や戒めのようである。

弁護人として立った以上は、職責をつくすため、「一は被告人の利益になること」、「一は国家司法権が正当に、公明に行われること」を希望し、またこれに努力しなければならないと思っている。それなのに、往々誤解するものがあって、社会主義・無政府主義事件の被告のために弁護するということと、「主義其者の為に弁護することと混同しているのである。自分（修）は、社会主義・無政府主義其者を弁護する必要を認めるものではない」。

弁護士平出修の言わんとするところは、「主義其ものの弁護」ではなく、「実に被告人の為の弁護」である。「司法権」が「正当」に「公明」に行われんとすることを「希望」するための弁護である。とても修が「遺憾」と感ずることは、「第一」は、この事件は「皇室に関する罪」であることである。このため弁護人は、恐れ多いという念が先に立つため、弁論の上に、甚だ不愉快な感情が起こることである。したがって弁護人が「衷心」から被告人の為にする「陳情」も、哀願も、判官諸氏の同情を得難いだろうということを憂うるものである。

修弁護士も天皇・皇室を意識し、尊崇し、天皇制を気遣っている。さらに修は、「第二」は、今日の一般社会において、思想上の誤解があることである。「新思想」から見れば「在来思想」は圧迫であるという。在来思想から見れば、新思想は反抗なりというのである。（中略）この場合には、「新旧思想」の二つに対し、十分なる知識と同情をもって研究し、二者の疏通と調和とを計らなければならない。

しかし被告のうちには、「新旧思想の誤解」かまたは「妄想」からして、「事 皇室に関する件を惹起」したため、少くとも同情を法官諸氏に求める権利を失った。法官諸氏はもう被告らの見方はしないと言っている。法官は中立ではない、と言っている。修も天皇制に傾いている。この事が「第二」の遺憾である(『定本平出修集』第一巻、春秋社、一九六五年六月)。なお平出修には「皇室を尊崇し、国民忠良の至誠を思ふことは人後に落ちない積りである」の言葉もある(「発売禁止に就て」、前掲『平出修集』第一巻)。

鵜沢総明の言説

奥宮健之ら四人の弁護人鵜沢総明(一八七二—一九五五)は、敗戦四年後の一九四九年九月に記した「大逆事件を憶う」に事件の真相や公判の様子をうかがわせるものを記している。

事件の本体である「明科事件」については、ただ「検察側の記録を示された」に過ぎなかったといい、「共同謀議」に「多大の疑義」をもった。明科事件の当事者達と幸徳の間に、「無政府主義者」としての同志的つながりがあったという「証拠」は一つもなかった。

「物的証拠」として、原告側から提出されたものは、すべて「断片的なもの」、「寄せ集め」で、「共同謀議」を意味するような、全被告に共通な一貫したものは、一つもなかった。

我々弁護人側は、思想の是非は兎も角として、被告達の思想は、決して「暴力革命」に発展するものではなく、飽く迄精神的な限界内に止まるものであり、暴力革命ないし共同謀議の証拠も不十分であるから、「法律的には無罪であると言ふことを終始主張した。（中略）特に秋水の態度は、その烈々たる文風とは全く対比的で、心憎い許りに泰然自若たるものであった」。被告が「無政府主義者」であること、無政府主義は「平和革命」に発展するものであり、大逆の陰謀は、「事実無根」であること、彼等が、自らの思想を固執する真剣さと熱情は、実に見事なものであった。

鵜沢弁護士はさらにつづけて、「この事件の背後的関連として」として、次の事実は看過し得ないと思うという。

「第一に」、「政治的な背景」としては、当時の桂内閣が、「没落する藩閥軍閥政府」の最後の拠点であり、新興する「自由主義的な」政党政治の、当時としては極めて急進的な攻勢に対して、「大逆事件」が一つのデモンストレーションを意味するものではなかったかということ。

「第二には」、政治的な問題とは関係なく、その頃「欧米のアナーキズム」が、暴力的なテロ行為を続々と惹起していた「世界的な情勢」から、当時の検察当局が、「日本の無政府主義者」に対し、弾圧の機会をねらっていたのではないかと思われる点である（社会主義、無政府主義弾圧は、天皇制擁護に通底しているように思われる——筆者註）。

この事件に対する世間的な反響は、無論、大変なものがあった。「我々弁護人」に対しても、右翼からは「国賊を弁護するとは何事だ」という脅迫状が、左翼からは「反動政府にこびて不正な弁護をすると承知しないぞ」という脅迫状が、夫々舞い込んで来るという有様であった（『幸徳秋水　評論と随想』、自由評論社、一九四九年二月）。

当然といえば当然だが、事件の弁護人十一人全員、無罪を主張している。

この小著『大逆事件と知識人――無罪の構図』は、『大逆事件と知識人』（一九八一年一二月、三一書房）につづくものである。

三十年の春秋、被告らの真実の声は、絶えず語りかけてくれ、無罪の確信へと衝き動かされた。間もなく大逆事件一〇〇年、幸徳秋水の郷里中村（四万十）、大石誠之助ら六人の郷里新宮・本宮地方などでは、被告らの自由・平等、博愛の根幹を成す、まさに志を継ぐ市民運動が盛り上がり、その声は普遍化されてきている。

出版事情が厳しい昨今、とび込みを許していただいた、論創社社長森下紀夫さん、編集担当者平塚健太郎さんにお世話になりました。有難うございました。

二〇〇九年二月

中村 文雄

初出一覧

Ⅰ　大逆事件とは――講演会などから

「一　明治史の中の大逆事件――自由民権運動と天皇制のはざまで」『平出修研究』三七集、二〇〇五年六月

「二　大逆事件の時代背景」秋水を顕彰する会「会報」第5号、二〇〇四年四月

「三　幸徳秋水と大逆事件――「陳弁書」を中心に」二〇〇六年九月一一日、四万十市市民大学講座準備原稿に加筆

「四　須賀子と文人弁護士平出修」『平出修研究』三九集、二〇〇七年六月

Ⅱ　大逆事件と啄木、鷗外、漱石

「一　啄木と大逆事件――一九一一年、書簡、日記から」『国文学』第四九巻一三号、二〇〇四年一二月

「一―2　大逆事件と啄木短歌」書き下ろし

「二―1　大逆事件と鷗外――官僚鷗外と文学者鷗外」『大逆事件の真実をあきらかにする会ニュース』第二二号、一九八九年一月

「二―2　鷗外の山県有朋への接近―常磐会をめぐって」『鷗外』第七五号、二〇〇四年七月

「三―1　漱石の大逆事件前奏」『大逆事件の真実をあきらかにする会ニュース』第三九号、二〇〇〇

年一月

「三—2　漱石の大逆事件後奏」『大逆事件の真実をあきらかにする会ニュース』第四〇号、二〇〇一年一月

Ⅲ　事件と同時代人たち

「一　小泉三申の本領、そして決断——反論的に、実証的に」『季刊アーガマ』一三七号、一九九六年二月

「二　近代の肖像——大石誠之助」『中外日報』二〇〇六年一一月一四日、一六日

「三　獄中の禄亭（大石誠之助）」『大逆事件の真実をあきらかにする会ニュース』第三三号、一九九四年一月

「四　内山愚童の「判決書」にみる「愚童事件」」『平出修研究』三八集、二〇〇六年六月

「五　『仏種を植ゆる人——内山愚童の生涯と思想』」『平出修研究』第三八集、二〇〇六年六月

「六　平沼騏一郎の大逆事件観」『平出修研究』二七集、一九九五年一一月

「七　石川三四郎と大逆事件」書き下し（一部は「三四郎と大逆事件のこと」として『初期社会主義研究』第一八号、二〇〇五年一一月に掲載）

著者紹介
中村文雄（なかむら・ふみお）
1931年　南伊豆生まれ、56年国学院大学文学部史学科卒業、東北大学研究生を経て同大学文部教官、国土地理協会企画室長、川崎市立高校教諭、この間新日本文学学校研究科卒、神奈川県高校教科研究会歴史分科会長、全歴研常任理事など経験。
現　在　日本文芸家協会会員
著　書　『大逆事件と知識人』1981年、『中里介山と大逆事件』1983年、『高校日本史教科書（編著）』1987年、『森鷗外と明治国家』1992年、『大逆事件の全体像』1997年（以上、三一書房）、『君死にたまふこと勿れ』1994年、『漱石と子規、漱石と修――大逆事件をめぐって』2002年（以上、和泉書院）
共　著　『平出修とその時代』（教育出版センター）など史科と文学作品の接点に照射し、思想を重視したものや『神奈川県史』（人物編）など神奈川県の人物・思想研究の論著も多い。
現住所　横浜市磯子区洋光台4-37-6

大逆事件と知識人
――無罪の構図

2009年４月20日　初版第１刷印刷
2009年４月30日　初版第１刷発行

著　者　中村文雄
発行人　森下紀夫
発行所　論 創 社
〒101-0051
東京都千代田区神田神保町2-23　北井ビル2F
振替口座　00160-1-155266　電話03（3264）5254
http://www.ronso.co.jp/
印刷・製本　中央精版印刷
ISBN978-4-8460-0832-1　